聚焦三农：农业与农村经济发展系列研究（典藏版）

# 技术能力视角与全球价值链
# 背景下的企业升级

## ——基于中国蔬菜产业的实证研究

包玉泽　著

科　学　出　版　社
北　京

# 内 容 简 介

本书运用全球价值链、企业动态能力等理论，从微观层面讨论了技术能力视角下全球价值链上的权力、租金、治理关系，并以此为基础对全球价值链背景下企业升级本质、不同治理模式与升级之间的关系，以及基于技术能力的企业升级内在动力机制和升级路径等进行了探讨。并以此为理论基础，对中国蔬菜业应如何通过融入全球经济来提升国际竞争力、实现升级的问题进行了系统深入的研究。研究成果弥补了当前研究中较少以个体组织为分析视角的缺陷，并采取多种方法对中国蔬菜业国际竞争力进行了综合评价，创新性地提出了提升中国蔬菜业国际竞争力和可持续发展能力的思路。

本书不仅适合管理学、经济学、经济地理等专业的研究人员阅读，而且对企业管理者、政府领导者以及关心中国蔬菜产业发展的有识之士都具有重要的参考价值。

**图书在版编目（CIP）数据**

技术能力视角与全球价值链背景下的企业升级：基于中国蔬菜产业的实证研究／包玉泽著. —北京：科学出版社，2012（2017.3 重印）

（聚焦三农：农业与农村经济发展系列研究：典藏版）

ISBN 978-7-03-033029-1

Ⅰ.①技… Ⅱ.①包… Ⅲ.①蔬菜业 – 经济发展 – 研究 – 中国 Ⅳ.①F326.13

中国版本图书馆 CIP 数据核字（2011）第 259968 号

丛书策划：林　剑

责任编辑：林　剑／责任校对：刘小梅

责任印制：钱玉芬／封面设计：王　浩

**科 学 出 版 社** 出版

北京东黄城根北街 16 号

邮政编码：100717

http://www.sciencep.com

**北京京华虎彩印刷有限公司** 印刷

科学出版社发行　各地新华书店经销

\*

2012 年 1 月第 一 版　开本：B5（720×1000）

2012 年 1 月第一次印刷　印张：14 1/2

2017 年 3 月印　刷　字数：275 000

定价：**99.00 元**

（如有印装质量问题，我社负责调换）

# 总　　序

农业是国民经济中最重要的产业部门，其经济管理问题错综复杂。农业经济管理学科肩负着研究农业经济管理发展规律并寻求解决方略的责任和使命，在众多的学科中具有相对独立而特殊的作用和地位。

华中农业大学农业经济管理学科是国家重点学科，挂靠在华中农业大学经济管理学院和土地管理学院。长期以来，学科点坚持以学科建设为龙头，以人才培养为根本，以科学研究和服务于农业经济发展为己任，紧紧围绕农民、农业和农村发展中出现的重点、热点和难点问题开展理论与实践研究，21 世纪以来，先后承担完成国家自然科学基金项目 23 项，国家哲学社会科学基金项目 23 项，产出了一大批优秀的研究成果，获得省部级以上优秀科研成果奖励 35 项，丰富了我国农业经济理论，并为农业和农村经济发展作出了贡献。

近年来，学科点加大了资源整合力度，进一步凝练了学科方向，集中围绕"农业经济理论与政策"、"农产品贸易与营销"、"土地资源与经济"和"农业产业与农村发展"等研究领域开展了系统和深入的研究，尤其是将农业经济理论与农民、农业和农村实际紧密联系，开展跨学科交叉研究。依托挂靠在经济管理学院和土地管理学院的国家现代农业柑橘产业技术体系产业经济功能研究室、国家现代农业油菜产业技术体系产业经济功能研究室、国家现代农业大宗蔬菜产业技术体系产业经济功能研究室和国家现代农业食用菌产业技术体系产业经济功能研究室等四个国家现代农业产业技术体系产业经济功能研究室，形成了较为稳定的产业经济研究团队和研究特色。

为了更好地总结和展示我们在农业经济管理领域的研究成果，出版了这套农业经济管理国家重点学科《农业与农村经济发展系列研究》丛书。丛书当中既包含宏观经济政策分析的研究，也包含产业、企业、市场和区域等微观层面的研究。其中，一部分是国家自然科学基金和国家哲学社会科学基金项目的结题成果，一部分是区域经济或产业经济发展的研究报告，还有一部分是青年学者的理论探索，每一本著作都倾注了作者的心血。

本丛书的出版，一是希望能为本学科的发展奉献一份绵薄之力；二是希望求教于农业经济管理学科同行，以使本学科的研究更加规范；三是对作者辛勤工作的肯定，同时也是对关心和支持本学科发展的各级领导和同行的感谢。

李崇光

2010 年 4 月

# 序　一

　　我的学生包玉泽博士提出请我为他以其博士学位论文为基础撰写的《技术能力视角与全球价值链背景下的企业升级——基于中国蔬菜产业的实证研究》一书写序，基于导师的身份，同意自然是最好的选择。

　　包玉泽是有一定才气的学生，他喜欢读书，阅读面比较广泛；喜欢思考，还比较活跃。记得在参观他装饰一新的住房时，其书房中很大的书架上一些涉及管理学理论方面的书籍不比我少，甚至还有一些我没有的图书。在课题研讨会上，经常可以听到他独到的见解，同学们也经常在他那里获取研究思路、探讨资料收集的方法。在他去了华中农业大学以后，由于工作的需要，他一直在教授"管理学"和"运营管理"等课程，在教书的过程中他有了一些积累，并在"管理学"上形成了一些优势，这也为他后续的学习和研究创造了条件。

　　在为企业管理专业博士生开设的课程中，我承担了"管理学基础理论"的教学工作。这是一门以历史为经，重要人物的思想和著作为纬，较为深入地研究管理的含义，管理活动的基本特点，管理理论发展的历史沿革、流派、思想的课程。在课程设计上安排了"管理时尚"（management fashion）的专题。包玉泽以极大的兴趣投入专题的研究、汇报中，并在上海财经大学主办的《外国经济与管理》和其他杂志上发表了有关管理时尚思想研究的论文，在以上研究的基础上还拿到了湖北省 2009 年的社会科学基金课题《管理时尚在中国传播的动因与过程研究》。考虑到包玉泽研究的特长和扎实的基础，我们又一起撰写了《20 世纪的管理科学》（武汉大学出版社出版），编著了科学出版社、高等教育出版社出版的教材——《管理学》，并一起研究、申报并获得了2010 年国家社会科学基金重大招标项目《改革开放以来中国管理学的研究与发展》，包玉泽不仅是研究团队的重要成员，也自然成为子课题的负责人。

　　机会总是属于有所准备的人，2007 年，作为主持人，我申请到了国家自然科学基金资助的项目"全球价值链下'中国制造'国际竞争力的评价及升级策略研究"，在课题的四个研究方向中，有一个就是极为重要的涉及中国农业国际竞争力的问题。在华中农业大学工作的包玉泽很快捕捉到了这一个研究方向，并提出以博士学位论文为工作目标，结合课题开展研究。作为导师，我感觉这是一个很好的选择，如果在这个研究领域能够有所突破，他就能够很好地结合学校的科学研究特点开展科研工作，形成新的竞争优势和事业发展的生长点。结合课题的一般性理论研究，他很快加入华中农业大学副校长、博士生导师李崇光教授关于大宗蔬菜产业经济的课题组，并在李崇光教授的指导下又开始了新的科学研究工作。由于有一定的研究基础和才气，他很快在农业蔬菜问题的研究上得到了突破。在 2008 年商务部开展的"扩大对外开放与提升产业国际竞争力征文"中，他的论文《农业标准化战略与中国农产品国际竞争力的提升——基于全球价值链的视角》荣获三等奖；在 2009 年商务部"第六届中国产业国际竞争力论坛"上，其论文《中国蔬菜对日本出口贸易竞争力评价与升级策略分析》获得优秀奖；以博士学位论文为基础申报的课题再一次获得了 2010 年度湖北省社会科学基金的资助。

《技术能力视角与全球价值链背景下的企业升级——基于中国蔬菜产业的实证研究》一书是包玉泽新的科学研究起点的重要著作。在该书中，包玉泽依据价值链理论，参考资源能力学派的思想，在深入第一线调查研究的基础上，从国际的视角研究、比较和分析了中国农业生产中的重要领域——蔬菜业的现状，并提出了自己的研究理论。他在博士论文中就提出，他的研究成果具有三个创新点：通过研究视角的创新试图了解全球价值链理论的微观基础，深化全球价值链理论的研究；利用全球价值链分析工具绘制出中国蔬菜业全球价值链地图，实现数据搜集与整理方法的创新；结合研究的成果，提出进一步提升中国蔬菜业国际竞争力和可持续发展能力的发展思路。这些自我概括的创新内容与其研究的成果比较还有一定的距离，但是作为老师，我希望他能够沿着自己学术思想设计与规划的道路坚定不移地走下去，为丰富这三个重要的研究问题进行更具成效的研究。

价值链理论是一个十分重要的理论。根据波特的观点，依据价值链理论可以帮助企业寻找到竞争优势，也可以很好地阐释企业在实践中如何将获取竞争优势的三个基本战略的理论付诸实施。根据我们的研究还发现，价值链理论不仅可以在微观的层面探索竞争优势的来源，还可以从宏观上，特别是在当今国际竞争的背景下，成为分析一个产业，乃至一个国家获取竞争优势的分析思想与工具。其实，在竞争价值获取的过程中，谁能够真正掌控价值的源泉、价值产生的关键环节，谁就能够实现价值的治理，从而掌控价值的控制、实现和分配。人们普遍关注商业模式的建立或重构，其真正的目标和内容就是寻求价值链中价值的建立或重构。郎咸平教授曾指出，到 2008 年，我们已经进入一个前所未有的产业链的战争时代。但这场战争岂止是从 2008 年开始的，在人类进入 21 世纪就已经开始，甚至可以追溯到 20 世纪 90 年代。这也可以说明，利用价值链理论深入地研究中国农业的蔬菜问题是极其有意义的，其作用也是深远的。近期，对中国蔬菜价格分析主要依据的理论就是价值链理论。

写完了序言也就意味着该书即将付梓出版，作为包玉泽的导师，我感到十分兴奋，为包玉泽的研究成就感到骄傲，也为华中农业大学经济管理学院资助该书的出版表示衷心的感谢。与此同时，更希望在该书出版后，包玉泽能接受读者的批评与帮助，接受实践的检验与校正，为下一步更为深入的研究工作创造条件。

最后，祝愿包玉泽在今后的学术道路上凭借自己的聪明与智慧、踏实与勤奋，为中国的管理学理论以及中国的农业事业做出自己更大的贡献。

谭力文

武汉大学经济与管理学院　教授

2011 年初夏于武昌珞珈山

# 序　二

蔬菜与人们的日常生活密切相关，在农业生产中占有重要地位。20 世纪 80 年代中期以来，随着全国农业结构调整步伐的加快和人们生活水平的提高，中国蔬菜生产规模不断扩大，不仅已成为世界上最大的蔬菜生产国，而且也是蔬菜进出口贸易大国，蔬菜及其制成品的出口贸易在中国农产品国际贸易中占有重要地位。近年来，中国蔬菜及其制品出口呈持续、稳定增长的态势，出口额在农产品出口中排名第二，仅次于水产品，但其贸易顺差在农产品中却排名第一。目前，蔬菜产业已经成为中国农业和农村经济发展的支柱产业，蔬菜进出口贸易不仅在平衡中国农产品国际贸易方面发挥了重要作用，而且承担着促进农民增收和扩大就业的重要职能，在加快现代农业和社会主义新农村建设方面发挥着越来越重要的作用。

尽管中国蔬菜产业发展成绩显著，产业化水平不断提高，但仍存在一些问题，这需要引起我们的注意和思考。2010 年，中国蔬菜价格波动异于往年：年初生产资料及劳动力价格上涨和华北大部分地区冬春雪灾致使蔬菜价格开始走高；4 月底、5 月初，西南冬春干旱和长江中下游地区的持续低温阴雨延迟了本地蔬菜上市时间，产量也大幅度减少，使价格"该降未降"；由于夏秋季节发生的全国多个区域的洪涝灾害，加上通货膨胀预期和生产成本、流通成本上升的交织作用，10 月和 11 月上旬价格仍保持较高水平；11 月底和 12 月初的政府宏观干预和偏暖天气有利于蔬菜生产，使价格"该升未升"。2011 年的蔬菜价格继续表现出异常，在上年较高蔬菜价格的刺激和政府干预下，蔬菜种植面积进一步扩大，加上部分地区冬季气候偏暖等，造成 4、5 月份蔬菜产地蔬菜价格较低，但城市消费市场继续保持较高价格水平。持续波动的蔬菜价格不仅影响农民收入的稳定增加，而且给城市居民的菜篮子供应造成巨大压力，暴露出中国蔬菜产业仍存在深层次的矛盾与问题，蔬菜产业现代化水平亟须提高。

包玉泽博士师从于武汉大学的谭力文教授，来校工作后长期从事管理学的教学与研究工作，攻读博士学位期间又能用心体味全球价值链理论的妙义，已具有一定的学术积淀。2008 年以来，随着现代农业产业技术体系建设工作的逐步启动，我开始主持国家大宗蔬菜产业技术体系产业经济研究室的工作，包玉泽积极融入我的研究团队，利用体系中遍布全国各地的试验站展开调研，并逐渐对蔬菜产业有了一定的了解，得到了一些心得体会。正是由于有了上述的理论储备和实践基础，他方能发现中国农业的国际化与现代化之间的紧密关系，并从中提炼出理论和实践相结合的选题，运用全球价值链、企业动态能力等理论，从企业技术能力视角研究全球价值链背景下发展中国家企业的升级问题，并以此为理论基础，对中国蔬菜产业应如何通过融入全球经济来提升国际竞争力、实现升级的问题进行了较深入的研究，并实现了原创性研究和重构性研究的有机结合，具体表现在以下两点。

一是理论研究中的微观视角。脱胎于国际贸易、全球化等理论的全球价值链理论偏重于产业层面的研究，而作者认为企业是产业升级的微观基础，从微观组织角度探讨了发展中国家企业通过嵌入全球价值链实现升级的实现机制问题。这与作者的研究经历密切相关。作者一直从事管理学理论、战略管理理论研究，相信个体在研究逻辑中的优先性，引入企业技术能力概念来解释发展中国家企业嵌入全球价值链的动因。也正是在研究中坚持这种"路径依赖"，使该书能区别于该领域的其他研究，使其具有一定的原创性，并重构了全球价值链理论的相关内容。

二是实践研究中的思路。研究中国蔬菜产业国际竞争力的文章很多，这些书也提了很多有益的政策建议，而本书则以全球价值链理论为基础，认为对于中国蔬菜产业而言，加入全球价值链、服从链上的治理关系是机遇，可以提升其基本的技术能力，并由此提出以国际化实现产业升级的思路和政策建议。

这两点在本书中相得益彰，既以微观视角的理论研究为基点，又不做泛泛之谈，将其作为平台用于分析解决中国蔬菜产业的实际问题，具有启示意义。

读了本书的初稿后，我也有一些思考，提出以供参考。作者在书中将获得技术能力作为企业升级的评判依据，但书中也提到嵌入全球价值链虽可获得技术能力，但也可能会被"锁定"，因此，嵌入全球价值链犹如一把"双刃剑"，那么是否可以把企业技术能力放到一个更为中性的立场来讨论。另外，中国蔬菜产业国内价值链也存在治理、升级等问题，国内消费量在总产量中的比例远远大于出口量，因此，利用该理论分析国内蔬菜价值链的问题可能现实意义更大。当然，该书的研究是在前贤的开创性工作基础上所作的更深入的诠释，是适时的、有益的，也是一项未竟之业，我期待作者能在此基础上有进一步的研究进展。

李崇光
国家大宗蔬菜产业技术体系产业经济研究室主任
华中农业大学副校长、教授
2011 年 6 月于武昌狮子山

技术能力视角与全球价值链背景下的企业升级

x

# 目　　录

技术能力视角下的企业升级与全球价值链背景下

# 导　　论

## 0.1　问题的提出及选题意义

### 0.1.1　理论视角问题的提出

经济全球化是当前时代发展的显著特征之一，任何国家要发展都不可能独立于全球化的进程之外。一方面，在经济全球化的推动下，企业为了提高市场竞争力，需要突破地域限制，在世界范围内寻找最廉价的资源以最大限度地节约成本、增加利润；通信、交通运输的快速发展也使得企业能够以具有成本效率的方式来协调处于不同区位的经济活动，推动全球资源配置的发展。不同国别相互间资本、货物的流动，加强了各国经济的互相依赖、相互渗透，形成了全球范围的资金流、信息流、物质流，彻底改变了主权国家资源配置方式，使世界各国经济联系更加紧密，形成"你中有我，我中有你"的格局，一损俱损、一荣俱荣，从而促进了全球经济合作关系的发展。另一方面，经济全球化使竞争突破了民族国家的主权界限和地域限制，特别是冷战结束后，世界上越来越多的国家大幅度降低了阻碍商品、服务和资本自由流动的人为壁垒。世界贸易组织（WTO）、亚太经济合作组织（APEC）等世界性或区域性多边贸易框架在鼓励更多国家接受开放的市场经济体系方面扮演了关键角色，为在世界范围内展开竞争的经济全球化进程提供了制度保证。经济全球化正给全球经济、政治和社会生活的各个方面带来深刻影响。

经济全球化步伐的加快极大地改变了各国企业发展的外部环境。跨国公司战略和生产组织方式的变革为发展中国家的企业进入全球经济体系开放了道路。然而，就如同一柄锋利的"双刃剑"一样，发展中国家企业融入全球经济的机遇与挑战是并存的。实践证明，发展中国家企业的成长和升级与全球价值链的变化有着密切联系。在当代国际分工体系中，发展中国家企业根据比较优势参与国际分工，为发展中国企业提供了大量成长的机会，但是由于全球生产体系受发达国家企业支配，它们掌握着知识经济的核心要素，所以它们把越来越多的劳动和资源密集型产业向发展中国家转移；通过操控贸易规则，与发展中国家企业进行着不平等的交换，并以此来阻止发展中国家企业的商品进入发达国家市场；通过知识产权保护等手段将发展中国家企业锁定在全球价值链的低端。同时，要素禀赋结构差异、对制度安排的掌控，也使发展中国家企业在利益分配上处于不平等的地位。因此，在经济全球化背景下，发展中国家企业如何实现从比较优势向竞争优势的提升，以提高自己在国际分工中的竞争地位，获取更大的分工利益，这是当前理论界和实践工作者关注的重要问题。

20 世纪 90 年代之后逐渐发展起来的全球价值链理论，反映了在全球化背景下，如何从国家层面、产业层面和企业层面来详细研究全球产业结构和动态性理论，如何有效地解释和指导企业行为，从而得以在新的全球产业组织范式下崭露头角，为我们分析和解决这一问题提供了较完善的理论视角和分析框架。全球价值链理论源于 Porter 的价值链分析方法（value chain analysis）和 Kogut（1985）用比较优势原理对价值链各环节的空间布局与国际范围内产业资源优化配置之间的关系的分析，Gereffi 等将价值链分析扩展到全球商品链，进而创建了全球价值链理论。其中，联合国工业发展组织的关于全球价值链的定义最有代表性，即全球价值链是指为实现商品或服务价值而连接生产、销售、回收处理等过程的全球性跨企业网络组织，涉及从原料采购和运输，到半成品和成品的生产和分销，直至最终消费和回收处理的整个过程，包括所有参与者和生产销售等活动的组织及其价值、利润分配。目前对全球价值链的理论研究主要集中在三个方面：全球价值链治理、全球价值链升级和全球价值链中租金的产生与分配。全球价值链研究的这三个方面是有机结合在一起的，并且治理居于核心地位。该研究认为它决定了全球价值链中的升级和租金的分配，升级是研究的最终落脚点和归宿。现有研究分别识别了不同的治理模式和升级的类型与路径，并试图在治理和升级之间建立某种联系，但到目前为止，这两者之间的关系还是模糊不清的，似乎发展中国家企业通过嵌入全球价值链就可以像"爬楼梯"一样，自然地获得像发达国家企业那样的竞争地位。但是全球价值链上的发达国家企业并不总会为升级提供支持（Humphrey and Schmitz, 2004），现有文献中关于"升级决定价值链上不同参与者之间关系的本质（治理模式和权利的对称性）"的观点就受到了质疑。

因此，有必要从理论上澄清以下问题，即发展中国家如何通过嵌入全球价值链、在发达国家企业进行治理的环境中实现升级。回答这个问题必须是基于动态的角度，而 20 世纪 80 年代后逐渐成为企业战略管理领域热点的企业技术能力理论为回答该问题提供了一个合适的视角。如前所述，根据经典经济学理论的解释，发展中国家企业嵌入全球价值链的基础是基于资源禀赋的比较优势，但企业成长的动力源泉是企业内部的知识创造（Penrose，1959）。嵌入全球价值链会为发展中国家企业提供外部学习的知识来源，但发达国家企业的"低端锁定"会使发展中国家企业的升级碰到"玻璃天花板"，因此发展中国家企业的进一步升级就需要从外部学习转向内部知识创造。因此，在理论上，本书从企业技术能力视角研究在全球价值链背景下发展中国家企业的升级问题，试图对全球价值链的核心概念进行新的理解，并找出他们之间的逻辑联系，进而从企业技术能力角度探讨发展中国家企业嵌入全球价值链、实现企业升级的战略选择问题。

另外，全球价值链理论中的研究结论多是基于发展中国家的现代大型工业领域的经验总结，它们被认为是产业发展的核心。这隐含着一个不言自明的观点，即在经济发展过程中，传统部门（农村和小规模产业部分）的工作会逐渐被现代部门（主要是工业）代替（Romijn，1999）。因此，发展中国家关于小企业的政策都是建立在它们是劳动密集产业的假设之上，而只有当技术产生更高生产率时，小规模企业才被认为是重要的，这在发展中国家很少发生。因此，现有研究在一定程度上低估了小企业的重要程度（Raghavendra and Bala，2007）。而在与农业领域有关的全球价值链上，企业多为中小规模，这对与农业领域有关的企业研究可能会有新的发现，使得全球价值链理论更加一般化。

## 0.1.2　实践视角问题的提出

在农业领域，农业国际化已成为经济全球化的重要组成部分，各国按照比较优势参与国际农业分工和竞争，充分利用国际与国内两个市场、两种资源，以实现优化农业资源配置、提高资源利用效率的目标。对于中国而言，劳动力丰富、土地资源稀缺是中国的基本国情，对粮食、油菜籽、棉花等不具优势的土地密集型产品，要努力提高土地生产率，在保证安全生产能力的基础上，可考虑适当进口；而对畜产品、水产品、蔬菜、水果、花卉和农产品加工品等劳动密集型高价值产品，要积极开拓国际市场，参与国际竞争。并且，随着人民收入水平的提高，根据恩格尔定律，食品支出会有下降趋势，但蔬菜、水果、水产品、畜产品等高价值农产品会呈增长趋势；城乡人口统计因素的变化、外向型的贸易政策更会促使高价值农产品的增长；而资本在农业领域也更倾向于投资食品加工、食品零售、出口等领域（Gulati et al.，2007）。因此，"劳动换土地"应该是中国农产品国际贸易的基本战略。

现实中也是如此。在过去 30 年中，中国蔬菜出口增长迅速，据统计，2008 年中国累计出口蔬菜 819.71 万 t，是 2000 年的约 2.55 倍；出口额 64.40 亿美元，是 2000 年的约 3.09 倍，实现贸易顺差 63.26 亿美元，居农产品之首。因此，在近年来中国农产品国际贸易整体逆差的背景下，中国蔬菜净出口逐年增加，在平衡农产品国际贸易方面发挥了重要的作用。同时，2007 年，全国蔬菜播种面积占农作物总播种面积的 11.3%，总产值 6300 多亿元，占种植业总产值的比例高达 25.5%；蔬菜生产对全国农民人均年纯收入的贡献额超过 570 元，占农民人均年收入 13.8%，蔬菜产业是增加农民收入的支柱产业。蔬菜产业属劳动密集型产业，转化了数量众多的城乡劳动力。据不完全统计，2007 年，中国从事蔬菜生产的劳动力约 9000 万人，从事加工、储运、保鲜和销售等蔬菜采后服务的劳动力约 8000 万人，蔬菜产业是解决城乡居民就业的重要产业。据联合国粮食及农业组织（FAO）统计，进入 21 世纪以来，世界蔬菜消费量年均增长 5% 以上。照此增长幅度计算，年均增加蔬菜消费 4000 多万 t，到 2015 年总消费量将达到 12.8 亿 t。而由于劳动力成本，发达国家蔬菜生产不断萎缩，今后还将减产，这为中国蔬菜发展提供了更广阔的发展空间。随着中国蔬菜质量水平的提高、采后处理设施和技术的改进，中国蔬菜生产的气候资源和低成本的优势将得到进一步发挥，蔬菜出口还有很大的发展空间。

尽管中国农产品出口具有比较优势，但是，目前还有一系列问题影响到中国农产品出口优势的发挥，制约了中国农产品的资源优势、比较优势。在蔬菜产业中集中表现为以下几点：一是蔬菜质量安全不仅危及消费者的生命安全和身体健康，而且影响农业增效、农民增收，还影响中国蔬菜产品国际竞争力的提高，成为制约出口的瓶颈；二是加工度低、技术创新薄弱、缺乏品牌产品。据发达国家经验，蔬菜采后商品化处理可增值 40% ~ 60%，精（深）加工可增值 2 ~ 3 倍。美国出口 1 美元的农产品，通过储藏、保鲜、加工处理等环节，能够使农产品增值 3.72 美元，而中国只有 0.38 美元（程国强，2005）；三是出口企业规模偏小、技术薄弱，竞争力不强；四是出口秩序混乱，行业协会发展滞后；五是出口扩大的同时，中小农户被排除在出口市场之外，使其不能从出口贸易中获得较高收益，尽管中小农户的生产是高效、低成本的（World Bank，2005）。由此产生了拟实证研究的关键问题：在全球分工和整合的背景下，中国蔬菜业应如何通过融入全球经济来提升其国际竞争力、实现升级？新兴的全球价值链理论和分析工具为解决该问题提供了思路和方案（裴长洪和王镭，2002）。

农业领域关于链上组织之间协调的研究始于 Davis 和 Goldberg（1957），之后 filiere 等概念在 20 世纪 60 年代也被引入农业产业领域，随着交易费用经济学、代理理论、链理论、网络理论等的发展，其也分别被广泛用于农业产业领域的研究（Cook et al.，2003）。全球价值链理论立足全球产业分工、产业转移、布局和升级等方面，从产业的组织、空间、生产环节等角度研究产业链条的全球配置，从价值的创造和分配角度出发、强调对此过程的纵向、垂直一体化的研究，为解决中国蔬菜业存在的问题、实现升级提供了新的视角。

## 0.1.3　研究意义

综上所述，本书的研究意义可能在于以下几方面：

1）吸收国内外关于全球价值链理论研究成果，改变视角来探讨全球价值链理论的核心问题，试图进一步追赶并弥补此研究领域的知识缺口；

2）根据理论分析，结合中国实际，为中国企业如何通过嵌入全球价值链实现升级提出可借鉴的方向；

3）从技术能力角度探讨蔬菜全球价值链上的关系类型和演进过程，客观评价中国蔬菜业在全球价值链上的现实分工地位，为探讨中国蔬菜业如何通过嵌入全球价值链提升国际竞争力提供了新的视角和可借鉴的升级策略。因此，对于实现党的十七届三中全会提出的"积极发展现代农业，提高现代农业综合生产能力"、"增强农业抗风险能力、国际竞争能力、可持续发展能力"的路径选择具有一定的参考价值，对于加快农业现代化和农业结构调整进程、确保农产品质量安全、增强农产品市场竞争力以及提高农民素质和收入具有重要意义。

# 0.2　研究思路与内容

本书拟从企业技术能力视角重新阐释全球价值链的核心概念，深入分析全球价值链上权力以及租金的来源和表现，在此基础上探讨企业技术能力演变与全球价值链治理之间的关系，并进一步分析企业技术能力视角下企业升级的本质、基于全球价值链的企业升级策略。在理论研究的基础上，本书选取中国蔬菜业作为实证研究对象，在对中国蔬菜业发展现状、中国蔬菜业竞争力分析的基础上，最终提出中国蔬菜业升级的对策建议（图0-1）。

依此分析思路，本书共有 7 章内容，核心内容可分为两大部分：第一部分重在理论分析，包括导论和第 1 章～第 3 章，第二部分重在实证分析，包括第

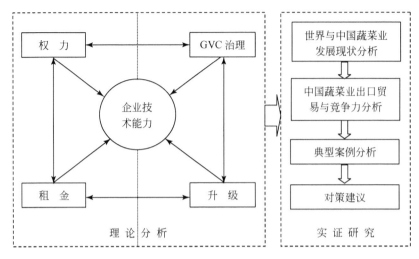

图 0-1　研究思路与内容

4 章~第 7 章：

导论是阐述研究主题、研究思路、研究方法等。

第 1 章是国内外相关研究概况。该章在对全球价值链理论进行系统回顾的基础上，认为加入全球价值链对发展中国家企业有利的原因主要是为其提供了企业技术能力的国际来源，而现有全球价值链文献很少覆盖企业层面关于技术学习的问题。因此，在对企业技术能力问题研究进行简单回顾的基础上，本书提出基于企业技术能力的全球价值链研究的主要问题，为之后的研究奠定了文献基础。

第 2 章从全球价值链上的权力关系着手，分析了链上关系的本质及其对租金的影响，进而分析了由此所形成的全球价值链治理本质，为升级研究厘清了背景因素。该章首先讨论了全球价值链上权力关系的来源，把不同的权力关系归纳为三种类型，即具有市场协调特征的关系、具有组织协调特征的关系以及处于此两者之间的混合形式。其次，由于租金是理解全球价值链上的权力关系以及链上价值分配的关键概念，该章接着讨论了租金的形式以及基于权力关系的租金分配，指出发展中国家企业升级应是在赢得权力的基础上获得更多的租金。在对权力关系和租金讨论的基础上，该章最后分析了全球价值链治理。治理在全球价值链理论中居于核心地位。首先对全球价值链治理的理论基础进行评述，把全球价值链治理理论归纳为三个发展时期、三个不同的观点，即作为驱动的治理、作为协调的治理和作为标准化的治理，并认为它们之间是相互补充和竞争的关系，而不是迭代的关系，目前还未出现把三个观点整合为统一理论范式的趋势，相反会更加分裂。总之，不同逻辑下对治理的理解及归类也会得出不同的升级方法与路径。最后根据企业技术能力的知识特征，分析了全球价值链治理与技术能力转移之间的关系，揭示了发展中国家企业嵌入全球价值链的意义。

第3章是关于发展中国家企业升级的论述。全球价值链理论强调链上企业间的相互关系以及对发展中国家企业升级的含义，但是并没有注意到升级的本质内涵，没有把升级所需要的内生能力积累和外生特征的治理相联结。该章首先以企业技术能力的演化过程和企业的学习过程为基础，对全球价值链背景下企业升级的本质以及不同全球价值链治理模式与升级之间的关系进行了探讨。其次，具体分析了发展中国家企业升级可以采取的主要策略。发展中国家升级过程中必然会面对全球价值链上领导企业的锁定，嵌入全球价值链会促使发展中国家企业积累基础的技术能力，但真正获得突破锁定的自主创新能力应是以内生为主。于是，发展中国家企业升级就有三个阶段，对应有三种策略。其中，自主创新能力的获取可以通过两种途径，一是利用嵌入不同具体全球价值链（国家价值链）可获得"能力的势能差"来实现升级，二是通过本土需求结构升级来刺激并提高发展中国家企业的自主创新能力。

第4章是在前面理论分析的基础上对中国蔬菜业进行实证研究的第一部分。该章主要是介绍了世界和中国蔬菜栽培、贸易的历史、现状，分析了蔬菜全球价值链的基本组成部分、特征，指出当前中国蔬菜业发展中存在的主要问题。该章为后面的研究提供了分析背景。

第5章是实证分析部分的核心。该章在对中国蔬菜生产与贸易概况分析的基础上，从中观、微观两个层次评价了中国蔬菜业的国际竞争力。中观评价主要基于贸易数据和贸易绩效指标进行，主要是对中国蔬菜出口贸易绩效的评价和对最主要市场——日本市场的贸易绩效评价。微观评价是对中国蔬菜经营组织通过嵌入全球价值链获得技术能力、实现升级的案例进行分析。通过多层次的分析，希望对中国蔬菜业国际竞争力的现状及发展趋势进行描述，并从技术能力角度来研究中国蔬菜生产经营组织的升级，而这个角度是当前全球价值链研究、农业领域研究都很少被关注到的。

第6章是典型案例分析部分。该章选取了两个典型案例，第一个典型案例是中国加工番茄业如何通过嵌入全球价值链来逐步获得企业技术能力，并带动相关产业的发展。第二个典型案例是中国著名的果蔬加工企业如何通过利用加入全球价值链获得初步的能力，然后利用国内价值链和全球价值链之间的能力势能差实现自主创新能力的提高。这两个案例支持了前面理论分析的结果。

第7章是在实证分析的基础上，以第一部分理论研究为基础，为中国蔬菜业升级提出对策建议。其中，标准化是增强中国蔬菜业国际竞争力的关键，该章就此讨论了标准化与升级的关系，提出了以标准化战略提升中国蔬菜业国际竞争力的具体路径。最后，总结了研究的不足，并对未来研究进行了展望。

## 0.3 研究方法

在中国，"方法"一词最早出现于古代思想家墨子的《天志》篇中，指的是度量方形之法，以后这个词的含意逐渐扩展为人们为了达到一定目的所运用的手段。在西方，"method"一词源于古希腊文的道路和途径，后来逐渐演化为研究、解决问题的条理、步骤和程序。研究方法在科学研究中是头等重要的，正所谓：工欲善其事，必先利其器。研究方法是一种工具，能为理论分析提供强有力的工具平台，是理论分析和结论有效性的重要基础。本书尽量吸收经济学和管理学的最新方法，以便为研究和写作提供科学的基础。拟采取的技术路线如图 0-2 所示，拟采用的基本方法是：

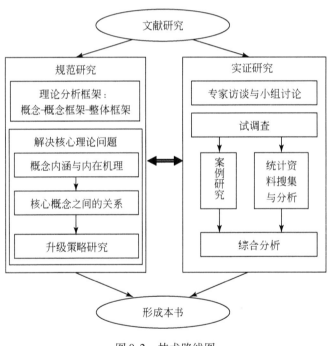

图 0-2　技术路线图

1）逻辑演绎方法。本书所研究的主题涉及全球价值链理论、知识管理理论、企业动态能力理论、演化经济学、战略管理等多学科的研究领域，为了使研究能充分吸收各种理论中的精华，为我所用，作者阅读了大量的理论文献，并在此基础上通过分析和逻辑演绎试图形成新的理论框架，采用多种分析工具进行了逻辑推演。

2）演化经济学方法。达尔文的进化论改变了人们对世界的看法，其提出的进化机制、自然选择等概念也发展成为经济与管理研究中重要工具，并逐渐演变为"经济变迁的演化理论"（Nelson and Winter，1982）。演化经济学的思路是我们理解企业升级复杂过程的必备工具。本书将继承这一演化经济学的方法，把企业升级、学习看做演化的复杂系统，复杂的适应性系统，把发展过程看做一个马尔科夫过程，某一时期一个行业的状况决定它在下一个时期状况的概率分布（Nelson and Winter，1982）。通过对升级的历史发展脉络研究，采取动态方法解释企业升级问题。

3）个人主义方法论。个人主义方法论是一种理论阐述方法，其对立面是整体主义方法论。个人主义方法论坚持个人是人之科学分析的终极单位，所有社会现象，在不考虑行动者个人决策的情况下，是不可能得到理解的。因此，个人主义方法论是指在一切与人有关的科学分析中，我们必须坚持"人本主义"的原则，把个人作为分析的出发点和终极单位。而整体主义方法论则认为，所有对人的分析，应该从人的集体性或整体性中加以展开。本书认为当前全球价值链理论研究视角多是宏观、中观，缺乏微观分析，而产业的升级归根结底是企业的升级，因此，本书遵循"个人在实在序列上并不优先于社会，而只是在意义序列上优先于社会"的观点（邓正来，2003），以微观企业的角度分析发展中国家企业通过嵌入全球价值链实现升级的问题。

4）案例研究方法。案例研究是一种经验主义的探索，它研究现实生活背景中的暂时现象；在特定研究情景中，现象本身与其背景之间的界限不明显，只能大量运用事例证据来展开研究（Yin，1984）。目前全球价值链领域中的主要研究方法之一就是案例研究法。本书关于蔬菜全球价值链的升级多属于经验性研究；且同现实社会经济现象之间关系紧密、难以从中抽象和分离，因此拟主要采用此方法。

5）访谈法。访谈法是通过与被调查对象进行面对面的交流，加深对研究内容了解并获取研究信息的一种分析方法，具有灵活、准确、深入的优势。由于本书是从微观视角研究发展中国家企业升级的过程，通过访谈法可以帮助作者更深入了解企业过去的经历及企业负责人的所思所想，能从多角度对升级的进程进行比较深入、细致的描述。

6）全球价值链分析方法。利用此方法绘制中国蔬菜跨国价值链地图，重新归集数据、识别与衡量蔬菜全球价值链的治理类性及租金的分配情况。这种分析可以很直观地观察中国蔬菜业嵌入的全球价值链的核心特征与问题，同时强调把信息和知识纳入全球价值链分析，而这都是贸易数据等统计资料所忽略的，也是其他微观分析所不能说明的。

# 0.4 预期的创新

1）通过研究视角的创新试图完善全球价值链理论的微观基础，深化全球价值链理论的研究。现有研究的分析单元跨度范围从产业集群到国家，尽管它们都含糊地包含企业，但是，个体的组织从来没有成为分析的中心（Morrison et al.，2008），而基于西方个人主义分析传统，个体组织层面应该是分析的基础。企业技术能力的视角则坚持把个体的企业作为分析的基础。因此，本书主要从企业技术能力层面讨论了全球价值链上的权力关系、租金、治理，并以此为基础对全球价值链背景下企业升级的本质以及不同全球价值链治理模式与升级之间的关系、基于技术能力的全球价值链升级的内在动力机制和升级的路径等进行了探讨。研究弥补了当前研究中的分析单元跨度范围从产业集群到国家、较少以个体组织为分析视角的缺陷。

2）中国蔬菜业全球价值链分析中数据搜集与整理方法的创新。本书利用全球价值链分析工具，绘制出中国蔬菜业全球价值链地图，自行归集相关数据，并从中观、微观层面对中国蔬菜产业的整体竞争力、重点市场上的竞争力、微观组织的竞争力分别用不同方法进行了评价，并绘制出中国蔬菜业全球价值链的治理结构图，为评价中国蔬菜业在全球价值链上的地位及竞争力情况提供了新的方法。

3）中国蔬菜业国际竞争力和可持续发展能力提升的思路创新。本书把发展中国家企业加入全球价值链、服从治理看做一个学习过程，通过这一过程完成从领导企业获得被编码的知识和信息，即领导企业传递的治理信息就是把复杂技术知识简单化的过程，服从治理也就是一种技术知识和能力的学习与获得；因此，在全球价值链上通过实物流动实现价值增值的同时，反方向、可编码的信息和知识流动促使企业实现升级。由此出发，本书不把贸易中的卫生检疫、技术标准等非关税措施看做贸易壁垒。但是嵌入全球价值链只会帮助中国蔬菜业获得基础的技术能力，而更高级的技术能力则可通过不同国家价值链之间的"能力的势能差"以及基于国内需求的国内价值链获得，这为中国蔬菜产业的升级提供了新的发展思路。

# 第1章
# 国内外相关研究概况

经济全球化在最近二三十年得到了迅速发展，经济活动不再局限于一个或数个国家，跨国公司为了开发全球市场、降低生产成本以及保持核心能力，开始在全球范围内配置资源，多个国家的企业通过分工和协作共同完成产品的生产和服务的提供，企业之间的关系变得错综复杂，企业之间的竞争演变成了价值链之间系统竞争力的竞争。同时，发展中国家通过嵌入由跨国公司所主导的全球生产网络中，可以通过这种外部联系获得一定的知识、能力和相应的附加值，能沿着价值链的等级体系向上攀升，但这种升级机会也受到所嵌入全球价值链的权力关系的影响和制约。而这种新的现象无法用原有的国际贸易和跨国公司理论来解释，这促使学者们去寻找新的理论框架来更好地解释现代经济活动。全球价值链理论就是经济全球化理论中的重要一支，试图通过新的理论框架分析现代全球化经济活动的特征和发展趋势，研究成果相当丰硕。

本章在对全球价值链理论进行系统回顾的基础上，认为嵌入全球价值链对发展中国家企业有利的主要原因是为其提供了企业技术能力的国际来源，而现有全球价值链文献很少覆盖企业层面关于技术学习的问题。因此，在对企业技术能力问题研究进行简单回顾的基础上，本书提出基于企业技术能力的全球价值链研究的主要研究问题，为之后的研究奠定了文献基础。

## 1.1 全球价值链研究文献回顾

全球价值链研究尽管是一个相对较新的产业发展研究领域，但在经济学、管理学、社会学、地理学等诸多学科交叉的基础上，已经发展成为一种基于网络的、用来分析国际性生产的地理和组织特征的分析方法，为考察价值在哪里、由谁创造以及如何分配以揭示全球产业的动态性特征提供了新的研究思路，研究的出发点和落脚点一般都是发展中国家如何通过嵌入全球价值链以提高生产能力、接近全球市场和技术通道，即发展中国家企业如何沿着所在全球价值链进行升级。

## 1.1.1 全球价值链研究的理论来源

全球价值链研究源于20世纪80年代国际商业研究者提出和发展起来的价值链（value chain）理论。在 Kogut（1985）提出的价值增加链（value – added chain）概念以及20世纪90年代中期兴起的全球商品链（global commodity chain，GCC）研究、经济地理研究中提出的全球生产网络（global production network，GPN）分析框架等的基础上，Gereffi 于2001年在分析全球范围内产业联系和产业升级问题时提出了全球价值链（global value chain，GVC）概念，随后被广为接受。

### 1.1.1.1 价值链

Porter（1985）在分析公司行为和竞争优势时提出的价值链理论在价值链研究中最为流行，他在《竞争优势》一书中指出：每一个企业都是在设计、生产、销售、发送和辅助其产品的过程中进行种种活动的集合体。所有这些活动可以用一个价值链来表明。Porter 认为企业的价值创造过程主要由五项基本活动（内部后勤、生产运作、外部后勤、市场和销售、服务活动）和四项支持性活动（采购、技术开发、人力资源和企业基础设施）两部分构成，这些活动在企业的价值创造过程中是相互联系的，由此所构成的企业价值创造的行为链条则被称为价值链。Porter 所使用的价值系统（value system）与目前常用来表示企业之间关系的价值链概念比较接近。供应商具有创造和发送用于企业价值链所使用的外购输入的价值链（上游价值）；产品在到达顾客手里之前需要通过销售渠道的价值链（渠道价值）；企业的产品最终会成为其买方价值链的一部分（顾客价值），于是，从上游价值到买方价值就形成一个完整的价值系统，整个价值系统的整体竞争力与系统中各企业的竞争力是相互决定的。

几乎与此同时，Kogut（1985）在《设计全球战略：比较与竞争的增值链》一文中用价值增值链来分析国际战略优势。国际商业战略被 Kogut 视做国家层面的比较优势与微观企业层面的竞争能力之间相互作用的结果。因此，当价值链条上的各个环节在国家或地区之间进行空间配置是由国家比较优势所决定的时候，企业应该在哪个价值链环节和技术层面努力来确保竞争优势则是由企业的竞争能力来决定（Kogut，1985）。相对于 Porter 的观点，Kogut 的观点流传得没有那么广泛，但后者更能反映价值链上的垂直分离以及全球空间再配置二者之间的关系，且加入了企业之间的联系因素，因此对全球价值链理论的形成起到了更为重要的作用。

此外，Krugman（1995）讨论了企业将内部各价值环节在分离的地理空间进行配置的能力问题，从而使价值链治理模式与产业在全球空间转移这两者之间的关系成为全球价值链理论中的一个重要研究领域。这种生产的分割现象被 Arndt 和 Kierzkowski（2001）称为"片断化（fragment）"，其所形成的跨界生产网络的组织可以采取外国直接投资形式在一个企业内进行，但由于产权分离的可行性，也可以采取委托加工等形式由多个企业分工合作完成，于是，全球经济中"生产的垂直分离"和"贸易一体化"就被有机地联系起来（Feenstra，1998），这也就为发展中国家企业融入全球价值链，实现产业升级创造了条件。

### 1.1.1.2 全球商品链

全球商品链概念起源于"世界体系"研究，首先被 Hopkins 和 Wallerstein（1986）用来分析国家权力对全球生产系统的影响。Gereffi（1994）将价值链分析法与产业组织研究相结合对美国零售业价值链等进行了研究，并以此为基础，针对组成并支撑全球经济体系的企业间复杂网络关系的分析，提出了全球商品链的分析框架。全球商品链包括一个产品的生产、设计和营销等所涉及的全部活动（Grerffi，1999），其研究集中于链上最具市场势力的领导企业身上；并根据工业资本和商业资本在推动全球化过程中的作用，将全球商品链区分为购买者驱动（buyer-driven）和生产者驱动（producer-driven）两种类型，分别由购买者和生产者推动链上各个环节在空间上的分离、重组和正常运行等。其中，生产者驱动型全球商品链是由生产者通过投资推动市场需求，并在全球形成垂直分工的生产链，其领导企业的核心能力是研发和生产能力；购买者驱动型全球商品链是由拥有品牌优势和完善的国内销售渠道的企业组织起来的跨国商品流通网络，组织方式包括全球采购和贴牌加工等，其领导企业的核心能力是设计和市场营销能力。但在现实中，可能会存在两种类型共存（bi-polar）的情况，有研究就提出了两种兼具的中间模式（Fold，2002；张辉，2006a）。

全球商品链的分析框架由四部分构成，即"投入 – 产出（input-output）"结构、链所覆盖的地域（territorality）特征、治理结构（governance）和制度框架（institutional framework）（Gereffi，1995）。"投入 – 产出"结构的研究把商品链看做按照价值增值活动的序列串联起来的一系列流程；地域特征则是指跨国公司和采购商纷纷采取外包形式将核心能力以外的环节剥离，于是，在世界上不同国家或地区分散着链的各个环节，最终形成了全球生产体系；由于价值链是由相互联系的各环节组成、具有特定功能的产业组织，链条的运转需要领导者进行统一组织、协调和控制，于是就形成了一定的治理结构；制度框架方面的研究集中于价值链上各节点的国内和国际制度背景对链的影响，包括政策法规、正式和非正式的游戏规则等。因此，主要用"投入－产出"结构和全球商品链的地域覆盖范围来描述特定链条的组态和构成，治理结构则是理解进入壁垒和链上企业之间协调的重要概念，制度框架则用于描述领导企业如何通过控制流通渠道、技术或市场的信息来实现与链上从属企业结为整体的条件（Raikes et al.，2000）。

全球商品链研究还讨论了链上从属企业如何通过嵌入全球商品链，以较低的成本间接获得流通渠道与技术信息，如何通过"干中学"（learning in doing）使企业沿着链的层级上移；并表明，参与国际分工是发展中国家企业升级的必要不充分条件。

在全球商品链分类的基础上，研究者在全球商品链的分析框架内对不同职能在协调和组织链的运作方面所扮演的角色与作用、发展中国家的升级潜力和前景等方面，对亚洲、拉丁美洲和非洲等地区进行了大量的案例研究，涉及纺织服装（Gereffi，1999；Hassler，2004；Bair and Peters，2006）、计算机软件（Bharati，2006）、农产品（Daviron and Gibbon，2002）和旅游（Clancy，1998）等产业。

### 1.1.1.3 全球生产网络

全球生产网络源于 20 世纪 80 年代网络分析方法的广泛应用，主要沿着两个方向展开（田家欣和贾生华，2008）。第一个方向是 Ernst 及其支持者把全球生产网络看做一种介于国际市场和跨国公司之间的、以关系契约为治理基础的组织形式，一次平行地整合了各层次网络参与者、把跨越不同公司和国家的分散的价值链连接起来的组织革新（Ernst and Kim，2002）。他们并在对信息和电子产业进行实证研究的基础上提出了基于"网络旗舰（net flagships）"的全球生产网络模型，对旗舰企业与本地企业之间的互动，特别是知识扩散与转移对本地供应商能力构建和升级的影响进行了深入研究。

第二个方向是经济地理学中的"曼彻斯特"学派学者在对全球商品链理论进行批判的基础上吸收了其认为合理的部分，结合战略管理、经济社会学等相关理论构建的全球生产网络分析框架。在此研究框架中，全球生产网络被定义为——为了商品和服务的生产和销售，由企业和非企业性质的组织在全球范围内组织、实现功能相互连接和操作关系的网络。在该研究方向的全球生产网络框架中有三个要素最为关键：一是价值的创造、提高和捕获；二是网络中的权力是如何被创造和维持的；三是行为主体及结构如何嵌入不同地域。这三个要素通过注入企业、产业部门、网络和政府四个维度形成了完整的概念框架（Henderson et al.，2002）。

### 1.1.1.4 全球价值链

以上理论都是在经济全球化的日益发展、国际经济分工和产业布局全球化趋势愈演愈烈的背景下产生的，研究问题和研究对象都比较相似甚至相同，理论渊源上也有着千丝万缕的联系。因此，英国 Sussex 大学发展研究所（IDS）于 1999 年举办了主题为 "Spreading the Gains from Globalization" 的国际学术会议，开始尝试建立一种更有力的知识范式来应对经济全球化的挑战。2000 年，在 Rockefeller 基金会资助下，在意大利 Bellagio 召开的国际学术会议上，不同领域的学者通过构建标准的概念和方法来建立以 "价值链分析" 为基础的理论框架，从治理、升级等多个角度系统地探讨和分析了全球价值链，并于 2001 年将主要的研究成果以 *The Value of Value Chains：Spreading the Gains from Globalization* 为主题、以特刊形式发表在 *IDS Bulletin* 第 32 卷第 3 期。这些学术会议的召开及学术论文的发表标志着全球价值链分析框架的形成，在全球价值链研究中起到了里程碑式的作用[①]。

其后，鉴于全球价值链在研究和分析上更加细化和严密，Gereffi 等学者都相继接受并改而采用全球价值链概念进行更广泛和深入的研究。一般认为，全球价值链研究最直接的来源是全球商品链概念及研究（Bair，2005；Sturgeon，2008），但是，概念之间的区别并不是像表面上看起来换一个术语那样简单，而是理论基础、研究对象、核心概念以及学术影响范围等的差异（Bair，2005）（表 1-1）。因此，仍有学者遵循全球商品链或者全球生产网络等概念进行研究，并继续与全球价值链研究相互促进、共同发展。

#### 表1-1 全球商品链与全球价值链研究的比较

| 项　目 | 全球商品链 | 全球价值链 |
| --- | --- | --- |
| 理论基础 | 世界体系理论、组织社会学 | 国际商务理论、全球商品链 |
| 研究对象 | 全球产业中的企业间网络 | 全球产业的部门关系 |
| 核心概念 | 产业结构；治理；组织学习与产业升级 | 价值增值链；治理模式（模块、关系、俘获）；交易成本；产业升级和租金 |
| 学术影响 | 跨国公司研究文献；比较发展研究 | 国际商务/产业组织；贸易经济；全球（国际）生产网络（系统） |

资料来源：Bair，2005

---

① 参见以下网站：http://www.globalvaluechains.org.

## 1.1.2 全球价值链理论的主要内容

全球价值链研究的首要任务是对全球经济进行分析性描述和实证性研究，以及启发性和规范性研究，其次是加入全球经济对发展中国家及企业的意义，即要为发展中国家及企业带来持久的经济增长和收入增长。对于前者的回答产生了三个关键要素（Kaplinsky and Morris，2001），即租金、权力与治理。对于后者的回答则被归结为升级问题的研究。围绕着这些概念，全球价值链理论如雨后春笋般迅猛发展，并已从描述性研究演化为分析性研究（Kaplinsky and Morris，2001；Humphrey and Schmitz，2002）。

### 1.1.2.1 租金与壁垒

经济学教科书对"租金"（rent）的解释是：支付给资源所有者的款项中超过那些资源在任何可替代用途中所得到款项中的那一部分，也即超过机会成本的收入。"租金"在全球价值链理论中则似乎指的是超额利润的来源，用来描述这样一个世界：在那里，参加者因为控制了特定的资源从而能够通过利用和创造对竞争者的进入壁垒而免于竞争（Kaplinsky，2004），因为全球化进程中的企业都处于特定全球价值链治理之下，价值链上的领导企业进行治理的最终目标就是获取各种各样的租金。因此，这种规避直接竞争活动的能力可用租金的概念来理解，全球价值链被看做这些动态租金的博物馆（Kaplinsky and Morris，2001），租金也被作为全球价值链研究的出发点和落脚点，价值在全球价值链上的产生过程以及收益在全球价值链各环节之间的分配过程是研究的重点。

在全球价值链的众多"价值环节"中，主要的附加值集中在那些能免于竞争的环节上，主要是因为有壁垒保护。壁垒（barrier）原意是指古时军营的围墙，泛指防御工事。在经济管理领域多是指行为主体为从事某种行为而必须付出的最小代价。例如，进入壁垒就是指行业外其他厂商为进入该行业而必须付出的最小代价。行动者通过对市场力量和领导力量（治理）的掌握，获取竞争优势，进而获得超额利润（租金）。

全球价值链中租金的性质和种类是复杂的，根据与价值链的关系，其被广义地分为三大类：基于链内单个行动者构建的租金、基于链内行动者群构建的租金、外生于全球价值链的租金（Kaplinsky and Morris，2001）（表1-2）。各种租金具有累加性，即企业可以同时获得多种租金，而且所获得的租金永远处于变动中：一方面，企业目前已经得到的租金可能会由于进入壁垒被突破而消失，或者由于技术扩散而消失；另一方面，新形式的租金也会不断出现。

表 1-2　全球价值链上经济租金的形式

| 租　金 | | | 含　义 |
|---|---|---|---|
| 基于全球价值链内的租金 | 企业内部 | 技术租 | 掌握稀缺技术 |
| | | 人力租 | 比竞争对手拥有更好技能的人力资源 |
| | | 组织租 | 拥有更完善的内部组织形式 |
| | | 营销租 | 拥有更强的营销能力，或拥有有价值的商标品牌 |
| | 企业之间 | 关系租 | 同供应商和客户有更好的关系 |
| 基于全球价值链外的租金 | 自然产生的 | 自然资源租 | 获得稀缺的自然资源 |
| | 链外各方作用产生的 | 政策租 | 有高效率的政府运营环境；构建障碍阻止竞争者进入 |
| | | 基础设施租 | 获得高质量的基础设施性投入，如通信技术 |
| | | 金融租 | 比竞争者获得条件更优越的金融支持 |

资料来源：Kaplinsky 和 Morris，2001

关于企业之间利润差异源泉的分析，主要围绕三个方面展开：一是产业结构不同导致不同产业内企业之间的利润差异（Bain，1956；Porter，1980），即由于进入壁垒的存在，市场势力通常被认为是起源于面临新竞争时的结构性或行为性壁垒；二是同一产业内，企业本身具有的竞争优势或劣势（Peteraf，1993；Barney，1991；Collis，1991），即企业在经营过程中为防止竞争优势的丧失所设置的各种障碍，也称为阻隔机制；三是产业内不同策略群组的战略定位引起的利润差异（Hunt，1972；Porter，1977，1980；Tallman and Atchison，1996），流动壁垒是这些企业之间利润差异长期存在的主要原因。因此，可以把影响企业活力的因素归纳为三种能力（González-Fidalgo E and Ventura – Victoria J，2001）：产业能力、战略能力和企业能力；这也暗示了企业三种不同但相容的利润来源：产业层、策略群组和企业本身；也反映了三个不同的研究领域：产业组织理论、策略群组理论和以资源为基础的企业理论。由此可见，全球价值链上主导企业采取不同的治理模式，其构建的保护原有企业并防范外来者的壁垒也就不同。对于价值链上欲升级的企业而言，关键问题就是以何种方式巧借外势、突破壁垒，以实现升级（Humphrey，2004）。

在全球价值链上，领导企业权力集中化和生产的片断化导致价值分配的非均衡化：掌控关键资源的领导企业获取更多的租金，而分散在全球各地的低成本供应商的则不断受到上游和下游企业的挤压，利润空间越来越窄小。而全球价值链上价值分配的不均衡，进一步加剧了市场权力的集中和发展中国家企业的边缘化。发展中国家企业基于比较优势加入全球价值链有助于实现国家经济起飞或低端阶段的工业化进程，但这也迫使发展中国家企业被"锁定"在低附加值、低创新能力的微利化价值链上的低端生产制造环节，形成"低端锁定"。因此，领导企业市场权力的集中和价值分配的不均衡，从根本上来说不利于发展中国家企业在全球价值链上的升级。

### 1.1.2.2 全球价值链治理

产生全球价值链治理的主要原因有两个。一是产品差异化战略的影响。标准化产品设计的规格是确定的，可以通过自由市场交易获得稳定的原料供应，但是，制造商或零售商等采取与竞争者产品存在不同的差异战略，或者可能认为自己比供应商更了解市场需要，因此要求购买非标准产品，对产品参数提出独特要求。二是风险控制的需求。产品质量可能带来的潜在风险促使全球价值链上的领导企业从源头上加强质量控制，特别是加入全球价值链的发展中国家企业技术一般相对落后（Hobday，1995），亟须领导企业帮助提高能力、以达到其期望的技术水平。因此，全球价值链上企业之间的相互作用不是随机产生的，而是有一定的目的性和组织性，链上各环节企业之间的劳动分工以及价值分配都发生在一定的全球价值链治理环境之中，全球价值链是如何组织和运作的是全球价值链治理研究的主要问题（Humphrey and Schmitz，2008）。

全球价值链治理理论来源于交易成本经济学、企业网络学说、企业技术创新与学习能力等理论（Gereffi et al.，2005），突出强调链上企业之间的权力关系以及形成并支配这种权力的机构。所谓治理（governance），Gereffi（1994）将其界定为对全球价值链在国际上散布的不同活动所进行的协调，即当全球价值链上的一些企业根据其他主体设定的参数（标准、规则）进行生产工作时，治理问题就产生了，这些参数包括生产什么（产品定义）、如何生产（生产过程定义，含技术、质量、劳动和环境标准等要素）、何时生产、生产多少以及价格五类基本参数（Humphrey and Schmitz，2001），这些基本参数可以通过领导企业直接实施，也可通过链外独立的第三方实施（表1-3）。

表1-3    全球价值链治理的参数制定与实施

| 参数选择 | 参数制定与实施 | |
| --- | --- | --- |
| | 领导企业 | 外部代理 |
| 领导企业 | 由主导企业自行检查，或由代理按其指示检查质量系统的要求和实施；对劳工标准的要求高于法律规定的最低限度，由主导企业或其代理进行认证 | 主导企业要求供应商符合过程标准或行为规范，存在独立的监督或证书系统。例如 ISO 9000、ISO 14000 和 SA 8000 认证 |

| 参数选择 | 参数制定与实施 | |
| --- | --- | --- |
| | 领导企业 | 外部代理 |
| 外部代理 | 要求企业拒绝雇用童工的供应商，但这种要求没有任何强制实施系统。企业必须建立自己的实施系统 | 例如，欧盟要求出口到欧盟市场的外科设备制造商必须通过 ISO 9000 认证。该证书由独立的认证代理执行 |

资料来源：Humphrey 和 Schmitz，2001

Gereffi（1994）首先注意到全球价值链上的权力关系和治理作用，并假定全球价值链上一定存在领导企业或驱动者，它们承担着治理功能的原因是其拥有可以产生高额利润资源（如产品设计、新技术），并根据全球价值链上驱动者的不同（主要是根据领导企业所承担职能的不同）把全球价值链区分为两类：生产者驱动和购买者驱动，由此得到两种不同的价值链治理①模式，并认为不同的产业可归入不同类型的价值链。但是在对具体情况进行分析时，这种简单的分类尽管可以解释一些现象，但难以对大多数现实情况进行解释，因此就遭到很多学者的质疑，表现在以下三个方面：第一，同一个产业的价值链可能既满足生产者驱动的特征，又具备购买者驱动的特征；第二，还有一些产业的价值链可能既不属于生产者驱动，又不属于购买者驱动。例如，巴西 Rio Pardo Valley 烟草集群中的烟草全球价值链就不符合购买者或生产者驱动的特征，链上企业之间的关系表现出比这两种类型更加复杂的性质（Vargas and Campos，2005）；第三，似乎现在越来越多的全球价值链都呈现购买者驱动的特征（Kaplinsky and Morris，2008）。

Humphrey 和 Schmitz（2001）则将企业间的关系和制度机制称为治理，这种非市场性质的协调的主要目的是要通过这些关系和机制安排来实现对价值链上的各种活动的协调，其中，互信是协调关系的核心（Raikes et al.，2000）。Humphrey 和 Schmitz（2002）在对全球价值链的治理模式进行归类总结时，依据链上不同主体之间权力对称程度的差异，将全球价值链治理模式分为四种类型：一是市场型，即购买者和供应者之间的交易完全按照市场规则运作，企业间不存在亲密的关系；二是网络型，即价值链上能力互补的主体之间彼此合作、互相依赖，但是相互之间不存在控制与被控制的关系；三是准层级型，即由于能力上的差异，链上存在能对其他企业实施高度控制的领导企业；四是层

① Gereffi 于 1999 年用"治理"这一概念取代了"驱动"概念，但之后在不同情境之下仍会使用"驱动"一词代替"治理"。

级型，即价值链被垂直一体化于企业内部，具体表现为母公司对下属子公司的控制。Humphrey 和 Schmitz（2002）把全球价值链的治理看做动态变化的，有三个因素决定了治理的改变：一是价值链上权力关系的演化；二是对于领袖企业而言，建立和维持准层级型治理成本过高；三是企业或者集群不仅仅属于一个全球价值链，而且可能同时属于几个相似类型的价值链，因此它们可能会通过其中一个价值链获得升级的能力。尽管 Humphrey 和 Schmitz 的四种治理模式分类并没有把所有的治理类型都涵盖在内，分类也显得简单，但该分类注意到了价值链上各主体之间广泛存在的各种关系，其分类也是基于全球价值链上权力的不对称程度，并已初步描绘出治理的轮廓，基本上能满足升级等问题分析的需要。其后的全球价值链治理模式的划分相对而言更详细，但也都只是在 Humphrey 和 Schmitz（2002）基础上的进一步细化和补充。所以，Humphrey 和 Schmitz（2002）的四种治理模式已经为升级问题的分析提供了基本框架。尽管有研究者分析四类治理与 Gereffi 的两种驱动的对接关系，认为购买者驱动和生产者驱动的价值链都属于准层级价值链，但是显而易见的是，两种分类的角度是完全不同的，不能这样简单地建立这种对接关系。

另外，Sturgeon（2001，2002）的研究认为在电子产业中领导企业和供应商之间通过标准化降低了交易中传递信息的复杂程度，并把这种关系称为模块化的关系。在 Sturgeon 所界定的模块型价值链基础上，Gereffi 等（2005）进一步根据交易的复杂程度、可编码化能力以及供应能力三个变量，把全球价值链治理模式分为五类：市场型、关系型、领导型、层级型和模块型。在这一分类中，除了介于市场和网络之间的模块型是新增的治理模式之外，其余几种基本上分别对应于 Humphrey 和 Schmitz（2002）分类中的市场型、网络型、准科层型和层级型。这一分类是建立在链上企业之间传播的知识特征的基础之上，暗含了治理类型与升级存在因果关系的假设。该理论提出后立即成为全球价值链研究中最为人们关注的理论之一。

### 1.1.2.3 升级

对升级（upgrading）的讨论于 20 世纪 90 年代后半期首次进入全球价值链分析中，多被认为是一个通过创新以增加附加价值的过程（Giulian et al.，2005），最终会实现一个企业或国家获利更多、并且/或者技术资本更先进及技术密集型活动能力进一步提高（Gereffi，1999），具体表现为制造更好的产品，或者更有效率地制造产品，或者从事需要更多技能的活动（Kaplinsky，2001；Porter，1990）。升级有四种不同的形式（Humphrey and Schmitz，2000）：①过程升级，即生产体系的重组或更优良技术的采用而使投入、产出率得到了提高；②产品升级，即通过引进更先进的生产线实现产品的更新换代，比对手更快地推出新产品或改进老产品来获得更高的利润；③功能升级，即获取新的功能，如在全球价值链上从生产环节跨越到设计和营销等利润更丰厚的环节；④价值链升级，即以原价值链上获得的能力或知识为基础实现对另一条价值量更高的价值链的跨越。其中，在升级过程中，Gereffi（1999）特别强调领导企业对升级的促进作用。领导企业对全球价值链的治理能帮助发展中国家的地方产业集群顺利实现升级，且这种升级是阶梯式的，这样就意味着以上所列的升级类型有先后、好坏之分。Gereffi 对亚洲服装产业的实证研究支持了他的结论。他分析认为，亚洲服装产业处于购买者驱动的全球价值链上，由于能与链上领导企业以多种方式建立起密切联系，最终实现了，如图 1-1 所示，从最初的 OEA 到 OEM 再到 ODM 最后到 OBM 的一系列升级过程。在升级研究中，一般都认为无论是从 OEA 到 OBM 升级路径的研究还是其他升级路径的研究，其背后所对应的产业发展的实质内容基本都涵盖于工艺流程升级、产品升级、功能升级和价值链升级四种形式之中，反映了全球价值链下的具体发展轨迹。这种升级路径蕴涵着一个重要的假设，即在价值链上，研发、生产、流通诸环节的附加值曲线呈现两端高而中间低的形态，即研发和流通环节附加值高、制造加工环节附加值低，大体呈"U"形，很像人微笑时嘴的形状，有学者把这条升级路径形象地称为"微笑曲线"。因此，发展中国家的企业进行升级，就要向产业链的高端发展，并被人们认为这是劣势企业寻求、拥有产业优势的唯一契机。

| | 流程 | 产品 | 功能 | 价值链 |
|---|---|---|---|---|
| 轨迹 | → | | | |
| 示例 | 原始设备装配（OEA）↓ 原始设备制造（OEM） | 自主设计制造（ODM）→ | 自有品牌制造（OBM）→ | →移向新的价值链，如从黑白电视显像管到电脑显示器 |
| 活动包含程度 | 包含内容和附加值逐步增加 → | | | |

图 1-1 基于全球价值链的升级轨迹

资料来源：Kaplinsky 和 Morris，2001

但是，这种升级轨迹本身就受到了质疑。Gibbon（2003）就认为在一些特殊情况下要把产品升级和过程升级明确区分开来非常困难（特别是在农业领域）。该升级轨迹也忽略了企业升级的本质是为了获得超额利润，即租金，而企业层面内生的租金主要包括：基于受到保护的市场力量而产生的垄断租金、凭借企业拥有独特资源而产生的李嘉图租金、依靠企业动态能力的熊彼特租金（Teece et al.，1997），因此，企业的升级既可以通过沿着微笑曲线产业链的高端发展来实现，也可以通过改变与链上其他企业的力量对比而获得市场力量，进而实现升级，即升级不仅仅意味着获得能力，也意味着价值链中各种关系的改变（Humphrey，2004）。升级并非是单通路的。

同时，嵌入全球价值链尽管会为发展中国家的企业带来收益，但是也可能会被锁定在价值链上低技能、低回报的活动（Humphrey，2005）中。为实现升级，发展中国家企业需要克服在全球价值链上被锁定的风险，有三个主要的策略（Humphrey，2003a）：市场多元化、更卓越地制造、有效使用从价值链上获得的知识。

因此，领导企业要通过治理来带动链上企业的共同活动，同时通过建立壁垒来保证其链上租金分配的权力。企业升级就是要获得能力，或者打破而进入壁垒，或者建立新的结构、形成新的壁垒。企业获得能力可以是内生的，即自身能力的积累和提高；也可以是外生的，即在全球价值链上，通过出口学习、FDI 的溢出效应等获得升级，因此，跨国的联系在获得技术知识、强化学习和创新中扮演主要角色（Gereffi，1994；Gereffi，1999；Humphrey and Schmitz，2002）。因此，在全球价值链背景下，通过链上的关系实现学习、创新和获得技术能力以实现升级，这是升级研究中的关键问题（Fromm，2007），有必要进行进一步的讨论。

### 1.1.2.4 小结

通过对全球价值链理论研究文献的回顾，可以看出，国外学者已初步建立了全球价值链理论研究的分析框架。但是，全球价值链理论作为一种集宏观和微观两个视角于一身来研究当代产业和贸易的新范式尚处于起步阶段。由于不同学者的理论背景不同，对研究内容、研究方法、理论体系以及政策内容等方面存在较大差异。因此，可以按照研究背景、在研究中占主导的方法论等差异将全球价值链理论研究分为两个流派（Morrison et al.，2008）（表 1-4）。其中，国际主义学派主要采用宏观的角度，其分析层面和政策建议都集中于此；相反，产业主义学派采用以微观为基础的分析框架，其政策导向主要是以当地和集群的发展为方向。当然这种区分并不是绝对的，他们之间也会存在交叉，但在调查方法上两学派的差异非常明显：国际主义学派经常把产业看做一个整体，产业主义学派则主要调查特定的集群，采用案例研究的方法。这两个学派的分析单元跨度范围从产业集群到国家，尽管都含糊地包含公司，但是，个体的公司从来没有成为分析的中心（Morrison et al.，2008），而基于西方个人主义分析传统，公司层面应该是分析的基础，且技术能力的视角坚持把个体的公司作为分析的基础。另外，现有研究只注意到了参与全球价值链对企业的正面影响，却忽略了其负面效应，忽略了国内价值链的作用（Morrison et al.，2008）。现在的微观分析文献多采用案例研究，还缺乏系统的经验方法。案例研究有利于我们获得关于研究内容的特定国家的细节，但是缺乏定量测量的严谨性，所选案例数量有限，因此，这种方法难以一般化，难以进行比较和借鉴（Pietrobelli and Saliola，2008；Raghavendra and Bala；2007）。当前的研究也多集中在欠发达的现代大型工业领域，它们被认为是产业发展的核心。这隐含着一个不言自明的观点，即在经济发展过程中，传统部门（农村和小规模产业部门）的工作会逐渐被现代部门（主要是工业）逐渐代替（Romijn，1999）。因此，关于小企业的政策都是建立在它们是劳动密集的假设之上，而只有当技术产生更高生产率时，小规模工业才被认为是重要的，这在发展中国家很少发生。因此，现有研究在一定程度上低估了小企业的重要性（Raghavendra and Bala，2007）。

表 1-4　全球价值链研究的不同学派

| 项　目 | 国际主义学派 | 产业主义学派 |
| --- | --- | --- |
| 主要关注内容 | 主要是发展中国家 GVC 的治理与升级 | 主要是发展中国家 GVC 的治理与升级 |
| 方法论 | 宏观方法<br>产业层面数据/贸易数据 | 微观方法<br>案例研究，定量数据 |
| 政策内容 | 国际劳动分工/多边贸易协定，FDIs | 集群的竞争力，本土和集群的发展政策 |
| 理论背景 | 国际经济学、政治经济学、新制度经济学理论（TNCs） | 产业研究、本土发展、集群研究 |
| 代表人物及研究机构 | Gereffi、Kaplinsky、Sturgeon、Gibbon 等；Danish Institute for International Studies | Humphrey；Schmitz 等 Sussex 大学发展研究院 |

资料来源：Morrison et al.，2008

## 1.1.3　国内对全球价值链理论的研究

国内对全球价值链理论研究的关注始于对产业集群（王缉慈，2003；

2004；文嫣和曾刚，2004；张辉，2004）、全球产业转移及中国在其中的地位（张辉，2004）等的研究。研究者很快注意到中国产业可以通过嵌入全球价值链实现升级的问题（文嫣和曾刚，2005；任家华和王成璋，2005；张向阳和朱有为，2005），其描述的升级路径似乎为处于全球价值链低端的中国企业指出了一条发展道路，开始被广泛应用于中国 OEM 企业如何实现持续增长（胡军等，2005）、地方产业集群升级的模式（张辉，2005）等研究中，随后被广泛应用于纺织、汽车、鞋业、珍珠等产业集群升级的研究中。

在全球价值链理论引入中国后，很快就有学者开始对其理论基础与核心内容进行剖析（张辉，2006a；陈树文等，2005），从质量惯例角度分析了全球价值链治理产生的原因与过程（程新章，2006）；并认为基于比较优势的全球价值链分工逐渐成为国际分工的重要趋势，但最发达国家能从分工中获取"分工利益"和"贸易利益"，而发展中国家在获取"分工利益"的同时"贸易利益"可能受损（曹明福和李树民，2005）；并已经注意到了发展中国家嵌入全球价值链的目是提升其创新能力（张红，2004），试图将全球价值链治理理论与创新理论进行链接（池仁勇等，2006）。也有学者注意到，在全球价值链背景下，国际分工已从按产品分工转变为按要素分工，从产业间水平分工转变为价值链分工；产业边界超越国家边界，改变了国家参与国际分工的性质；企业与国家之间呈现出我中有你、你中有我的局面。在此种情况下学者引出应该如何评价产业的国际竞争力问题，并构建了一个全球价值链背景下评价产业国际竞争力的二维评价模型（刘林青和谭力文，2006）。

进一步深入的研究发现发展中国家企业嵌入全球价值链往往是"低环嵌入"（吴解生，2007；2008）。发展中国家并不会自动实现升级，反而还可能会出现被俘获（刘志彪和张杰，2007）或者"低端锁定"（卢福财，2007）现象，因此，升级的本质是获得权力与租金（刘林青等，2008）。实证研究也发现了"中国制造"的脆弱性（刘林青等，2009），并开始试图从知识转移的角度（彭新敏，2007；梅述恩等，2007；孙元媛和胡汉辉，2010）、知识外溢的角度（陶锋和李诗田，2008）、需求的角度（张杰和刘志彪，2007；张杰和冯彩，2008）等探讨了突破的策略，防止出现"悲惨增长"（卓越和张珉，2008），并特别指出了基于国内形成的价值链对中国企业升级的重要性（刘志彪和张少军，2008），最终目的是要逐步培育中国企业的自主创新能力（任家华和牟绍波，2009）。尽管近几年的实证研究还是以集群、产业升级为主，但已经意识到应从微观角度研究升级问题，并提出了企业技术能力的研究视角（包玉泽等，2009）。

总之，国内前期的研究主要是在学习西方关于全球价值链的理论及方法论，并结合中国的具体产业进行实证研究。且经济地理学在研究"产业集群"这一全球性的区域发展模式时，把全球价值链作为研究产业集群的重要理论工具。同时，学者在研究中发现现实并不像理论描述得那样美好，特别是升级问题，于是开始思考是不是嵌入全球价值链就一定可以实现升级，以及如何实现升级等问题。同时，传统的研究都是基于相对较宏观层面的，如产业、集群等，缺少企业层面的分析。研究中也往往把产业的全球价值链看做同质的，这也是和现实不相符的。

## 1.1.4 全球价值链理论在农业领域中的应用

农业产业领域的协调研究沿着两个平行的方向展开：一是垂直链上参与厂商之间的协调，二是链上某一厂商内部的协调。前者的研究始于 Davis 和 Goldberg 的"使商品系统正确"（get commodity systems right）的方法，其后"filiere"等概念在 20 世纪 60 年代也被引入农业产业领域，随着交易费用经济学、代理理论、链理论、网络理论等的发展，它们也分别被广泛用于农业产业领域的研究。基于全球价值链理论对农业领域问题进行的研究多集中于园艺产业。

### 1.1.4.1 全球农业价值链的整体特征

价值链理论在农业领域的广泛采用主要是由于需求的高度差异化、产品高度差异化、加工过程复杂程度的增加和出错可能性增加；可以从 6 个方面理解不同农业价值链的特征（Boehlje et al.，1999）：价值创造活动（投入、种植、加工、销售）、产品、资金、信息、形成的诱因、治理。由于农产品价值链的特性，其治理的权力来源主要来自链上的两端：对原料的控制和对最终消费者的控制。如何获得知识和信息在农产品价值链中扮演关键角色。

一般认为，全球农业价值链的典型特征是购买者驱动，在农业领域中使用全球价值链分析工具的主要就是为了顺应市场结构和消费者行为的改变（Fromm，2007）。这种改变主要表现为大型超市所占市场份额的增加、高速的城市化、消费者行为的复杂化等。其中，由于农产品的非标准性特征和风险的增大而产生了对全球价值链治理的要求（Humphrey，2006）。

### 1.1.4.2 全球农业价值链的治理

全球价值链视角把产品形成过程看做一系列连续的活动，并通过治理，用显性协调代替了市场的隐性协调（Humphrey，2006）。因此，从信息的角度思考治理模式，主要取决于三个变量：信息的复杂程度、信息可被编码程度和传递效率、供应商的供应能力。而新制度经济学，则认为农产品生产企业会根据三个因素选择不同的治理模式（Boehlje et al., 1999）：资产专有性、任务可理解性和任务的可分离程度。对拉美地区的经验研究表明，烟草产品多采用准科层治理模式，食糖多采用市场治理模式，新鲜牛奶则采用多种治理模式（Giuliani et al., 2005）。

全球农业价值链的治理会产生成本，如失去灵活性等（Humphrey, 2006）。因此，国外研究表明，链上的协调机制（治理）倾向于排除种植者（Dolan et al., 1999），其原因可能是治理的范围经济问题（Humphrey, 2005）。

### 1.1.4.3　全球农业价值链的升级

在全球农业价值链上，参与者以中小企业为主，竞争的压力要求他们进行升级。但是全球价值链理论的升级分类很难适用于农业领域。例如，过程升级和产品升级在农业领域很难加以区分，一个新的种植过程可能也就意味着一类新的产品（Gibbon, 2003）。例如，很难说得清楚无公害食品到底是属于过程升级还是产品升级，似乎这两者兼而有之。因此，Gibbon（2003）建议一方面了解对特定全球价值链上生产者有利的升级机会，即清楚地说明链上利润构成以及角色种类；另一方面略述完成这些角色的前提或机制。因此，进入全球价值链，发展中国家的农业企业可以通过学习获得技术能力，以实现升级。尽管还看不出清晰的升级路径，但是区域与国家层面的共同努力十分必要。Pietrobelli 和 Rabellotti（2004）的研究也表明，在准科层型全球价值链中，过程和产品升级是比较普遍的，而功能升级的情况较少发生，因为全球价值链中的企业会设置障碍阻碍功能升级，Gibbon 和 Ponte（2005）的研究也证明了这一点。由于农业生产的性质，中小农业企业只是追求产品与过程升级，很少有农业企业会进行功能升级（Fromm, 2007）。Giuliani 等（2005）对拉美的研究也证明，服从链上领导企业的标准只会发性产品和过程升级，很少会发生功能升级。

### 1.1.4.4　全球农业价值链治理与升级的关系

全球农业价值链中的主要问题是农产品的非标准化，因此，产品和生产过程的标准化成为全球农业价值链的主要发展趋势。标准化对全球农业价值链的影响表现在两个方面：一是增加了对信息的需求，二是对供应商能力的要求。这两者都与治理密切相关。参与全球价值链的农业企业尽管由于标准化而增加了成本，但是也提升了企业的能力，实现了升级（Humphrey, 2006）。

Fromm（2007）对洪都拉斯农业企业升级问题的研究揭示了中小农业企业

如何通过加入全球价值链，以获得新的技能和知识。其中，价值链中的互信关系决定了信息流动和升级的方式；标准化生产实施以及对标准的遵循为学习和获得新的技能和知识提供了机会。因此，全球价值链上实物流动实现价值增值，同时，反方向、可编码的信息和知识流动，特别是默会知识的流动也促使企业实现了升级。因此，治理的类型决定了信息、知识的传递方式，也就为企业的升级提供了机会，但是并不是所有的企业都能把握住这种机会。其中，建立互信是关键因素之一。

#### 1.1.4.5　国内关于全球农业价值链的研究

国内有关农业嵌入全球价值链方面的研究较少且并不深入，缺少对具体产业价值链进行描述和针对性地分析。阎衡和郑鑫（2008）指出了农业产业集群在嵌入全球价值链时遇到的困难，如产业集群没有发挥比较优势、价值链上定位雷同、价值实现空间狭窄、品牌效应不足，并提出几点建议。陈洪（2008）分析了中国农产品流通内价值链中的价值构成与战略环节，指出应通过农产品流通价值链的增值路径来制定未来中国农产品流通产业发展战略。此外，崔凯（2008）对香港农业状况及其产业链进行了研究。

总之，目前主要是直接借鉴全球价值链理论对农业领域进行研究，但是，显而易见，基于工业领域的研究并不完全适用于农业，因此，有必要对全球农业价值链问题进行研究，并以此为基础创造出具有普遍意义的知识。

## 1.2　企业技术能力视角下的全球价值链理论

关于技术能力的研究主要集中在国家技术能力和企业技术能力。最初的研究是从国家层面开始的，后来拓展到企业技术能力问题，体现出从宏观研究到微观考察的发展趋势。随着人们逐渐认识到企业在经济发展中的重要作用，企业技术能力的研究越来越受到重视。

### 1.2.1　国外关于企业技术能力研究的方向

#### 1.2.1.1　企业技术能力的研究进展及内涵

企业技术能力概念的形成与对企业本质——企业知识基础论的认识，是在企业能力理论和发展中国家技术追赶实践的研究中得以成型。

20世纪20年代，马歇尔的企业内部成长论可以说是企业能力理论的雏形。企业内部成长论指出企业内部各职能部门之间、企业之间、产业之间存在着"差异分工"，这种分工与其各自的知识与技能相关，这种知识与技能就可以看做企业的能力。其后，有学者提出了企业内在成长理论的思想，认为被新古典企业理论视做"黑箱"的企业资源和能力是构成企业经济效益的稳固基础。企业不仅仅是一个管理单位，而且是一个具有不同用途，且随时间推移、由管理决策决定的生产性资源的集合体。企业的内部存在通过知识积累以拓展生产领域的机制，而且这种知识积累是一种内部化的结果，这一过程节约了企业稀缺的决策能力资源，因而新的管理者才能释放出可以用来解决新问题、促进企业成长的能量。Richardson（1972）则从企业与市场间的协调制度入手，提出了组织经济活动的企业知识基础论，进一步发展了企业成长论。Penrose等虽然意识到了技术能力对企业生产基础或技术基础及企业发展的重要性，但都未给出明确的内涵界定。另外，20 世纪 60 年代 Arrow 的"干中学"（learning in doing）思想和 Rosenberg 的"用中学"（learning by using）思想也为后来企业技术能力理论的形成奠定了基础。

20 世纪 70 年代后期，一些对发展中国家企业技术能力的经验研究开始出现，但并没有正式的理论框架。80 年代中后期，Fransman 和 King 主持的"第三世界技术能力"课题以及泰国技术能力研究小组"基于技术的发展"课题的完成，标志着技术能力理论初步形成。这一阶段技术能力的研究主要集中于一个国家（主要是发展中国家）如何通过技术引进、消化吸收、提高自主技术创新能力，实现对发达国家的技术赶超。这也为 80 年代末期技术能力研究进入微观层次，即企业技术能力的研究奠定了基础。

在研究进程中，对企业技术能力的内涵一直存在不同观点。其中，Stewart（1981）最早将企业技术能力粗略地界定为一种独立做出技术选择、采用、改用以选择的技术和产品，并最终内生地创造新技术的能力，而这一能力是经济发展过程中最本质的特征。自 Fransman 和 King（1984）编辑出版了《第三世界的技术能力》一书后，企业技术能力概念在关心第三世界发展的学术界和经济界得到了广泛认可（Evenson 和 Ranis，1990），但至今仍未形成公认的、统一的对企业技术能力内涵的解释，其中占主导地位的定义是 Kim（1997）给出的，即企业技术能力是指企业有能力在致力于消化、使用、适应和改变现有技术方面有效地使用技术知识，这种能力同样能够促使人们在变化着的经济环境中创造新技术、开发新产品和新工艺。另外，Westphal 等（1985）对企业技术能力所作的三要素结构性解释也被广泛引用（表 1-5）。

表 1-5　企业技术能力的构成要素

| 构成要素 | 备　注 |
|---|---|
| 生产能力 | 监督已设立的设备运作的生产管理；<br>提供所需优化已有设备操作信息的生产管理，包括原材料控制、制订生产计划、质量控制、检查、工艺和产品调适，以适应变化的情况；<br>依据正常计划或需要修理、保养有形资产 |
| 投资能力 | 传授各种技术和能力的人力培训；<br>投资进行可行性研究已确定可能的工程并确保在另一种设计理念中仍切实可行；<br>工程实施，建立或扩充设备，包括工程管理、工程设计（详细调查研究、基本设计和详细设计）、获得实现有形资产和工程启动 |
| 创新能力 | 为自己获取知识而进行的基础研究；<br>应用研究以获取有特定商业含义的知识；<br>把技术和科学知识转化为具体的新产品、工艺和服务的开发 |

资料来源：金仁秀，1998

### 1.2.1.2　国外关于企业技术能力的研究方向

技术能力的构建是过去 20 多年产业经济和公司战略文献关注的重点之一。许多研究注意到产业经济的长期增长来自于通过学习和创新活动而发展起来的技术能力，并沿着三个方向进行了探讨（Dutrénit，2004）。

第一个研究方向是以发展中国家企业为研究对象，主要关注这些企业为逐步积累开展创新活动所必需的最低技术基础而进行的学习过程。其中，技术能力被看做一种公司有效利用硬件（设备）和软件（信息）技术的技巧（包括技术的、管理的或组织的），以实现企业技术进步（Morrison et al.，2008）。因此，技术能力既是技术知识的集合，又包括技术的使用，是管理或组织问题（Bell and Pavitt，1995）。企业的技术变化既不是外生的，也不是自动的，而是有目的活动的结果，换而言之是企业主动进行的"技术努力"的结果。企业通过学习过程建立技术能力，因此，技术能力的获取是技术学习的动态过程；企业通过积累技术能力，逐渐能够从事创新活动，最终成为"技术成熟的企业"。

但是，在完全成熟之前，企业所处的发展阶段不同，其技术功能是变化的，掌握的各种技术能力也不同（Lall，1993），因此，技术功能的结构分类能够覆盖企业的主要技术活动。不同成熟程度的企业具有不同的能力，这可被承担的各种活动的不同类型技术功能所估计（Dutrénit，2004）。基于此，Lall（1992）提出了被广泛引用的功能性结构分类，将技术能力按功能划分为投资能力、生产能力和关联能力三大类；并进一步根据获得难度的不同，把技术能力的积累划分为四个阶段，即常规生产能力和初级、中级、高级创新技术能力（Bell and Pavitt，1995），最终使企业成为一个在技术活动中能"识别技术活动的有效专业化范围，用经验和努力扩展和加深这些能力，并选择其他能力、提取出来补充自己能力"的"技术成熟"的公司（Lall，1993）。其中，常规生产能力和创新技术能力的区别在于：前者是在给定的生产系统中进行运作所需要的知识和技能，而后者则是改变前者需要的知识和技能（Bell and Pavitt，1993）。其后的研究主要集中于此框架中的技术知识维度，而对管理或组织因素以及各个维度之间的相互作用则几乎没有讨论（Dutrénit，2004）。该方向的实证研究主要针对两个地区展开：对拉美地区的研究集中于产业竞争优势来源的识别、国家创新系统的特征、进口替代工业化的角色和特征以及对竞争力的阻碍或者刺激；对东亚、东南亚国家的研究则集中分析了新兴工业化国家企业的赶超过程，即如何从获取国外技术到逐渐建立更高的创新技术能力。

第二个方向是以发达工业化国家中最具创新力的企业为研究对象，对企业核心技术能力构建的战略过程进行研究。这些研究以公司层面的研究为基础，关注的中心是在技术发展前沿进行竞争的世界性大公司，它们已经积累了重要知识基础、构建了不同的核心能力，具有技术优势。因此，研究者的兴趣在于公司如何维持、培育和更新不同的核心能力，以应对多变的商业环境和技术环境。不同学者尽管使用了不同的概念，如惯例（Nelson and Winter，1982）、核心竞争力（Prahalad and Hamel，1990）、动态能力（Teece and Pisano，1994）等，但都包含一个一致的观点：公司知识和学习的唯一性（Dutrénit，2004）。这些具有默会知识的特征，因此，默会知识是公司核心能力的源泉。

在以上两个方向研究的基础上，构建技术能力被进一步区分为三个阶段（图1-2）：第一个阶段是构建基本技术能力基础，在市场上生存的阶段；第三个阶段是不断构建、培育和更新战略能力的阶段；第二个阶段则是处于第一和第三阶段之间的、从构建最少的必要技术能力到构建战略能力的转变过程，其中，这一阶段是第三阶段的起点，而其基础则是第一阶段积累的技术能力（Dutrénit，2004）。以上两个方向的研究分别关注不具备基础技术能力的公司如何获得最低限度的技术知识、具备一定知识基础的公司如何培育和构建新的战略能力和技术知识，但是都没有分析处在这两个阶段之间的公司的转变过程，这些公司已经积累和构建了最低的必要知识基础，甚至于在某些领域接近国际技术前沿，但是仍然没能构建核心的战略能力。第三个研究方向集中于此领域，是以Bell和Pavitt（1995）的理论框架为基础，并由其二人指导的研究团队继续进行了深入探讨（Hobday，2007）。

因此，关于发展中国家企业技术能力的积累、逐渐获得创新能力的研究为全球价值链理论中的关键问题提供了研究视角。根据 Nelson 和 Winter（1982）的演化方法，技术能力的相关文献认为，技术的变化是公司有目的投资的结果，因此，在能力构建范围内进行的知识和技术的转移和传播是最有效率的（Morrison et al.，2008）。

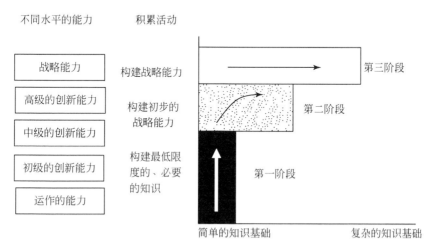

图 1-2　技术能力构建过程的阶段

资料来源：Dutrénit，2004

## 1.2.2　国内对企业技术能力的研究

国内对企业技术能力的研究起步较晚，直到 20 世纪 90 年代以后企业技术能力才被国内学者较多地关注。其中，国内从事企业技术能力的研究比较有代表性的是魏江。魏江（1998）认为，技术可以看做企业所拥有知识的一种特殊形式，技术变化通过对知识发展作分析得以理解。他在 2002 年出版的《企业技术能力论》一书中对企业技术能力问题进行了较为全面和系统的阐述，认为企业技术能力问题主要包括：企业技术能力研究的必要性、企业技术能力理论发展和实质、企业技术能力向现实竞争力转化的模式、企业技术能力演化模式和支撑条件等十多个方面的问题。基于对技术能力本质是知识的理解，技术能力增长过程可以理解为知识学习与积累的过程，这也是技术学习的过程。技术学习从本质上说是后来企业积累和提高技术能力的过程或行为（谢伟，2005）。

关于发展中国家企业技术能力演化阶段有三种代表性观点（朱正威等，

2007）。一种观点将企业技术能力演化阶段划分为技术模仿、技术消化吸收和自主创新。与技术能力演化阶段相对应有三种技术能力：技术引进与模仿能力、技术消化吸收能力和自主技术创新能力（魏江，2002）。另一种观点是技术引进、生产能力和创新能力（谢伟，1999）。这种观点重点关注生产能力和创新能力的区别，以及从生产能力演化到创新能力的过程。赵晓庆和许庆瑞（2002）则在前两者的基础上将企业技术能力演化阶段划分为仿制、创造性模仿和自主创新三个阶段。

### 1.2.3 企业技术能力视角下全球价值链理论的主要问题

发展中国家企业层面的技术能力研究为理解和解释全球价值链下的升级问题提供了一个有益的分析框架。现有研究也表明，企业技术能力的积累路径与全球价值链文献中已观察到的升级路径相关。因此，基于企业技术能力视角对全球价值链文献重新进行审视，会得到一个不同的分析框架（表1-6），涵盖了公司层面的、关于创新和学习、演化与技术能力等文献的许多相关维度。

基于企业技术能力的视角也提供了一个分析技术能力的积累和全球价值链治理与升级的长期变化的纵向方法。为全球价值链理论分析增加了时间维度（Ponte and Gibbon，2005）；可以通过动态的方法研究价值链上公司之间的相互作用过程，对于发展中国家企业来说就是学习和创新能力形成的过程。因此，这一方法会有益于未来的研究和政策的制定、实施（Morrison et al.，2008）。

**表 1-6 企业技术能力视角下的全球价值链分析框架**

| 企业技术能力方法的相关问题 | 全球价值链（GVC）中治理与升级的关系 |
| --- | --- |
| 转移中的知识的相关特征（如复杂程度、编码的可能性） | 不同的知识复杂程度、可编码程度与不同的技术能力、不同来源的技术知识的影响相联系； |
| 公司中技术能力的本质（如投资、生产与联结能力） | GVC的治理结构（关系 VS. 俘获）；GVC的治理与技术能力之间的两种不同的关系； |
| 公司的努力与对技术能力的获取（知识的内部、外部来源与渠道） | 升级的机会与速度（本土学习、吸收能力）；升级的强烈意愿/方向（积极 VS. 消极学习） |

资料来源：Morrison et al.，2008

# 本 章 小 结

全球价值链理论的基础是 Porter 的价值链概念、Kogut 的价值增值链以及后来发展起来的全球商品链理论和全球生产网络理论，其研究的主要问题有以下两个方面：一是如何对全球经济进行分析性描述、实证性研究以及启发性、规范性研究；二是加入全球经济对发展中国家及企业的意义。目前，围绕这两个问题，全球价值链理论已经发展出了比较完善的理论框架，并形成了几个核心概念，即租金（壁垒）、权力与治理以及升级，其中，升级是研究的终极目的和落脚点。但是当前对升级的研究多是基于宏观（国家）、中观（产业）层面，而基于方法论个人主义的解释，升级的主体应该是微观组织，按照能力理论的解释，升级过程应该是能力不断积累的过程，最终实现企业获得自主创新的战略能力，而发展中国家企业嵌入全球价值链为其升级提供了外部能力来源。因此，基于技术能力视角，嵌入全球价值链的方式与发展中国家企业的升级之间应该具有某种联系，而这是当前文献中讨论的比较少的。本章在对全球价值链理论和企业技术能力理论进行简要综述的基础上指出了这个问题。

# 第 2 章
# 权力、租金与全球价值链治理

权力问题是社会科学中研究社会秩序的基础。权力的存在回答了"社会秩序何以可能",即社会秩序的形成是由于个体总是处在相对的服从、压制、规训、合法化等权力过程之中。根据 Coleman（1990）的理性选择理论,作为"有目的的理性人",其行动原则是最大限度地实现个人利益,社会行动者因蕴涵其利益的事件部分或全部处于其他行动者的控制之下,为了实现各自利益,所以进行各种交换互动,甚至单方转让对资源的控制,其结果形成了持续存在的社会关系,包括权威关系、信任关系、复杂关系。因此,社会行动者之间的社会关系主要是一种交换关系,权力关系就产生于交换之中,最终目的是满足自己的利益。

在全球价值链上,领导企业的治理是以一定的权力为基础的,治理的目标是为了获取各种各样的利益,即租金。因此,无论是早先的全球商品链理论、全球生产网络理论,还是近年来发展出来的全球价值链理论,都非常重视探讨地理上全球分布的生产过程中各关键行动者之间的互动过程,探讨其对于跨越国界的价值创造与分配过程的影响。全球价值链上企业之间的相互支配关系和利益分配问题成为全球价值链理论的核心,全球价值链上的权力关系以及租金的产生与分配是讨论全球价值链治理和企业嵌入全球价值链实现升级的基础。现有研究也表明,传统的全球价值链研究提出的升级是一种"伪升级",而以价值权力为基础,获取新的价值假设、构建自主的全球价值体系是发展中国家企业真正升级的根本出路（俞荣建和吕福新,2008）。基于此,本章从全球价值链上权力关系的来源着手,分析了全球价值链上关系的本质,并认为,正是全球价值链上权力关系的本质差异,使企业可以获得不同形式和数量的租金。另外,讨论了全球价值链治理理论的三个发展时期、三种不同观点,并根据企业技术能力的知识特征,分析了全球价值链治理与技术能力转移之间的关系,揭示了发展中国家企业嵌入全球价值链的意义。

# 2.1 全球价值链上的权力关系

一般认为，全球价值链上总是会存在领导企业，它们总是试图搜寻链内每一环节上的竞争优势，向链上其他环节企业施加影响，并利用各企业的竞争优势，把能够产生最大附加值的活动和环节都控制在自己手中。因此，全球价值链呈现出生产片断化和权力集中化的特征，领导企业在全球价值链的组织中起控制、协调或指导作用。领导企业的权力集中化和生产的片断化导致价值分配的不均衡，并进一步加剧了全球价值链中权力结构的不对称。不平等的结构性权力关系已成为全球经济概念性分析的起点（Dicken et al.，2001）。全球价值链上领导企业所追求的竞争优势可以通过它们在全球价值链中的权力大小来衡量，全球价值链上的价值分配也取决于链上企业对权力的掌握（刘林青等，2008）。

## 2.1.1 全球价值链上权力的来源

现代社会科学中关于权力的论述可以追溯到社会学的重要创始人 Webber。他试图以社会行动为逻辑起点，构建庞大的社会学概念体系。Webber 认为，所谓权力，是指行动者在一种社会关系中，可以排除抗拒贯彻其意志的机会，而不论这种机会的基础是什么。而支配则是一项特定内容的命令会得到特定人群服从的机会（韦伯，2005）。尽管 Webber 没有解释是什么原因造成了权力和支配，但其对社会行动者的取向分析表明，权力现象的出现既可能是出于理性的考虑，又可能是出于价值观、情感或者传统的要求。现代组织研究中多把权力（power）界定为组织中的一个人或组织（施动者）影响另一个人或组织（受动者）的能力（Emerson，1962）。它既指看得到的命令、控制等的施动者对受动者权力的行使，也可指看不见的受动者对施动者的认可、敬慕和遵从。

在传统的经济学理论中，对人的行动持理性（"经济人"）的假设占据了主导地位。我们把经济活动看做由不同阶段构成，从上游至下游通过分工产生了连续且垂直的、紧密相关的结构，通过各阶段的投入与产出及相互联结能满足最终的市场需求，同时实现附加价值的增加。传统观点认为，对于整个价值链的控制与协调，完全是透过市场机制来实现的，而市场供求机制的形式一是经由独立的企业之间的交易完成，二是通过厂商将市场交易内部化、通过层级控制来实现协调。Coase（1937）的交易成本理论解释了这两种选择的差异，Williamson 和 Oliver（1975，1985）进而分析了介于两者之间的混合协调形式。

而管理理论研究，既有理性主义的基础（Wren，1994），也注意到了权力的象征性、神圣性、非理性等问题。因此，我们可以把全球价值链上领导企业的权力区分为三种类型，即市场权力、组织权力，以及介于这两者之间混合形式的权力。

### 2.1.1.1　市场权力及其来源

在产业经济学中，市场权力也可被称为市场势力，是指企业影响或控制市场价格的能力，通常表现为一定程度的垄断和市场集中。市场势力的本质来源是企业持续不断的创新，同时市场势力可以防止企业创新被迅速模仿及利润受损，为创新提供了内生的动力机制、赢利机制和再投入保障机制（Schumpeter，1942），两者具有耦合互动的共生关系（Clark，1940）。因此，作为企业创新的利润实现与利益分配的关键影响因素，市场势力在经济全球化的今天尤为重要。

全球价值链上市场权力的不平等表现为企业所拥有资源的不平等。全球价值链上领导企业通过对战略资源的控制，对价值链上其他主体的决策产生影响，其中主要包括劳动、资本、技术、品牌、市场等（表2-1）。从表中可见，领导企业之所以能够领先并影响全球市场，根源就在于它们能够把凝聚了企业独特知识、经验和诀窍的核心能力，以独特的产品或服务形式体现出来，使全球消费者产生差别化的选择和消费倾向（梅丽霞和王绎慈，2009）。为集中资源建立核心能力，以往企业内部生产的部分投入品会被转变为从外部供应商处购买，这使单个企业可能与多个企业产生交易关系，并以核心能力为基础影响其他企业。而企业核心能力是伴随企业的核心产品——核心技术的发展过程积累起来（Prahalad and Hamel，1990）的，这就要求全球价值链上企业之间应具有高度的业务互补性和知识异质性。全球价值链上领导企业会通过选择和培养伙伴，使参与者拥有符合同一目标要求的、与整条价值链类型相匹配的知识，进而产生协同效应。这种全球价值链上的知识输出方（领导企业）在纵向上贡献知识后所能获得的隐性收益会对其产生激励，使主动推进全球价值链上知识纵向转移成为一种可能的战略选择。因此，全球生产的片断化加速了知识的分解和创新的扩散，使全球价值链上的创新过程被垂直分解和重新建构，为发展中国家企业提供了学习和升级的机会。但是，领导企业只会利用链上关系获得"访问"其他企业能力的通道，进而支持每个企业更加集中地、高强度地开发和利用自己企业内部的现有能力，而不是去学习合作者的专业知识（Grant，1996）。

总之，尽管目前全球价值链上出现了市场权力更多地集中在非生产性活动之中的趋势，尤其是品牌、营销、产品开发以及企业间关系协调等价值活动（Palpacuer，2000），但全球价值链上领导企业市场权力的集中导致链上价值分配的非均衡，反过来进一步强化了市场权力和知识、资源的集中，这种权力演变机制有利于发展中国家获取基本的技术能力，但从根本上讲它是不利于发展中国家企业通过嵌入全球价值链获得自主创新能力、实现升级的。因此，从生产能力到创新能力的升级过程并非自动发生，只有在开放市场条件下锐意学习和进取、抓住机会自主创新的本土企业，才有可能在激烈的国际竞争中生存下来（梅丽霞和王缉慈，2009）。

**表2-1 全球价值链上领导企业的市场权力来源**

| 领导企业的类型 | 市场权利的来源 |
| --- | --- |
| 技术领先 | 掌握全球产业的技术标准并使之成为主导技术规范 |
| 产品设计领先 | 在产品开发领域具有全球市场领先地位，引领消费市场的主流方向 |
| 品牌营销领先 | 长期投入产品研发、设计和市场营销积累的品牌营销能力，使消费者信赖其产品品质 |
| 快捷时尚领先 | 以快速变化的时尚产品和高效率的物流供货体系保证市场反应的敏捷，总是先人一步 |
| 市场渠道领先 | 在全球采购、市场渠道和商业网络的全球布局方面具有全球领先优势，是全球供应商和消费者的连接枢纽 |
| 成本领先 | 功能相当的产品和远低于竞争对手的价格，使消费者更青睐于价廉物美的成本领先型企业 |
| 供应能力领先 | 在产品供应链的上游具有无法替代的资源优势或技术优势，因而成为全球范围内供应能力领先的企业 |
| 网络领先 | 提供广布全球的服务网络和优质高效的专业化服务，获得大多数消费者的认可和信赖 |

资料来源：梅丽霞和王缉慈，2009

### 2.1.1.2 组织权力及其来源

在全球价值链上，组织权力的产生意味着领导企业和发展中国家企业实现了横向一体化，于是，领导企业可以按照与市场相对应的组织这种形式来实现对发展中国家企业资源的有效配置。因此，组织权力是组织中某些人对其他人的决策与行动产生影响的能力。领导者为了发挥其影响力，必须以一定的权力为基础。传统上，我们认为权力来源于领导者在组织职位上所固有的影响力，但是我们也发现，有时候权力并不与一个人在组织中所处的地位完全相关。因此，French 和 Raven（1959）将组织权力归纳为以下五种来源或者基础。

（1）强制性权力（coercive power）

这种权力是建立在惧怕的基础之上，也就是说，作为下级如果不服从上级，上级就可以惩罚、处分、批评下属，这种权力就叫强制性权力。在强制性权力中，"可信性"是至关重要的。强制性的威胁一旦发出，就一定要让受威胁方感到这种威胁是可行的，是实际存在的。威胁只是使强制力成为一种有效的目标或对行动的遏制，是权力得以生效的保障，这种保障机制只是不得已的最后手段。

（2）奖赏性权力（reward power）

与强制性权力正好相反，领导可以奖赏员工，让员工来重视自己。奖赏性的权力是让人们愿意服从领导者的指挥，是领导者通过奖励的方式来吸引下属。

强制性权力和奖赏性权力是一对相对的概念，如果你能够剥夺和侵害他人的实际利益，那么你就具有强制性权力；如果你能够给别人带来积极的利益和免受消极因素的影响，那么你就具有奖赏性权力。跟强制性权力不一样，奖赏性权力不一定要成为领导者才具有，有时作为组织中的普通一员，也可以表扬另外一个员工，这本身也是一种权力和影响力。所以权力并不一定在领导和下属之间才会出现，有时候平级之间也会出现。

（3）合法权力（legitimate power）

在组织结构中，组织成员在所处的位置上所获得的权力就是法定性的权力。合法权力比前两种权力覆盖面更广，它会影响到人们对于职位权力的接收和认可，没有法定作为基础，前面的强制性权力和奖赏性权力往往都不能够证实。合法权力的实现主要凭借强制力，通过信仰体系来实现。信仰体系是说明为什么某人应该服从某种领导的理论或意识形态，它为统治的合法性提供依据。有了合法性权力，决策者就无需借助威胁、许诺或操纵来颁布与执行他们的决定，权力客体将会接受决策者的权威。因而，在合法性权力中，权威是关键。

（4）专家权力（expert power）

这种权力源于知识、技能和专长。当今社会发展越来越依赖技术因素，因此，专门的知识技能也成为权力的主要来源之一。随着工作的细分，专业化越来越强，企业的目标也越来越依靠不同部门和岗位的专家。

（5）参照性权力（referent power）

参照性权力是指对拥有理想的资源或个人特质的人或组织的认同而形成的权力。参照性权力的形成是由于对他人或组织的崇拜而产生的。从某种意义上来说，这也是一种超凡的魅力。如果景仰一个人到了要模仿他的行为和态度的地步，那么这个人对你就拥有了参照性权力。

在全球价值链上，如果某个企业具有唯一的知识和技能的所有权，那么它在相关范围内就拥有专家权；如果某个企业的经营理念对其余成员而言是一项优势的话，那么它就具有参考权；如果某个企业能够帮助其余成员达到预期目标，那么它就具有奖赏权；而强制权是该企业能威胁其余成员。例如，对生产或销售具有垄断权的企业能强迫其余企业不能产生或销售同类产品。

在信息化时代的权力关系中，信息和知识的应用对价值链上任何企业都是权力的主要决定因素。在价值链中，如果一个企业持有信息和知识时，那么它的权力基础就扩大了，因此，当价值链中成员实现信息和知识共享时，接受信息和知识的组织就相当于被授权，信息和知识的提供者应该获得相应的报酬。

## 2.1.2　全球价值链上权力的表现形式

全球价值链上权力的来源以及它们发挥作用的方式对价值创造与分配有决定性影响。其中，按照作用主体的不同，可分为三种形式的权力。一是公司权力，即全球价值链上的领导企业一贯具有的、果断地根据自己的利益影响链上其他企业的决策和资源配置的能力。二是机构权力。这是由国家或者地方政府，国际政府组织（如 EU、ASEAN、NAFTA 等），国际金融组织（如 IMF、世界银行等）与世界贸易组织，不同的联合国机构以及国际信用评价机构等运用所拥有的权力对全球价值链上企业的投资以及其他决策产生影响的能力。三是集体权力，即集体主义行为主体（如工会、代表特定经济利益的组织、人权和环境问题的非政府组织等）寻求对全球价值链上特定地点的企业、政府或国际机构产生影响的能力（Henderson et al.，2002）。

在具体内容方面，全球价值链上领导企业的权力主要表现在三个方面。一是进入权。所谓进入权，是指对关键资源使用的能力或者动作的能力。企业如果掌握了某一关键资源，它就将拥有分配其他企业"进入权"的权力。生产网络中的核心企业，为获得控制外包企业的权力、分享所有供应商之间的创新成果、同时防止自身权力受到参与者的侵蚀、防止机会主义，就凭借其对关键资源的控制和占有，安排其他企业对关键资源的接触和使用，以实现最大化创造组织租金的目的。二是管理权。链上成员随着合作的深入，会建立一套被成员普遍认同的基本行为准则。这套规范的形成，主要受到领导企业的左右，它以"规则"等语言方式诠释领先企业的意愿。通过层级监督、规范评价、奖励与惩罚等手段，权力得到具体入微的实施。三是代理权。不同群体间的沟通有赖于两团体中各有一名相互认识的成员所搭建的一条通路，这条通路称为"桥"，搭建者往往在网络中具有较高的地位。全球合同商、品牌商在构建外包采购式的地方生产网络时往往施权于部分地方企业，由其组建本地生产网络。这一由全球领先公司授予的代理权使企业随即拥有管理其他企业的权力，在地方生产网络中的权力地位陡然上升（景秀艳和曾刚，2007）。

全球价值链上企业之间是相互影响的，但许多学者都注意到了这一点：虽然链上企业之间都对对方的行动或计划有影响力，但各方的权力大小往往是有差异的。各方的权力关系处于对称与不对称之间，或者说在控制与服从之间，且有不同程度的变化。Maloni 和 Benton（2000）研究发现在 90 % 的供应链合作关系中，双方的权力是不平等的。因此，全球价值链上企业之间的合作与其说是一种双赢的设想，不如说是权力和控制起了更大的作用。我们从汽车行业价值链的发展历程中就会发现，依附于汽车制造商的零配件供应商几乎会完全按照制造商的要求来改变他们的产品、生产流程、库存水平等，而汽车制造商却几乎不会做出什么改变，即双方的适应化行为差距非常大，其原因就在于双方的权力差距悬殊（程鲜妮和邸德海，2004）。其中，领导企业所行使权力的具体方式和内容的差异形成了不同的全球价值链治理形式（图 2-1）。

| 权力类型提出者 | Williamson | Jessop | Humphrey & Schmitz | Sturgeon | Gereffi、Humphrey & Sturgeon | 权力类型提出者 |
|---|---|---|---|---|---|---|
| 市场 | 市场型（market） | 自由交易型（anarchy of exchange） | 市场型（arm's-length market relations） | 虚拟型（virtual） | 市场型（market） | 市场 |
| 混合 | 网络型（network） | 自组织分层结构型（self-organizing heterarchy） | 模块型（modular） | 关系型（relational） | 模块型（modular） | 混合 |
| | | | 网络型（network） | | 关系型（relational） | |
| | | | | | 俘获型（captive） | |
| 组织 | | 组织型等级制（organizational hierarchy） | 层级型（hierarchy） | 权力/俘获型（authority/captive） | 层级型（hierarchy） | 组织 |

图 2-1　全球价值链上的不同治理形式及权力类型

全球价值链上企业之间的权力是不对称的，其中领导企业的权力来自于市场势力和组织力量，并以对价值链行使管理权、进入权和代理权的形式表现出来。现实中更多的是市场权力和组织权力的混合，于是形成了不同的治理模式。而权力和利益总是相伴的，因此，全球价值链所实现的利益如何分配就必须建立在链上权力关系基础之上（图 2-2）。企业持久竞争优势的根源在于企业控制的资产和能力存量，企业要想获得持续租金的理想位置就必须拥有强于其他企业的权力资源。因此，全球价值链上权力关系的探讨为理解全球价值链上企业之间的关系（治理）以及租金的创造和分配提供了基础和分析的原点。

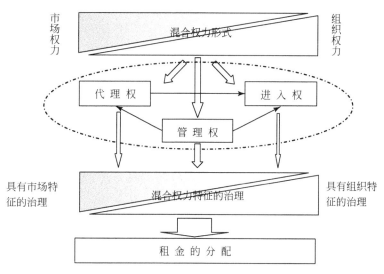

图 2-2　全球价值链领导企业的权力与租金分配的关系

## 2.2　租　金

在战略管理领域，竞争优势是和租金概念紧密联系在一起的（Teece et al.，1997）。全球价值链常被看做租金的"博物馆"，但全球价值链上每个环节并不创造等量价值，领导企业会借助其所掌握的权力，利用包括技术标准、专利、环境保护、产品质量、交货、库存及价格等各种参数来控制参与其主导的价值链的发展中国家企业，并获得更大比例的附加值，而发展中国家企业则被"锁定"在低附加值、低创新能力的微利化价值链的低端环节，以至于产量等的扩大并不能带来收入的增加。发展中国家企业的升级也常常被看做附加价值的增加。因此，租金是理解全球价值链治理和升级的关键概念之一。

租金（rent）来自于稀缺性，即拥有一种别人所没有的资源、能力或知识，而设置市场进入壁垒是为了保证和维持这种占有（Kaplinsky, 2005）。一般经济学教科书中常把租金解释为支付给资源所有者的款项中超过那些资源在任何可替代的用途中所得到的款项中的部分，即超过机会成本的收入。全球价值链中租金的性质和种类是复杂的，但据其来源则有两种情况：一是价值链条上内生的，亦即企业自己构筑或与其他企业结盟而构筑的壁垒；二是外生于企业的，这些可能是由于资源等天然条件，也可能是有关政策的结果。基于企业技术能力角度，本书以下将着重讨论全球价值链上内生的租金。

## 2.2.1 基于个体组织的租金

租金来自于自然资源、资本、技术、劳动以及企业家精神等各种生产要素的不同的生产能力及其稀缺性。基于个体组织的租金有三种类型（Teece et al., 1997）：一是基于竞争不充分或没有竞争而受到保护的市场力量产生的租金，即垄断租金；二是凭借企业异质性资源而产生的租金，即李嘉图租金；三是依靠企业动态能力尤其是创新能力而获得超额回报，即熊彼特租金。

垄断租金（monopoly rents）是企业凭借其垄断地位压低产量并把价格提高到竞争市场的价格水平之上而产生的收益。《新帕尔格雷夫经济学大辞典》将垄断租金解释为一个具有垄断势力的买（卖）者，如果其潜在的财富由于它对其他潜在的竞争者进行人为的限制而得到增加，这种潜在财富的增加就是一种垄断租金。垄断者是否能实现这种财富的增加取决于设置这些限制的竞争成本的高低。企业获得垄断地位进而获得垄断的原因是多方面的。第一种情况是在竞争性的市场过程中，企业通过独特的资源禀赋、技术创新和发明获得产品的独特性或降低成本，从而达到排挤竞争对手、获得独占地位的目的。第二种情况是由于生产技术上的规模经济。一些产业需要巨大的一次性投资才能形成供给能力，而这些投资一旦发生，就成为沉淀成本，在此情况下，独家垄断经营被认为是有效且稳定的产业组织形式，这就是通常所说的自然垄断。此外，还有一种形式的垄断是依靠政府制定的法令或行政规章等制度性安排，限制市场进入，获得对市场的排他性独占，这被称为法定垄断或行政垄断。垄断的成因决定了垄断租金的可持续性，只要是在可竞争的环境中形成的垄断，竞争性市场过程就会对它形成内生的硬约束，因此它并不总是有害的。

　　李嘉图租金（Ricardian rents）的创造是企业拥有独特资源要素的结果。稀缺性资源是企业利润的源泉和企业赖以生存与发展的基础。资源的界定标准在于三个方面：需求、稀缺和成果的可占有性。稀缺性资源一般都具备有价值、稀缺和不可替代三项特质（Conner, 1991）。企业内的人力资源、专利、设备、原材料等都是企业的资源。而将一组资源组合起来使用的方法与技能就是企业的能力，如质量控制诀窍、商品推销技巧、科学研究技能、学习能力等。在李嘉图看来，决定企业存在以及市场行为的因素，除了竞争这一既定的制度因素外，还有企业拥有的其他企业或者竞争对手没有的知识和生产要素。这些知识和生产要素在自然状态下亦称为资源的异质性，它们决定着企业之间的不同市场状态，这种要素或资源的异质性也说明企业的资源禀赋不同。这种租金创造机制将企业最终所有的利润都归因于稀缺资源的所有权问题（Barney, 1986），有的经济学家也把这些经济租金解释为处于短缺供应状态下的要素积累。也就是说，在不完全市场条件下，单个企业是一个异质性资源的结合体，这种异质性可以使单个企业的要素价值被激发出来，并使企业整体获得一种市场溢价。这种异质性资源使单个企业的要素价值被激发出来的过程称为租金的搜寻和选择过程，其结果所获得的企业整体的市场溢价就是企业的经济租金（刘林青等，2008）。

　　熊彼特租金（Schumpeter rents）是基于创新的经济租金，它主要是通过在一个高度不确定性的环境中所形成的独创性洞察力来获取的。与认为垄断会降低全社会福利的传统的消极观点不同，Schumpeter（1942）把竞争视为一种"创造性毁灭"的过程，企业对竞争这种客观存在的市场行为的反应是通过企业租金这种方式进行的。他认为，企业必须考虑对包括组织形式在内的五个"生产要素方面的重新组合"。"创新"改变了原本均衡静止的经济过程中固有的生产环流，新组合在生产和经营上更加富有效率，它可以使进行创新的企业和个人获取高额利润。通过"要素的重新组合"，企业可以赚取来源于比较利益的李嘉图租金，也可以获取凭借市场势力得到的垄断租金。早期的经典熊彼特主义主要把技术作为创新的关键驱动力量，全球价值链文献中则认为企业一方面是处在地方和国家创新系统中，另一方面是企业通过一系列活动才获得了最终产品，因此也就同时处于特定的全球价值链之中，由此可根据链上活动的差异鉴别出四种类型的熊彼特租金，即技术租金、人力资源租金、组织租金、营销和设计租金（Kaplinsky, 2004）。

以上三种租金表示了企业不同来源的超额回报，把企业间业绩的差异与企业内外部资源有机地联系在一起。企业持续租金的创造和获得是一个从熊彼特租金到李嘉图租金再到垄断租金依次循环往复的动态过程（图2-3）。租金最终需要通过企业在市场竞争中获得的市场力量来实现，对企业来说垄断租金的取得是最关键和最直接的，但从根本上来讲是企业拥有的异质性资源能力（李嘉图租金），而从时间维度上看，企业资源的独特性是短暂的，竞争对手会通过创新和模仿来打破现有格局。为了继续获得租金，企业必须主动进行"创造性破坏"，打破自我的资源和能力优势，把能力从一次性突破转化为持续提升的过程，利用汲取机制和能力提升机制，持续培育、改进和重构异质性能力的知识基础，整合和提升异质性能力，最终实现多项特定能力的循序衔接，在动态竞争中保持稳定的优势地位，从而不断创造出"李嘉图租金"。因此，熊彼特租金更被看做企业持续经济租金的根本源泉（刘林青等，2008）。

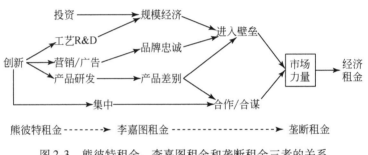

图 2-3　熊彼特租金、李嘉图租金和垄断租金三者的关系

资料来源：刘林青等，2008

　　总之，全球价值链上领导企业凭借其创新能力，控制了进入壁垒较高的价值链环节，因而能够获得熊彼特租金、李嘉图租金和垄断租金，从而获得较高的收益。而发展中国家企业根据比较优势原则嵌入全球价值链，其主要优势是成本优势，因此，只能嵌入进入壁垒比较低、竞争相对激烈的价值链环节，很难获得熊彼特租金，收益比较低。因此，发展中国家企业升级的本质应该是通过学习，不断创新能力，最终目标是获得熊彼特租金。

## 2.2.2　基于链上关系的组织租金

　　关于组织租金，大致有三种论述：一是把组织租金视做企业剩余，即企业产生的大于各要素市场价格总和的收入余额；二是认为组织租金等于企业契约组织生产的收益，大于要素所有者单干所产生的收益总和的收入余额；三是将组织租金规定为组织分工相对于市场组织分工效率的提高所带来的收入余额。

由此可见，组织租金是由两部分组成的：组织费用的节省和组织生产所带来的交易收益的增加，其中交易收益的增加部分是由组织资源的不同程度的垄断性带来的（刘劲松，2009）。基于全球价值链上企业之间的组织租金主要包括关系租金（relational rents）、网络租金（network rents）（刘林青等，2008）以及信息租金（information rents）。

关系租金是源于企业间交换关系、通过参与伙伴共同专属性投资而创造出的超额利润，孤立的单个企业是无法产生的（Dyer and Singh，1996）。关系租金说明合作网络状态下企业之间的交易并不完全是在非人格化的市场中为获得利润进行原子状竞争的一般市场交易关系，而是深深地嵌入在产业甚至整个社会之中的（罗珉和徐宏玲，2007）。这一认识与交易成本理论和资源基础观对租金本质的认识有着本质的不同。就资源基础观而言，租金是制造商所特有的；而交易成本理论中的租金是交易所特有的。关系租金则强调通过长期的组织合作关系所形成的企业间特定的联结关系是获取竞争优势的一种关键性资源。这种关键性资源可能会跨越企业边界，嵌入企业间的常规惯例和程序，从而产生关系租金；而且长期合作关系下产生错综复杂的交互连接，创造出资源私有性与合作对象稀少性，更会形成维系关系租金的模仿障碍（刘林青等，2008）。

网络租金则是指在网络组织制度条件下，所有网络组织成员所创造的总利润在抵消了他们单干利润的总和后剩下的一个正的余额；它不仅表现为交易费用的节约，更重要的是反映了网络成员核心资源共享形成的交易增值效应。作为一种与市场、科层组织相区别的经济组织，网络组织拥有的独特资源与能力，这才是网络租金所形成的根源。可见，组织租金或网络租金的一个主要特征就是组织成员之间的组织分工效率的提高而带来的组织费用的节省和交易收益的增加（卢福财和胡平波，2006）。

信息租金是指在不对称信息或者不完全信息条件下，信息优势方利用信息优势获得的超过其在对称信息或者完全信息条件下应该获得的收益部分。经济中的一切决策都是需要信息的，由于信息的分散化，政府收集信息是需要很高的成本的，但市场优于政府之处在于它可以通过市场交易让人们自发地把自己拥有的信息揭露出来，从而形成自发的秩序（Hayek，1944）。基于此，Laffont和Martimort（1998）通过建立数学模型的方式对信息租金进行了研究。全球价值链能够提供差别化信息优势，领导企业可以通过其在链上的优势地位获得对信息的控制收益，即全球价值链上的领导企业利用与链上企业之间存在的技术、管理等不对称信息追逐利润，并将信息不对称的市场格局标准化，攫取信息租金，从而造成了全球价值链上产品生产份额与价值实现份额的"大分流"

现象（曹和平和翁翕，2005）。

### 2.2.3　基于全球价值链上权力关系的租金分配

与传统市场模型不同，全球价值链是典型的方向网络。Sacchetti 和 Sugden（2003）认为在生产网络中，权力作为内嵌在网络关系中的关键要素，决定了行动者间关系的本质。企业间劳动分工的模式应该是基于伙伴间权力分配的不同模式，生产组织不仅可以影响资源的分配还会影响权力的分配。法律契约的独立性不意味着双方拥有平等的权力，经济关系不是基于效能评价的自由、自愿协定的结果，而是受到力量分配结构的影响和修正，最大化双方效能的正式、自愿协议实际上是力量在行动者之间分配的结果（刘林青等，2008）。因此，网络治理实质上体现为网络中力量的分配。以战略决策制定为中心的计划活动权力（又称战略控制力量）是实施力量的一种明显方式。由于战略决策制定力量分布的特征差异，网络治理可以分为两种类型：相互依赖网络和方向网络。相互依赖网络中战略决策制定力量的分布趋向于平均化，而方向网络则呈现出明显的不对称性。在全球价值链上，领导企业掌握战略控制权，是全球价值链形成和进化的驱动者，拥有对全球价值链的协调和管理力量，而供应者则处于被领导的地位，整个价值链呈现出金字塔形的治理结构（Sacchetti and Sugden，2003）（刘林青等，2008）。

全球价值链是连接客户和供应商的价值增值链，链作为一种战略性资源可以为其中的企业带来关系租金、网络租金、标准租金，成为企业竞争优势的重要来源。链上企业内生的垄断租金、李嘉图租金和熊彼特租金决定了企业在全球价值链上的权力地位，即组织租金是在企业的内生租金基础上发挥作用，同时，企业内生租金的实现则要借助于网络的组织租金。因此，可把基于链上关系的组织租金视为是全球价值链上租金分配的基础，李嘉图租金、垄断租金和熊彼特租金是在组织租金实现的基础上实现的。Dyer et al.（2008）的研究也证明，一个企业对关系投入的关键性资源越多，拥有的资源和活动的范围越与网络和联盟活动有关，讨价还价能力就越强，由此所得到的关系租金也就越多；在网络中结构洞富有位置的占有者能利用资源和信息的差异化优势，占有关系租金也就更多；在网络中信息丰富的位置的占据者决定着资源的未来发展方向，进而也就可以占有更多的租金。

对于发展中国家的企业而言，在理论上融入全球价值链的方式有两种（俞荣建和吕福新，2008）。一种是作为单一的价值节点，被动地嵌入发达国家企业主导的全球价值链。被动嵌入的程度与其在租金中的分配地位成反比关系，被动嵌入度越高，分配到的租金份额就越低。而全球价值链理论中所描述的升级似乎就是这种情况（图2-4a）。另一种是发展中国家企业以自主创新体系的构建来主动进行全球化发展。其实现是以自主创新为基础的，在链中会处于具有较大权力的地位，与其所实现租金的分配份额成正比关系，自主的全球化程度表现为租金分配中的较高份额，（图2-4b）。因此，对于发展中国家企业而言，升级的关键是权力的争夺，而权力的背后则是企业的创新能力。

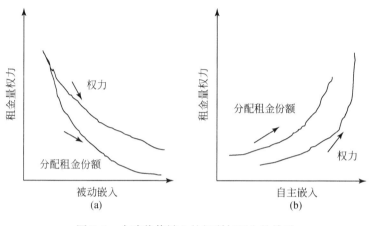

图2-4　全球价值链上的权利与租金的关系

## 2.3　全球价值链治理的内涵与发展趋势

在 Gereffi 对全球价值链所界定的投入产出结构、具体的地域范围、内部治理结构及体制框架等四个主要组成部分中，内部治理结构对价值链有决定性的作用（Gereffi，1999）。链上各环节企业之间的各种活动、劳动分工以及价值分配都是处于全球价值链治理之下，治理在全球价值链上居于核心地位。然而，尽管围绕全球价值链治理问题已经有很多理论论述和经验研究，但是对于治理概念的理解、研究视角等都尚未形成统一的范式，这也就导致全球价值链分析的主要方法进路（methodological approach）在不同治理理论视角下的移动（Gibbon et al.，2008）。

### 2.3.1　全球价值链治理的理论基础

全球价值链意味着在产品生产过程解体的基础上，全球范围内的企业通过相互之间的贸易实现重新整合，并最终形成企业之间重复性的相互作用与联动。全球价值链治理则假设该生产过程的解体与整合不是自发地、自动地产生，也不是系统性地产生，而是开始于某种特殊形式并逐渐制度化的结果，这一特殊形式是发达国家的或越来越多新兴经济体的企业的战略决策与行动的结果（Kaplinsky and Morris，2001；Gibbon et al.，2008）。因此，全球价值链上的领导企业会面对许多决策：首先，要对零部件采取自制、购买还是采取混合形式并与供应商建立长期关系等进行决策；其次，一旦决定外购，则要对交易的相关具体问题进行决策，如价格、数量、供应商的数量、供应商应具备的资格条件或特征等；最后，更进一步的决策还包括产品型号、质量、配送方式以及要求的标准等。全球价值链治理就是对以上内容的决策及实施所进行的管理，是领导企业战略的体现和具体实施，是对实施结果进行检测并做出反应的系统。所以，全球价值链治理的相关分析应该集中于领导企业与其他企业之间的劳动分工、生产和供应等所形成的具体实践活动和所采取的组织形式（Gibbon et al.，2008）。

全球价值链治理的关键是链上权力关系的不平衡性，以及由权力所支配、形成的对价值链上活动的协调（Gereffi，1994）。这种权力关系的不对称性或源于链内，或源于链外（Kaplinsky and Morris，2001；Gibbon，2008），表现为企业在全球价值链上所具有的不同市场力量和领导力量（刘林青等，2008），全球价值链所创造的收益分配也是基于权力的不对称而分布。因此，领导企业的治理可以是链上企业之间的相互作用，也可以是外部与这些企业之间的相互作用；行使权力可采用多种形式，如果从政治学中公民治理的角度出发，链上企业对产品和过程参数的制定、监控以及协助供应商遵守必要规则分别对应于社会政治权力运行机制中的立法、司法和行政职能（Kaplinsky and Morris，2001）。

但是，第一，现有研究中对治理的理解在一定程度上都比较狭隘，几乎全部集中于链上企业之间的相互行动，并将其简化为链上领导企业为其他链上主体设定生产参数（标准、规则），这些参数包括生产什么（产品定义）、如何生产（生产过程定义，含技术、质量、劳动和环境标准等要素）、何时生产、生产多少以及价格（Humphrey and Schmitz，2001），而忽略了链外的制度与规则体系所起的作用（Gibbon，2008）。第二，对全球价值链上价值创造过程和方法的研究的探讨是基于进入壁垒角度，把企业的在位权视做竞争优势，并遵循经典经济学文献的解释把进入壁垒区分为规模经济、成本优势和产品差异化优势三种类型。但是，经济学文献所罗列的大部分类型的进入壁垒本质上都是暂时性的，都会被市场力量或者是竞争对手的技术和市场创新所改变。唯一在本质上具有持久性的进入壁垒是由垄断卡特尔所创造的（尽管从长期来看它们也是可以被突破的），或者是政府的行动，如排他性的许可、补贴、关税或者规则的形式（Gibbon，2008）。这些进入壁垒也更适合与链上领导企业的行为以及潜在进入者的行为相联系，而很难适用于供应商的行为。全球价值链上价值的分配则是通过租金这一关键概念进行的（Humphrey and Schmitz，2001），整个链的收益分配是与链上权力的不均衡性相对应的，但对该问题的研究却被忽略了（Gibbon et al.，2008），而多是用于全球价值链背景下的升级研究中，并把升级界定为通过创新以增加附加值的过程（Giuliani et al.，2005），但其可能会对企业长期战略产生负面影响（Morrison et al.，2008；包玉泽等，2009）。第三，每个全球价值链的具体治理结构是领导企业受政治、经济、历史等因素影响的战略决策过程的结果。因此，同一产业的不同国家价值链（national value chains，NVC）① 会由于购买者的需求差异等因素形成不同的治理结构，即在同一产业会存在若干条结构不同的国家价值链，或者一条链中有至少两个相当明显的截然不同的线（Bazan and Navas-Alemán，2004）。于是，发展中国家企业在不同结构特征的链上就会面对不同的升级机会，而这种国家价值链之间的差异并未引起研究者的充分注意。

## 2.3.2　全球价值链治理内涵的发展

全球价值链治理研究的理论来源主要是交易成本经济学说、企业网络学说和战略管理领域的资源能力学说（Gereffi et al.，2005；Sturgeon，2007）。全球价值链治理的概念基础不同，因此，对概念的理解和研究视野就存在显著的差异（Bair，2005）。纵观全球价值链治理内涵的演变，由于关注的关键变量的不同，可将其大致划分为三个发展阶段，并对应着三种不同的治理观念（Gibbon et al.，2008）。

### 2.3.2.1　作为"驱动（driving）"的治理

Gereffi（1994）最早将治理纳入当时的全球商品链（global commodity chains，GCC）研究中，假设治理是领导企业的职能之一，将其界定为领导企业利用权威和权力关系驱动链上资金、原料和人力资源的分配和流动；根据治理主体的不同，用两分法将其分为购买者驱动和生产者驱动两种类型。因此，驱动概念强调的是链上权力维度的基础作用，暗含"无所有权的控制"的思想（Humphrey and Schmitz，2008）。

---

① 本书根据 Bazan 和 Navas-Alemán（2004）以及 Gibbon（2008）的观点，把国家价值链界定为以某一特定国家市场为最终消费市场所形成的全球价值链，因此，可把国家价值链看做特定的全球价值链。这一观点区别于国内部分学者的看法，即把国家价值链视为从最终市场到整个价值链都在一国国内（张杰和刘志彪，2009）。

这种驱动两分法是基于进入不同产品市场的进入壁垒的差异而得出的（Dicken et al.，2001），类型是按产业部门来划分的。批评者认为这种分类本身显得过于狭窄和抽象（Henderson et al.，2002）。在现实中，可能会存在两种动力机制共存（bi-polar）的情况，有研究也提出了两种驱动兼具的驱动模式（Fold，2002；张辉，2006a）；也可能存在其他驱动主体。例如，软件产业就被认为是技术驱动类型的链（ÓRiain，2004）。同时，研究也发现，汽车、计算机等产业，现在把零部件加工甚至最终的装配都采取外包等形式，而只保留对营销及相关的消费金融的控制权。这些以前属于典型的生产者驱动的全球价值链，而现在则更具有购买者驱动的特征。正是由于所有的全球价值链似乎都变成了购买者驱动这一种类型，也就有了把治理重新界定为协调的理论发展（Gibbon et al.，2008；Kaplinsky and Morris，2008）。另外，尽管 Gereffi 认为实施驱动的领导企业主要是持有核心技术的企业或者是最主要的购买者，但是链上结构的变化会使驱动主体发生变化（Humphrey and Schmitz，2008），这也就产生了把治理视做标准化的新观点（Gibbon et al.，2008）。

在 Gereffi 等（2005）提出协调说后，协调治理迅速成为治理理论的研究中心，被广为接受和引用，但 Gereffi 并没有完全放弃驱动说，而是在对食品安全与质量标准的研究中，根据供求双方的市场集中程度不同提出了四种治理模式：双边寡头垄断、生产者驱动、购买者驱动和传统市场（图 2-5），重新构建了驱动治理观。但需要指出的是，驱动治理观所具有的链上整体轮廓特征在此重构中被淡化了，而只是集于加工商和零售商界面的研究。

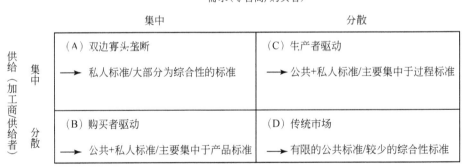

图 2-5　价值链治理分析模型
资料来源：Gereffi and Lee，2009

## 2.3.2.2　作为"协调（coordination）"的治理

在把治理的内涵从驱动演化为协调的过程中，Sturgeon（2001；2002）对电子产业的有关研究工作起到了特别重要的作用。基于战略管理中企业资源学派（Prahalad and Hamel，1990）的观点，企业一般会把非核心业务等同于低利润业务，因此，为增强自身的核心竞争力而采取外包形式。Sturgeon（2002）对该解释存在异议，他认为在电子产业中领导企业和供应商之间是模块化的关系，标准化降低了交易中传递信息的复杂程度，改变了它们之间的权力对称关系，因此，专业化能力很强的供应商和领导企业具有一样的赢利能力，领导企业外包的不一定必然是低利润的业务。在 Sturgeon 的模块型价值链的基础上，Gereffi 等（2005）提出了一个更精细、更实用、也更被广泛引用的分类，并认为治理结构的区别取决于三个因素：交易的复杂性、交易的编码程度和供应商的能力，并据此组合成八种不同情况，其中的五种已经被证实，即五种不同的治理类型。

显而易见，这里的治理关系是指领导企业与它的第一级供应商之间的关系，故用"协调"一词来定义治理。首先，用协调定义治理虽然使分析简洁明了（Gereffi et al.，2005），但使治理模式的变化仅与若干设定的变量相连，过于理想化，分析的范围也显得比较狭窄（Gibbon et al.，2008）；且只针对链上某个节点进行分析，失去对驱动治理对于整条链的轮廓进行全面考虑的特征（Gibbon，2008）。其次，把治理作为协调也是基于交易费用经济学的关键假设，即各种组织和制度安排都是一种效率决策（Coase，1937），关键影响因素是资产专有性（Williamson and Oliver，1985），而全球价值链理论中治理的基础是链上权力分布的不平衡性，驱动治理认为是产业所具有的资本密集或者劳动密集特征不同而使链上行为主体的权力不均衡，进而分别形成了生产者驱动或者购买者驱动（Gereffi et al.，2005），协调治理的形成则似乎与权力基础无关。最后，把治理看做效率决策结果的观点可能会忽略领导企业对整条链进行治理的战略目标以及治理是战略行动结果的事实。另外，该理论所选择的三个影响因素也被一些研究质疑（Ponte，2007；Gibbon，2008）。

### 2.3.2.3 作为"标准化（normalization）"的治理

该治理观借鉴了法国制度主义者研究经济协调问题所提出的约定理论（convention theory），是在对前两个阶段的治理概念进行批评的基础上产生的。基于对阿罗—德布鲁模型缺陷的认识，约定理论认为由于对风险和经济理性特征的观点不同，现实的协调问题远比标准的信息经济学方法复杂。该理论认为，在经济协调中面对不确定性，应摒弃可以对未来进行精确预期的观念，集中分析如何通过确定规则或公约来协调经济活动以及个人如何投入到这些规则制定中。因此，约定理论假设经济行动总是发生在合理基础上形成的现行体制中（Boltanski and Thévenot，1999），强调对形成社会现象的行动过程的理解，研究集中于信息不完善和不对称分布情况下的决策、博弈规则的创建与演化问题。其中，约定被界定为一组包含内容广泛的、行动主体之间的相互期望，其中包括制度（Ponte and Gibbon，2005）。依据约定理论的解释，规则的出现并不是先于行动，而是出现于相互协调、解决问题的行动过程中。因此，约定就是面对问题、不断阐明的机制（Rallet，1995），也是行动的向导和使行动合法化的收敛系统（collective systems），是对其他行动者的期望。早期主要是运用约定理论对标准化环境中购买者与销售者的相互作用进行研究，主要内容包括两个方面：一是价值链上参与者行动的直接标准化环境，二是有关价值链上交易的产品和服务的广义的规范性架构（Gibbon et al.，2008）。近年在一些英文文献中，研究者依据约定理论发展出的方法维度对产品质量的形成进行了研究。[1]

依据约定理论，全球价值链文献中的治理被 Ponte、Gibbon、Bair、Daviron 等人理解为标准化的过程。约定理论视角下的标准化过程是对特定实践活动进行重组并最终形成规则的过程，其典型代表或实现形式是具体的标准或行为准则（Gibbon et al.，2008）。Ponte 和 Gibbon（2005）运用约定理论分析了使全球价值链上职能劳动分工具有合法性的具体过程。研究发现，全球价值链上的消费者驱动特征变得越来越明显，但领导企业和直接供应商之间关系表现出"互不干涉"的治理特征，主要原因是领导企业把复杂的质量信息嵌入到标准、法律和认证程序之中，并被广为接受。由于整个社会对广泛传播的质量叙述的逐渐适应，领导企业就能成功地通过具体的质量特征来管理价值链（Ponte and Gibbon，2005）。Gibbon 和 Ponte（2008）则综合地分析了专业知识在全球价值链治理实践中的角色，试图从治理理性（governmentality）角度来分析标准化的过程，进而对治理进行深入研究。他们的研究认为，美国制造业中关于采购或供应链管理的知识来源比较复杂，多来自于相关贸易组织、大学的相关学科和咨询产业等，并依据不同的逻辑把分析工具和策略建议组织在一起、形成了不同的课程内容。在此期间，有关供应链课程的中心问题是对供应商这一讨论对象的界定不同，因此课程的逻辑依据经过了三个不同时期的发展和两个重要的变化（具体见下部分）。他们也讨论了有关供应链管理的工具与策略

---

[1] Boltanski 和 Thévenot（1991）在对经济惯例的分析中发展出六个纬度，即灵感的（inspirational）、内部的（domestic）、观念的（opinion）、公民的（civic）、市场的（market）、产业的（industrial）。其后多使用灵感（inspirational）纬度对产品质量进行研究，近年则使用公民（civic）纬度解释产品质量形成的发展变化过程，认为资本主义不仅使新的产品质量标准商品化，也通过认证制度商品化了表明商品质量的信息，这一趋势被称为"双重崇拜（double fetishism）"（Freidberg，2003；2004）。

（Gibbon and Ponte，2008）。

综上所述，如果说前面两种对治理的理解是从强调特定职能在链分工中的重要性转向把领导企业和第一级供应商之间的关系放于分析的中心位置（Gibbon and Ponte，2008），那么这两种理解都是一种相对静态的分析（Kaplinsky and Morris，2008），而把治理作为标准化的观念则强调各方的相互作用及治理所形成的过程，动态性和历史的作用是分析主轴，体现了动态的分析观念。标准化的治理观念对前两种观念也提出了挑战，即如果链上企业都服从于标准，那么在社会标准系统的改变致使的各企业在链上所扮演的角色发生变化的过程中，谁又在起驱动作用（Gibbon et al.，2008），答案可能有时候并不是领导企业，因此有必要通过历史的分析来更好地认识这种变化。但是，该分析忽略了全球价值链上权力分布的不均衡性特征，过于强调社会网络、灵活性等的重要性，低估了经济因素在分析中的核心地位，而这似乎和现实是不相符的（Ponte and Gibbon，2005）；尽管标准化是全球价值链治理的重要形式（Kaplinsky and Morris，2008），但以质量标准为代表来分析治理问题也显得把治理概念看得过于狭窄。因此，这种分析还处于起步阶段，该观点目前对治理的深入研究更多是启发作用。

### 2.3.3 全球价值链治理的发展趋势

尽管全球价值链文献中多把治理视为静止的，但随着经济全球化的深入发展，全球价值链治理在过去几十年中也经历了不同的发展和变化阶段（表2-2）。在20世纪70年代之前，链上企业间的关系或是市场型，或是层级型。20世纪70年代初至今，各种处于市场型与层级型治理两个极端之间、非权益性、以互信为基础的关系型治理开始出现，然而由于维护成本较高，关系型治理很快就演化为对称和不对称两种类型的关系，其区别主要是前者的领导企业相信供应商或购买者加入链是以其核心能力为基础，领导企业也愿意帮助其供应商实现升级，这也意味着领导企业对原来权力结构的改变，供应商的权力地位大大上升了。因此，在最近的发展中，领导企业开始更多地采取以市场为基础的关系治理模式，即基于产业标准的模块型治理，这会使供应商之间相互竞争激烈、权力地位下降（Kaplinsky and Morris，2008）。Gibbon and Ponte（2008）的研究集中于20世纪70年代至2003年，认为在20世纪80年代中晚期和20世纪90年代晚期治理发生了重要转变，其三个时期的划分基本上是与Kaplinsky和Morris（2008）一致的，但认为治理形式发生变化的主要原因是领导企业进行供应链管理的目的不同。在1985年之前，领导企业面临的主要问题是如何保证连续的、不间断的供应，主要解决方法是应用 MRP 系统；而从 20 世纪 80 年代中期开始，由于受日本、德国等稳定的产品质量及其对市场份额的影响，领导企业开始更加重视质量，供应商的选择标准主要是质量因素，特别是以过程为基础的质量控制系统；20 世纪 90 年代晚期，综合考虑金融家和股东的相关利益、信息技术革命的影响，领导企业面对的主要问题是降低成本，供应商被视为降低成本的源头（Gibbon and Ponte，2008）。

表 2-2　全球价值链治理动态

| 阶　段 | | 联系的类型 | 标准的重要性 | 主要问题 |
| --- | --- | --- | --- | --- |
| 第一阶段：20 世纪 70 年代之前 | 市场 | 市场 | 不重要 | 交易成本，机会主义行为 |
| | 内部化 | FDI | 企业内 | 协调成本 |
| 第二阶段：20 世纪 70 年代至 20 世纪 90 年代初 | 市场 | 市场 | 不重要 | 交易成本，机会主义行为 |
| | 关系 | 供应链管理 | 过程标准 | 维护费用 |
| | 内部化 | FDI | 企业内 | 缺乏明显的竞争 |
| 第三阶段：20 世纪 80 年代中期至 20 世纪 90 年代末 | 市场 | 市场 | 不重要 | 交易成本，机会主义行为 |
| | 关系：不对称的 | 供应链管理 | 过程标准 | 维护成本 |
| | 关系：对称的 | 供应链学习 | 过程标准 | 学习成本 |
| | 内部化 | FDI | 企业内 | 缺乏明显的竞争 |
| 第四阶段：20 世纪 90 年代末至今 | 市场 | 市场 | 不重要 | 交易成本，机会主义行为 |
| | 关系：不对称的 | 供应链管理 | 过程与产品标准 | 维护成本 |
| | 关系：对称的 | 供应链学习 | 过程与产品标准 | 学习成本 |
| | 关系：模块型 | 竞争，标准件 | 过程与产品标准 | |
| | 内部化 | FDI | 企业内 | 缺乏明显的竞争 |

资料来源：Kaplinsky and Morris，2008

全球价值链治理的未来就像它的过去一样，不存在唯一的发展趋势。其中，主要取决于以下因素：零售商的集中程度、品牌的力量、供应商失败所带来的风险、新生产商的寻找情况、对速度和灵活性的要求、价值链外部治理情况、B2B 电子商务的发展、创新的片断化、企业垂直整合的重要性（Humphrey and Schmitz，2008）。

但对于领导企业而言，其最大的挑战可能是如何以最小的成本更有效率地对全球价值链进行控制（Humphrey and Schmitz，2008）。总之，如何利用链上关系进行学习、获得创新能力以实现升级，是全球价值链研究的关键问题（Fromm，2007），而全球价值链治理是一个关系建构的动态过程，是链上企业相互作用的结果，治理的动态性可能为链上其他企业的升级创造了机会。因此，全球价值链的动态性问题应该和目前居于主导地位的静态、比较静态分析一样成为研究的中心议题。

## 2.3.4 小结

毋庸置疑，由于理论来源不同，研究视角不同，核心变量不同，对全球价值链上关系的理解也就不同，于是就形成了三种治理观念之间既相互竞争又互补的关系（Gibbon et al.，2008）。驱动的治理观着眼于整条链的轮廓特征和具体职能的作用；协调驱动观的提出虽然着眼于领导企业和第一层供应商之间的特殊联系，看似更狭窄，但实际上扩展了治理的分析；标准观则是用动态的观点研究链上关系的变化。三者不是递进的关系，目前似乎也很难看到它们会整合并产生具有内在一致性的、统一的治理理论范式，而是呈更加分裂的趋势（Gibbon et al.，2008）。因此，未来的治理理论可能是在目前的三个理论基础上分别发展，仍然维持分裂的局面，研究者会根据研究目的有选择地使用。

全球价值链理论分析的核心是价值，但目前研究分析中多把创新置于核心地位（Gibbon et al.，2008），这种矛盾的解决依赖于全球价值链治理理论基础的完善。研究发现，上市公司可能会为了提高公司股票价格而更关注短期赢利能力，或者为了迎合金融市场上的导向来重组供应链，其外包的可能是短期赢利能力较弱而长期属于核心能力的业务，这都会对公司长期战略目标造成伤害（Ponte and Gibbon，2005）。因此，现有分析的主体是企业，其价值主要用企业的赢利水平表示，但这可能会和核心能力的理论解释相悖。另外，现有分析只是用财务指标反映领导企业治理的绩效，维度比较单一。尽管目前已经在尝试建立多维度、综合性的评价框架（Barber，2008），但是整个链上的关系及管理是非常复杂的，如何对链上所有参与者，以及链整体绩效进行测量也有待进一步深入。

最后，对于发展中国家企业而言，它们更关注的是如何融入全球经济、在一定的治理结构中实现升级。一些研究者已经注意到，发展中国家企业所处的全球价值链上参与主体的关系不同，其对升级就有不同的含义，不同逻辑下对治理的理解及归类也会得出不同的升级方法与路径。治理的驱动观点按照职能确定了不同驱动模式下的升级路径[①]（Gereffi，1999）；治理的协调观点则认为治理类型与链上知识流动之间存在相关关系（Morrison et al.，2008），因此链

---

① Gereffi（1999）的研究认为，生产者驱动的全球价值链中升级的重点应该放在生产领域，而购买者驱动的全球价值链中升级的重点则应放在流通领域。

上治理模式和升级类型之间存在对接关系（包玉泽等，2009）；动态的标准化治理观点关注进入壁垒以及规则等行为对升级的影响。因此，对治理的不同理解会使升级的研究更丰富，未来需要在进一步深入理解中更加关注其对发展中国家的政策意义（Altenburg，2006）。

# 2.4　技术能力视角下的全球价值链治理

近几十年来，企业战略理论所关注的焦点不断在企业内部与外部竞争环境之间转移，特别是 20 世纪 90 年代之后，随着以资源和能力为基础的企业理论的提出，企业竞争优势的研究开始从 20 世纪 80 年代的外生论回归到源于 Penrose 的企业内部的研究上来，从企业所拥有和开发的独特资源的角度来解释企业的获利性与成长性。企业竞争优势内生论将企业之间的异质性归于组织在长期的内部、外部学习过程中获得的具有独特性、难以模仿的能力或知识，为研究全球价值链治理与企业技术能力演化之间的关系提供了理论基础。

## 2.4.1　知识概述

全球价值链上每个环节都包含一定的知识量，领导企业往往通过获得和占有知识而对整个价值链拥有影响力。

### 2.4.1.1　知识的定义

知识（knowledge）概念的内涵丰富，外延广泛，学术界一直对其有不同的定义。《中国大百科全书·教育》中"知识"条目是这样表述的：所谓知识，就它反映的内容而言，是客观事物的属性与联系的反映，是客观世界在人脑中的主观映象，就它的反映活动形式而言，有时表现为主体对事物的感性知觉或表象，属于感性知识，有时表现为关于事物的概念或规律，属于理性知识。该定义为我们讨论知识的内涵提供了哲学基础。具体而言，知识是人的思维整理过的数据、信息、形象、意象、价值标准，以及社会的其他符号化产物等。它不仅包括科学技术知识，还包括人文社会科学知识、商业活动、日常工作和生活中的经验知识，人们获取、运用和创造知识的知识，以及面临问题做出判断和需要解决方法的知识。因此，由于知识内容广泛，对其界定的不同则表明了对其进行管理的角色不同。从企业技术能力的角度出发，其关注的焦点是企业技术能力的建立、理解诀窍等的战略优势、创造智力的资本。而将知识焦点放入全球价值链分析中，关注的则是链上知识的流动及其对发展中国家企业升级的意义。

### 2.4.1.2 知识的分类

知识具有一定的结构。因此，对知识认识不同、视角不同，就有不同的分类方法。亚里上多德依据知识的内容将人类知识分为三大类：纯粹理性、实践理性和技艺。罗素则按知识的来源把人类知识分为直接经验、间接经验和内省经验。美国学者厄尔认为知识有三个层次，即科学、判断和经验。在现代关于知识的研究中采用较多的主要是以下分类方法。

1）OECD（经济合作与发展组织）1996 年在《以知识为基础的经济》报告中将知识分成四类：知道是什么的知识（know-what），指关于事实、经验总结、统计数据的知识，例如，北京有多少人口，滑铁卢战争是什么时候发生的；知道为什么的知识（know-why），指自然原理和规律方面的科学理论，通常属于科学的范畴；知道怎样做的知识（know-how），指做某些事情的技艺和能力，通常属于技术的范畴；知道是谁的知识（know-who），它涉及谁知道如何做某些事的信息，包含了某种特定的社会关系以及社会分工、知道者的特长与水平，属于经验和判断的范畴。

2）可以根据知识的表现形式，将知识区分为显性知识和隐性知识。显性知识是指可以用语言、文字、数学等方式进行表达从而易于沟通和共享的知识，如以文件、手册、报告、地图、程序、图片、声音、影像等方式呈现的知识，这些知识易于通过计算机进行整理和存储。隐性知识是指隐含经验类知识，它存在于员工的头脑中或组织的结构和文化中，无法用语言或书面材料进行准确描述，因此不易被他人获知，也不易被编码。对应于 OECD 的分类，know-what 和 know-why 属于显性知识，know-how 和 know-who 属于隐性知识。尽管隐性知识是一种无形之物，让人难以明确把握，更不容易对其进行编码化处理，但是隐性知识在企业知识中的比重比较大，而且通常价值含量也非常高，对于企业成长和发展有着重要作用，因此企业必须重视和做好隐性知识显性化和编码化工作。

3）根据知识的属性不同将其划分为个人知识、群体知识、组织知识和组织间知识。其中，个人是知识创造的源泉，而组织则将个人、群体、组织间知识转化并结晶于产品，同时形成组织知识网络，知识成为生产力的放大器。因此，利用该分类进行研究的焦点是个人知识与组织知识。其中，个人知识是通过学习人类知识成果而获得的知识，是在实践中产生的知识混合体，主要包括：专业知识、工作技巧、诀窍、个人专利发明、生活常识、社会关系和体验、价值观念、各种意识和各种能力。个人知识存在于个人头脑中，或表现为个人技能方面的知识。它为个人所拥有，可以独立应用于特定任务或问题的解决，并随着个体的移动而移动。组织知识在广义上是指作用于组织的各方面知识，存在于组织中的个体、群体、整个组织和组织间，表现在组织的规则、程序、惯例和文化中，并随着组织成员的相互交流而处于流动状态。组织知识由个人知识、技术知识、管理知识构成，主要包括：规章制度、技术、流程、数据库、共同愿景、品牌、商标、专利、管理模式和组织文化。

### 2.4.2 企业技术能力的知识特征

如前所述，知识可从不同视角进行分类，不同的知识分类有不同的功能和作用，但是方法基本上都是二维的。其中，Polanyi 对明晰知识、默会知识的区分是理解知识转移过程的基础，特别是默会知识的转移如同黑匣子，其后为打开此黑匣子进行了一系列研究，并认为默会知识的不同类型与组织活动的特征相关，会影响到知识转移的难度（Ernst and Kim；2002）。因此，以创新为主题的文献中特别强调知识的可编码性、复杂程度和默会性等对全球价值链中知识转移方式的影响。在全球价值链研究中，如何对待外部来源的知识已经引起广泛关注，并已在有关研究文献中有所体现（Morrison et al.，2008）。本书将以Polanyi 将知识分为明晰知识和默会知识的二分法为基础，并认为它们是知识体系中的两个极端，大量的知识则是处于这两个极端之间，就如同光谱一样。知识类型的不同会影响到知识的转移成本、可观察性、信息的不对称程度（图 2-6），进而影响全球价值链上企业技术能力转移的方式和效率：

图 2-6　明晰知识和默会知识的特征图谱

1）转移成本。一般而言，知识的转移成本与明晰程度成反比关系。默会知识由于其明晰程度低，转移成本比较高，明晰知识则相反。

2）可观察性。此处的可观察性是指企业技术能力可被外部其他企业观察到，是其他企业模仿的前提条件，最终产品容易被模仿，但是生产过程是难以模仿的。默会知识的可观察性差，转移成本比较高，明晰知识则相反。

3）信息的不对称程度。在技术能力转移过程中，即使知识转移者愿意全部转移其所拥有的知识，但也可能由于其难以表达而不能有效地传递给被转移者，这类知识被视为嵌入特定组织的知识，如 Nelson 和 Winter（1982）所谈及的惯例。因此，越是明晰知识，知识转移双方对其的了解程度越是对称的，越利于转移，反之亦然。

## 2.4.3 全球价值链治理与技术能力的转移

### 2.4.3.1 全球价值链治理与技术能力的转移

不同的全球价值链治理模式就意味着链上企业必须面对不同的外部关系，这将会影响到链上企业的学习，进而影响到企业的升级活动。其中，影响企业升级的能力与路径的因素是全球价值链上领导企业和其他企业之间的知识积累程度、知识共享程度、编码情况以及知识复杂程度（Giuliani et al.，2005），其中最重要的因素就是交换的信息和知识性质的不同（Pietrobelli and Saliola，2008）。因此，我们可把全球价值链看做全球价值链上的领导企业对知识和信息进行编码，通过某种形式将默会知识转化为明晰知识，并向链上其他企业进行传递，链上企业据此组织生产，最终拉动整条价值链上的活动（图 2-7）。在全球价值链上企业是通过实物流动来实现价值增值，通过反方向传递的信息和知识来组织整条全球价值链的活动，而传递的这些编码信息和知识为企业获得能力和升级提供了机遇。因此，治理的类型决定了信息、知识的传递方式，也为发展中国家企业的升级提供了机会。当然，并不是所有的企业都能把握住这种机会（Fromm，2007），链上企业的吸收能力将影响全球价值链上信息与知识传递的效率和升级机会的把握，因此，全球价值链上的主导企业会寻找有效率、有能力的生产者（Ernst et al.，1998；Guerrieri and Pietrobelli，2001），甚至会帮助链上企业达到其所要求的基本能力。

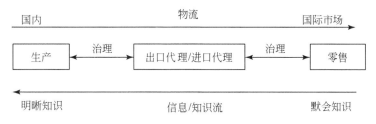

图 2-7　治理与全球价值链上企业知识的流动

资料来源：Fromm，2007

### 2.4.3.2　知识特征与全球价值链治理形式的选择

研究者在全球价值链治理理论研究之初就已注意到技术能力的复杂性，以及生产设备的专有性等本质特点在治理类型形成中的作用（Sturgeon and Lee，2001；Sturgeon，2002），特别是在作为协调的治理和作为标准化的治理两个治理理论发展阶段，更是把信息、知识和能力放于研究的中心地位。现在广为引用的是由 Gereffi 等（2005）提出的一个更精细、更实用的分类，该分类认为治理结构的区别取决于三个因素：交易的复杂性、交易的编码程度和供应商的能力，并据此组合成八种不同情况，其中的五种已经被证实，即五种不同的治理类型。因此，全球价值链治理模式的选择取决于链上企业采纳和使用技术的不同，具体表现为以下两个方面：一是技术能力的本质以及链上其他企业的能力，二是技术发展中通过生产什么，以及如何生产等所反映的链上领导企业对供应商所扮演角色的战略决策。全球价值链治理模式本身取决于交易的复杂程度、交易的标准化能力、供应商的能力；这也意味着越接近市场型治理模式，其外部协调和力量失衡程度越低，相互接触的密集程度就越低，反之亦然（图 2-8）。

| 市场力量 | | | | | 组织力量 |
|---|---|---|---|---|---|
| | 市场型 | 模块型 | 关系型 | 依附型 | 层级型 |
| 低 | ← 交易的复杂程度 → | | | | 高 |
| 高 | ← 交易的标准化能力 → | | | | 低 |
| 高 | ← 供应商的能力 → | | | | 低 |
| 低 | ← 外部协调和力量失衡程度 → | | | | 高 |
| 低 | ← 互相接触的密度 → | | | | 高 |
| 可编码 | ← 知识的可编码程度 → | | | | 默会 |
| 低 | ← 知识的新颖程度 → | | | | 高 |
| 高 | ← 知识的可传授性 → | | | | 低 |
| 高 | ← 知识接受者的吸收能力要求 → | | | | 低 |
| 低 | ← 知识嵌入组织或部门的程度 → | | | | 高 |

图 2-8　知识特征与全球价值链治理模式的选择

资料来源：Contractor and Ra，2002；Gereffi et al.，2005

而从信息和知识在链上企业之间传播的具体内容角度分析，全球价值链可被区分为三种情况（Saliola and Zanfei，2007）：一是采购者向供应商提供产品的规格信息，这意味着供应商要根据采购者指定的方向进行生产，并最终满足规定的条款；二是采购者向供给者提供设计信息、界定生产过程中要遵循的准确的质量标准，此时知识传递较前者更深入，并可能需要供应商的知识反馈以确保生产过程完全遵循有关要求、标准，在互动中会转移部分默会知识；三是采购者参与供给者的研发和技术发展活动，实现独特竞争能力的传播，此时向发展中国家企业传递的技术能力程度最高，可被称为"知识密集型关系"，主要是通过个人的流动来实现默会知识的传播。全球价值链治理模式的选择取决于所传播内容的知识特征以及供应商、领导企业的能力特征。其中，知识特征主要包括知识的可编码性、新颖性和可传授性，而供应商的能力特征则是指对知识的吸收能力，领导企业方面则指知识嵌入组织或部门的程度：

1）知识的可编码性。默会知识的可编码程度低，更多需要通过个人之间面对面地传授，以及"干中学"、"用中学"等途径进行传播。因此，编码程度低也就意味着交易的复杂程度高、标准化能力低、对供应商能力的高要求，领导企业会倾向于借助组织力量进行价值链的治理，反之亦然。

2）知识的新颖性。越是新颖的知识，其越难编码，对企业的创新能力可能越重要，因此领导企业缺乏转移的动力，且需要通过个人之间密切互动进行传播，难度较大，企业倾向于采取组织特征强的治理模式；而成熟的技术则大量存在于现有各种文献中，被编码程度高，更容易学习和掌握，领导企业乐于进行此类技术的传播，治理模式倾向于市场特征。

3）知识的可传授性。知识的可传授性与知识的可观察性、可模仿性密切相关，可传授性越强的知识转移起来更容易。

4）被转移企业的吸收能力。被转移企业的吸收能力是知识转移效率的主要制约因素（Cohen and Levinthal，1990）。一般而言，被转移企业吸收能力越强，转移知识过程中需要的帮助就越少，与转移企业之间越趋向市场型，反之亦然。

5）知识嵌入组织或部门的程度。知识与组织之间存在"黏性（sticky）"（Von Hippel，1994），其程度越强，则知识越难从组织中识别、分离与学习（Maskell and Malmberg，1999），此时被转移知识的企业越需要更多时间、更多协助、更紧密的互动去获得此类知识，链上的治理类型就趋于长期的、联系更紧密地组织类型；反之亦然。

总之，借助以上因素就可以把价值链治理类型与企业之间技术转移与传播的模式连接在了一起，发展中国家企业都期望通过与领导企业建立具有组织特征的治理模式而实现最高程度的技术能力转移，但其也面临着被锁定的风险。

### 2.4.3.3 企业技术能力在全球价值链中的转移机制

在全球价值链上，领导企业向发展中国家生产者转移知识和信息可以通过多种机制。一方面，转移可以通过正式契约等正式的市场机制，也可以通过非正式的途径；另一方面，向外转移知识的领导企业的角色可能是积极的，即随时控制和掌握知识传播的速度、内容，帮助发展中国家企业获得知识，但也可能是消极的，即对发展中国家企业的学习过程漠不关心。因此，根据是否采用市场机制、领导企业所扮演的角色这两个维度，可得到全球价值链中知识转移机制的二乘二分类矩阵（图 2-9）：第一种转移机制是市场调节的、知识供给者在其中扮演积极角色的正式机制，可以采取诸如 FDI、FL、交钥匙工厂、技术咨询等方式，以子公司或合资公司形式进行转移；第二种是市场调节的、知识供给者态度消极的商品贸易机制，通过标准化的机械设备的贸易来提高企业的生产操作能力，但是领导企业不一定就是设备提供者，它可能扮演促成使用设备的角色；第三种是非市场调节的、知识供给者转移态度积极的非正式机制，如技术援助、OEM 等形式，以此来保证零部件符合领导企业的技术要求；第四种是非市场调节的、知识供给者转移态度消极的非正式机制，主要是知识流入企业通过逆向工程、观察、文献资料、人力资源流动等途径实现能力的提升。而这些不同的转移机制会提高发展中国家企业的供应能力，满足价值链上领导企业的需要（Ernst and Kim；2002）。

知识供给者的角色

| | 积极 | 消极 |
|---|---|---|
| 市场调节 | 正式机制<br>（FDI，FL，交钥匙工厂，技术咨询）<br>（象限一） | 商品贸易<br>（标准化机器设备贸易）<br>（象限二） |
| 非市场调节 | 非正式机制<br>（领导企业向当地供应商提供技术援助）<br>（象限三） | 非正式机制<br>（逆向工程、观察、文献）<br>（象限四） |

图 2-9 技术能力转移机制

资料来源：Ernst and Kim，2002

一般情况下，在全球价值链上领导企业为获得系统竞争力，更充分地利用全球化，提高生产效率（Kaplinsky and Morris，2001），对知识转移的态度趋于积极，因此会主要依赖于象限一、三之中的机制（Ernst and Kim；2002）。

因此，发展中国家企业加入全球价值链会为其带来升级所需的常规技术能力，但是领导企业也会采取种种约束手段（全球价值链的治理）来限制发展中国家企业获得打破其链上领导力量和市场力量的技术能力（刘林青等，2008），并试图把其锁定在价值链上的低技能、低回报的活动上（Humphrey，2005）。因此，在发展中国家企业获得常规技术能力后，升级将更多地取决于其自身的技术努力和吸收能力。因此，技术能力和知识的转移会受到全球价值链的结构、链上领导企业的战略、发展中国家企业的吸收能力和战略等的相互影响，它们共同决定了知识流动和发展中国家企业升级的速度与方向（Morrison et al.，2008）。

# 本 章 小 结

从根本上讲，全球价值链的形成与发展是链上企业之间权力关系的建立、调整和演进的结果，全球价值链上的权力秩序决定了全球价值链的价值创造和分配秩序，决定了全球价值链治理的具体模式。发展中国家企业通过嵌入全球价值链实现升级的基础是技术能力的提高，但其本质是打破旧的权力秩序、建立新秩序的过程，表现为获得更多的租金。本章遵循此思路，分析了全球价值链上的权力来源及表现，认为尽管有不同的权力行使形式，表现为不同的治理模式，但基本可归于三类：具有市场特征的权利、具有组织特征的权利，以及兼具以上两种特征的混合形式。对权力的掌握能使企业获得相应的租金，其中，创新所带来的租金（熊彼特租金）具有根本性。因此，发展中国家企业的升级过程本质上应该是在一定治理结构中不断积累技术能力、最终获得自主创新能力的过程。治理是分析升级的前提。

在对权力和租金分析的基础上，本章接着分析了全球价值链治理的不同观点，认为目前还未出现把不同的治理观点整合为统一的理论范式的趋势，而可能会更加分裂。分析的落脚点是发展中国家企业的升级，因此，根据研究目的选择知识的明晰性和默会性特征来分析不同治理模式中知识转移的特征和机制，为下一章分析发展中国家企业在特定治理结构中的升级策略提供了研究基础。

# 第3章

## 全球价值链背景下的企业升级
### ——技术能力视角的解释

经济全球化的日益发展造就了新的全球产业分工与整合格局，改变了全球产业组织范式以及企业之间竞争的性质、关键点和方向，也为发展中国家企业的发展提供了机会。发展中国家企业逐渐意识到，参与国际分工至少是发展中国家企业实现升级的一种必要条件。基于 Nelson 和 Winter（1982）的演化方法，我们可把企业的升级看做一个技术学习和能力积累的过程（Lall，1992，1993，2001；Pietrobelli，1997；1998），是企业内部有目的活动的结果（Pietrobelli，1997）。而企业升级所需要的技术能力可以是内生的，即自身能力的积累和提高；也可以是外生的，即在全球价值链上，通过出口的学习、FDI 的溢出效应等获得升级（Humphrey，2004）。因此，发展中国家企业加入全球价值链必然是由于技术能力的国际来源（Morrison et al.，2008），企业层面的技术能力研究将会为理解和解释全球价值链背景下的升级问题提供一个有益的分析视角。

本章主要包括三部分内容。首先，本章将从全球价值链背景下企业升级的概念入手，指出现有研究忽略了升级背后企业技术能力的获取，并在对发展中国家企业技术能力演进规律总结的基础上，提出通过嵌入全球价值链实现升级的途径和企业技术能力学习的过程，并试图从技术能力的视角描绘全球价值链治理和升级之间的关系。其次，本章在对进入壁垒的基本类型进行分析的基础上，提出嵌入全球价值链获取企业技术能力、突破壁垒的战略，并指出企业的异质性和长期竞争优势最终取决于自主创新能力的构建。最后，本章进一步分析了如何通过嵌入不同国家价值链、利用不同价值链之间的"能力的势能差"来获得不同能力，实现企业升级，以及如何通过培育本土需求来形成发展中国家企业自主创新能力的策略。

# 3.1 技术能力视角与全球价值链背景下
# 企业升级的内涵

## 3.1.1 全球价值链下的企业升级

### 3.1.1.1 全球价值链下企业升级的内涵与类型

全球价值链理论中的升级概念来源于国际贸易理论，常被认为是制造更好的产品，或者更有效率地制造产品，或者从事需要更多技能的活动（Kaplinsky，2001；Porter，1990）。因此，升级常被界定为通过创新以增加附加值的过程（Giuliani et al.，2005），最终会提高企业的竞争力或者使企业能够从事具有更高附加值的活动（Kaplinksy and Morris，2001；Humphrey and Schmitz，2002；Pietrobelli and Rabellotti，2008）。但是，升级一词尽管被广为采用，却是一个含糊不清的概念，表现在：首先，升级和创新经常交叉和相互交换使用，尽管这两个概念是有所区别的（Kaplinsky and Morris，2001）；同时在逻辑上既可以把升级和创新当作同义词使用，又可以把升级作为创新过程的结果，而创新过程却从来没在关于升级的文献中直接讨论过（Morrison et al.，2008）。其次，如果把升级简单界定为产品单位价值的提高，其原因就不仅仅可能是各种形式创新的结果，也可能是成本的降低，如工资降低等，因此，如此界定升级就可能导致管理上的短期导向和战略的脆弱性（Morrison et al.，2008）。

现在的研究还区分了各种类型的升级，认为存在 OAM→OEM→ODM→OBM 的一条发展轨迹（Hobday，1995；Gereffi，1999；Lee and Chen 2000），其背后所对应的产业发展的实质内容基本都涵盖于工艺流程升级、产品升级、功能升级和链条升级四种形式之中，且反映了全球价值链背景下的具体发展轨迹，并把它们与特定价值链治理形式相联系。但是这种研究存在巨大的争议，表现在：

第一，升级的这种分类被指出存在问题。在一些特殊的情况下，要把产品升级和过程升级明确区分开来非常困难，特别是在农业领域，一个新的种植过程可能也就意味着一类新的产品，因此很难区分升级的具体类型（Gibbon，2003；2008）。例如，有机食品、绿色食品很难被单一地界定为过程升级或者产品升级，而是一种混合。

第二，这四种升级类型被赋予一样的正式地位，但是在实践中功能升级被更多地关注，被认为是发展中国家企业可以实现的最优升级形式。事实上，至少对于像发展中国家供应商这样新的或者次级参与者而言，价值链内存在相等或者可得到更多利润的情况以及其他形式的升级（Gibbon，2008）。

第三，这种具有路径依赖的、标准的升级通道具有线性发展的特点，这使大家忽略了其背后的逻辑。根据 Gereffi et al.（2005）的观点，治理模式会随着决定全球价值链治理因素的变化而遵循一条可预见的轨迹进行演变。因此，升级所面对的限制条件都会表现出暂时性；且随着治理模式的变化，这些限制条件都是可以被改变的。于是，全球价值链上的升级就像是"爬价值链梯子"，开始总是在梯子的低端活动，进入障碍也是低的，然后是沿着固定的轨道进行升级。但是，我们不能假设特定的治理模式就唯一地决定了领导企业具有内在能力或有兴趣向当地生产者转移或者不转移知识（Morrison et al.，2008），领导企业不总会为升级提供支持（Humphrey and Schmitz，2004）。很多研究也都注意到了沿着该通道升级的困难性。

第四，全球价值链上的领导企业经常试图设置障碍，防止他们的供应商进行职能升级。但是，领导企业总是鼓励供应商承担起过程升级、甚至是产品升级，因此，就形成了把全球价值链的治理模式与各种形式的升级联系在一起的理论（Humphrey and Schmitz，2003）。全球价值链的治理与升级存在某种对接关系（刘志彪和张杰，2007），但是对这种对接关系缺乏足够的理论解释。另外，根据这些理论，全球价值链上的升级被描述成只能是那些处在特定供应关系中的供应商与这些链上的关系"决裂"才可能会发生。

第五，全球价值链上的关系对于发展中国家来说是外生的，而发展中国家企业如何把自己的升级愿望和努力与全球价值链上的外生因素相联系则至关重要。但是，在现有全球价值链文献中，对企业升级所需要的内部活动的探讨总是含糊不清的，或者说在理论或经验的分析上都几乎是缺失的（Morrison et al.，2008）。

总之，全球价值链治理环境下的升级概念及其机理仍然是模糊的，且外生的治理与企业内生的机制也没真正联系起来。当前的研究主要是基于产业的宏观方法，或者是基于集群等的微观方法，尽管它们的理论背景不同，但是个体的公司从来没有成为分析的中心，虽然大多数研究在分析中隐含着这一分析维度（Morrison et al.，2008）。由于升级的动态性特征，我们也需要引入时间维度对升级进行跨时期的分析。企业技术能力的研究则为我们分析全球价值链下的升级问题提供了较好的研究视角。

### 3.1.1.2 技术能力视角与全球价值链下的企业升级概念

在关于发展中国家技术能力的研究文献中，企业技术能力的水平和深度决定了当地企业的产业化和创新的执行情况，创新是其中的核心问题（Morrison et al.，2008）。因此，基于技术能力的视角，应坚持创新的观点，把升级过程看做是企业通过一系列技术积累活动逐渐获得不同水平的能力，其中，获取创新能力是核心。

嵌入全球价值链使发展中国家企业获得了外部技术能力，而技术能力转移的效率取决于其所具有的知识特征（Morrison et al.，2008）。因此，嵌入全球价值链的企业升级过程就是一种技术知识学习和能力的最终获得过程，这代表了一种知识流。外部流入的知识流经过学习转化后汇入企业的知识基，成为企业的知识存量。当知识基建构达到一定水平之后，企业就有可能开展创新性活动并在企业内部产生新的知识流。因此，对于发展中国家企业来说，技术能力显然不仅仅体现为生产过程的效率，更不仅仅体现为创新活动的效率，而体现在获取、学习和转化以及调整和改造等一系列过程和结果之中（田家欣和贾生华，2008）。

### 3.1.2 发展中国家企业技术能力演化模式

相对于发达国家企业，发展中国家企业的技术能力演化呈现出截然不同的轨迹。发达国家企业的技术能力演化轨迹是基于技术领先战略的自主创新轨迹，而发展中国家企业的技术能力演化轨迹则是基于技术赶超战略的轨迹。在此过程中，发展中国家企业通过技术学习实现技术能力的量的积累，并不断实现技术创新能力的质的突破，呈现梯度演化模式。

#### 3.1.2.1 发展中国家企业的技术能力

处在技术发展不同阶段的企业都或多或少拥有以下三种技术能力：仿制能力、创造性模仿能力和自主创新能力（表3-1）。但是在不同阶段，企业所关注的重点依次不同，三种能力的强弱也有高低之分，但最终目的都是为了促使企业持续自主创新能力的形成，培育企业的持续市场竞争优势。

1）仿制能力是指根据现有成熟技术进行操作和维护生产设备所具备的技术能力。可分为两类：第一类包括有效操作的能力以及进行工程实施和维修的能力；第二类包括在现有设计范围内，调整和改进以适应变化条件的能力（Kim，1997）。

2）创造性模仿能力是指在现有的技术平台和核心技术构架内，对原有设计进行创造性模仿改进或重新设计，以适应新的市场需要的能力。

3）自主创新能力是指通过建立新的技术平台或改变核心技术，并在此基础上推出新产品的能力。自主创新分为两类：第一类是渐进的自主创新，这是通过对原有技术的融合或引入研究中的技术以建立新的技术平台；第二类是根本的自主创新，这是通过自己的研究发明出全新的技术，由此开发出全新的或新一代的产品类（赵晓庆和许庆瑞，2002）。

表 3-1　企业技术能力的类型

| 类　型 | | 企业技术能力 | 知识特征 |
|---|---|---|---|
| 低端模仿阶段 | 仿制能力 | 1. 设备操作和维修、工程实施和生产系统管理<br>2. 在现有设计范围内，调整产品与工艺 | 明晰 |
| 模仿创新阶段 | 创造性模仿能力 | 1. 技术型模仿：对国际新技术产品原有设计的创造性模仿和重新设计 | |
| 自主创新阶段 | 自主创新能力 | 1. 渐进型自主创新：引入技术建立新平台<br>2. 根本型自主创新：研究获得新技术知识，由此建立新平台 | 默会 |

资料来源：赵晓庆和许庆瑞，2002

以上三种企业技术能力具有不同的知识特征。有学者提出了根据"产品生命周期理论"引申而来的技术生命周期理论，他们将技术视为可买卖的商品，从而使技术具有自身生命循环和向外转移倾向，并区分了体现在产品上的技术的不同发展阶段。因此，如果将发达国家企业所应用的技术按照其位于生命周期的不同阶段划分，其可分为先导技术、成长技术和成熟技术三种类型，且在整体上发达国家企业技术的知识特征是从默会知识向明晰知识逐渐演化，而发展中国家企业则是循着一条相反的轨迹，其在学习初期阶段更多的是面对明晰知识，而进入自主创新阶段则主要依靠默会知识（表3-1）。

### 3.1.2.2　发展中国家企业技术能力演化轨迹

企业技术能力的阶段性演化决定了企业的发展轨迹。这种技术能力的阶段性变化导致企业技术创新模式也相应呈阶梯形演进，两者相互制约、相互依存、相互促进、互为因果，形成累积性循环因果链（图3-1）。

第一阶段：低端模仿阶段。在这一阶段，由于发展中国家的工业化处于起步状态，企业技术人才匮乏，技术能力有限，所以技术基础非常薄弱，一般是通过从其他国家或企业引进成熟的技术和设备来快速缩小差距。此时关注的主要是某项具体引进技术的使用，如何尽快掌握这一技术或装备的基本操作。一般从技术引进开始企业技术能力积累，通过生产中的"干中学"等方式实现技术能力积累，并通过加快设备更新换代的速度来培养娴熟的技术工人，进而

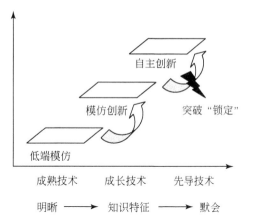

自主创新阶段：构建战略能力

模仿创新能力：构建初步的战略能力

低端模仿阶段：构建最低限度的、必要的知识

自主创新

模仿创新

突破"锁定"

低端模仿

成熟技术　　成长技术　　先导技术

明晰 ——→ 知识特征 ——→ 默会

图 3-1　企业技术能力演化轨迹与技术创新模式
资料来源：作者整理所得

提高企业的技术消化和吸收能力，为企业的进一步发展奠定基础。因此，仿制能力是本阶段企业技术能力的主要表现。

第二阶段：模仿创新阶段。随着工业化的发展，发展中国家企业中的领先者已经积累了比较好的技术基础和物质基础，具备了一定的消化、吸收和再创造引进技术的能力，因而他们开始逐步加大自主研制和开发的分量。进入此阶段的前提是企业已经掌握了技术的使用方法，有条件在消化吸收的基础上进行创造性模仿和改进，即将引进的技术与本企业实际相结合，根据市场需要开发出新的、适合本土的实用技术。采取的方式主要是企业"干中学"、"用中学"、"研发中学"，实现知识的不断积累和能力的培养。因此，创造性模仿能力是本阶段技术能力的主要表现，其本质是企业内部的技术开发能力，但这时在关键技术上仍然依赖于外部技术源，企业开发活动仍是在外部企业所建立的技术平台上进行。

第三阶段：自主创新阶段。此阶段中发展中国家的科研力量和高等教育也已经得到了系统发展，这为企业与本国、本地区的大学和科研院所联合起来，从有关基础研究出发进行自主设计和创新创造了条件。企业并逐步突破原有技术水平，实现原始性创新，最终形成发展中国家企业具有独立知识产权的核心能力与技术平台。自主创新能力是这一阶段技术能力的主要表现（赵晓庆和许庆瑞，2002）。

总之，发展中国家企业在凭借制造优势进入市场时，工艺创新是基础，然后是渐进式的产品创新，其后才会利用逐渐积累起来的专有能力突破原来的工艺与产品领域。因此，实现发展中国家企业升级的学习过程的梯度是：从学习生产到学习效率化生产，学习改进生产，学习改进产品，最后到学习开发新产品（Forbes and Wield，2000）。全球价值链理论指出的发展中国家企业从产品升级、过程升级到职能升级、链条升级，背后所隐含的就是这样的一个逐步培育能力、最终实现自主创新的过程。

### 3.1.3　全球价值链下获取企业技术能力的学习过程

自主创新不是一蹴而就的，发展中国家由于技术基础较弱，创新能力的形成一般要经过学习。因此，对发展中国家企业通过嵌入全球价值链来逐步形成技术能力的解释有赖于对其学习过程的探索，这也是从技术引进到自主创新能力形成的过程（Kim，1997）。其中，发展中国家企业通过嵌入全球价值链获得领导企业先进的技术能力之后，如何处理并被本土企业所吸收是关键问题之一。借鉴野中郁次郎等的知识获取与转化的螺旋循环过程的观点，本部分将详细分析链上领导企业与发展中国家企业之间实现知识转移和学习的过程。

#### 3.1.3.1　知识获取与转化的螺旋循环过程

在知识获取与转化的研究中，野中郁次郎等借鉴 Polanyi 关于显性知识和隐性知识概念提出了知识转化的模型，认为正是通过隐性知识和显性知识二者之间的互相作用、互相转化，最终才实现知识的创造。因此，可以把知识的获取与转化看做一个螺旋运动的过程（图 3-2），包含以下四个阶段：

图 3-2　知识管理的 SECI 模型

资料来源：谭力文和包玉泽，2009

1）社会化（socialization），即隐性知识向隐性知识的转化，通过观察、模仿、感悟、对话和不断实践，使难以表达的技能、经验和诀窍、心智模式和组织的默契等隐性技术知识在企业不同层次的主体内部及其之间实现交流与共享，实现在企业技术能力演化过程中由隐性技术知识到隐性技术知识的转化。它是一个通过共享经历建立隐性知识的过程，而获取隐性知识的关键是通过观察、模仿和实践，而不是语言。

2）外化（externalization），通过隐喻、类比、图表、概念和模型等，将企业不同层次的主体所拥有的、可以显性化的隐性技术知识用概念、语言和文字等表达出来，实现在企业技术能力演化过程中由隐性技术知识到显性技术知识的转化。它是一个将隐性知识用显性化的概念和语言清晰表达的过程，其转化手法有隐喻、类比、概念和模型等。这是知识创造过程中至关重要的环节。

3）整合化（combination），即显性知识和显性知识的组合。它是一个通过各种媒体产生的语言或数字符号，将各种显性概念组合化和系统化的过程，通过整理、分类、整序、整合和一致性检验等，把外化阶段得到的分散的、不系统的显性技术知识和企业原有的各种显性技术知识有机整合化、格式化和规范化，实现在企业技术能力演化过程中由显性技术知识到显性技术知识的转化。

4）内化（internalization），即显性知识到隐性知识的转化。它是一个将显性知识形象化和具体化的过程，通过"汇总组合"产生的新的显性知识被组织内部员工吸收、消化、升华成他们自己的隐性知识。通过阅读、聆听、练习和干中学等，将各种相关的企业显性知识进一步升华，内化为新的、更高级的企业不同层次主体的隐性技术知识，实现在企业技术能力演化过程中由显性技术知识到隐性技术知识的转化。外化阶段的实质是一个学习和创新的过程，而企业的显性技术知识实现内部化后将演变成企业的技术能力。

以上四个阶段是一个有机的整体，它们都是知识创造过程中不可或缺的组成部分。它指明了知识生产的起点与终点，即始自高度个人化的隐性知识，通过共享化、概念化和系统化，最终升华成组织所有成员的隐性知识。总体上说，知识创造的动态过程可以被概括为：高度个人化的隐性知识通过共享化、概念化和系统化，并在整个组织内部进行传播，被组织内部所有员工吸收和升华。其中都要求员工的积极参与，因而也要求企业建立有效的激励机制。

### 3.1.3.2　学习、知识转移与技术能力的形成

即使领导企业具有内在能力或有兴趣向欠发达国家生产者转移知识，后者

的技术努力和吸收能力也至关重要。发展中国家企业只有根据自身情况制定合适的技术能力积累战略，加上积极主动的学习，企业升级才会成为水到渠成的事情。因此，技术能力和知识转移会受到全球价值链的治理结构、链上领导企业的战略、发展中国家企业的吸收能力和战略等的相互影响，它们共同决定了知识流动和发展中国家企业升级的速度与方向（Morrison et al.，2008）。

依据野中郁次郎（Nonaka，1999）的知识转化理论，全球价值链上企业之间的知识转移可表述为四个方面（图 3-3）（Ernst and Kim，2002）：

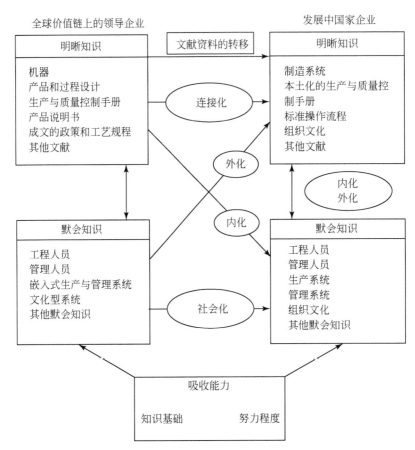

图 3-3　发展中国家企业能力的形成过程

资料来源：Ernst and Kim，2002

1）全球价值链上领导企业通过设计图、运作和质量控制手册、培训讲义等方式帮助发展中国家企业提高技术能力，发展中国家企业通过学习和实践，把转移的明晰知识内化为默会知识；也可以通过在发达国家进行培训或者派工程师到发展中国家企业，通过人力资源的流动把知识转移到发展中国家企业来实现知识的转移，即知识的共同化。

2）发展中国家企业根据得到的明晰知识修改自己的生产与质量控制手册、人力资源手册等，把明晰知识转变成新的明晰知识，即连接化。也可能是将前一阶段获得的默会知识通过外化转变成明晰知识。

3）发展中国家企业之间的联系也会导致知识的传播，其原因在于，可能只有有限的工程师或管理者获得了全球价值链上领导企业的培训。因此，这种本土化和内化的知识的传播过程就成为关键。这个过程也是一个社会化的螺旋过程，即技术在本地企业之间的内化和外化的相互转换，而知识也在明晰知识和默会知识两种形式之间相互转化。

4）知识转移过程的效率和速度不仅取决于所转移知识的质量和数量，也取决于发展中国家企业的吸收能力。吸收能力包括现有知识基础的高低和企业获取知识的战略选择。

企业的学习有两种类型，即适应性学习和创造性学习。适应性学习主要是建立在刺激—反应机制上的，特点是具有被动性，应变取向是适应，不对系统运行规则提出疑问，阿吉瑞斯把它叫做"单回路学习"。创造性学习则不同，它是积极主动地应变环境。创造性学习要求对世界拿出新的看法，对公认的假设、目标和准则提出质疑和挑战，其应变取向是重新为系统运行规定规则，阿吉瑞斯把它称为"双回路学习"。企业适应性学习过程包括大量的渐进型创新，其每一步都是建立在企业既有文化的基础上，但随着时间的推移，这种渐进型的创新有可能导致企业的根本性变革。因此，适应性学习对提升组织的学习能力、创新能力也有着重要意义。创造性学习是在适应性学习的基础上，更进一步地超越企业现有的认知框架，创立新的认知体系，其学习结果不是仅限于产生改良的变革，而是能够造成企业深层结构、过程、领域和目标的改变。我们一般可把企业嵌入全球价值链的前期看做以适应性学习为主，而随着时间的推移则应开始创造性学习，以培育自主创新能力。

总之，发展中国家企业嵌入全球价值链并不会使知识转移过程自动发生，必须是领导企业把提升整个全球价值链的竞争力作为唯一目标而主动转移知识的同时，发展中国家企业通过提高自己的吸收能力，积极主动地吸收转移的知识，才能从参与全球价值链而获得最大收益，并最终实现升级。

### 3.1.3.3 企业吸收能力与发展中国家企业技术能力的学习

企业吸收能力是指企业评估、选择和消化外部知识并最终商业化应用的能力（Cohen and Levinthal，1990），主要用来处理从企业外部转移过来的新技术中的隐性知识，并使之适合于本企业应用，特别是不易于表述的隐性知识，才是企业要吸收的主要对象（Mower et al.，1996）。吸收能力是企业学习和解决问题的能力，是组织学习的函数，会影响组织探索性和利用性学习方式的形成，并与组织学习呈现出共同演进的关系，在一定程度上相互重叠又互为补充（Kim，2000）。

了解企业吸收能力可以帮助企业了解目前吸收能力的瓶颈在哪里，并帮助企业制定相应措施提高学习能力。对企业吸收能力的分析集中于两个方面，一是企业获取、消化、转化以及利用外部知识的一系列组织惯例和过程（Zahra and Georg，2002），二是把吸收能力看做包含了三种不同的能力：识别外部新信息、消化信息和应用该信息以提高企业产出的能力（Cohen and Levinthal，1990）。其中，前者是动态的分析，而后者是相对静态的研究，综合可知，企业的吸收能力取决于以下两个因素（王志伟，2009）：

1）企业的知识基础。知识的积累和创造具有路径依赖特点，因此，企业现有知识会成为吸收能力的基础。在实际的技术改进吸收过程中，技术接受企业对外界信息与技术的吸收以及应用能力将与企业本身具有的技术现状密切相关。文献中将这种技术的现有状态称之为企业的先验知识，包括基本技能、共同语言、学习经验，也包括既定领域内科学和技术发展的已有知识。由于技术能力的演化是逐次积累的，企业吸收的新技术大都与其原有的技术状态相关，所以企业所拥有的技术结构将影响其吸收新技术的程度，同时也可能决定企业对新技术未来潜力的发挥。

2）努力程度。企业的努力程度主要是指学习强度与意识，也就是说，吸收能力会受到企业的先验知识与学习强度以及意识的影响。学习强度和意识表现为企业支持组织成员或团队在学习方面所投入的精力、资金与时间，组织学习强度和意识与组织成员对于知识吸收的量与质成正比关系，决定着组织对知识内化的强度，而如果知识的内化强度不足，组织就无法充分吸收利用散布在组织各部门、各成员中的知识，提高其学习意识。加大学习强度、积累成功经验和失败教训，可以提高知识积累的速度和生产知识的能力，并使后续学习变得较为容易。因此，企业投入于学习与使用新知识的强度越高，其本身吸收能力所呈现的学习效果也一定会越显著。

企业创新离不开外部知识源（Cohen and Levinthal，1990），但是外部知识并不能成为企业的竞争优势，更不会是长期竞争优势。嵌入全球价值链虽然为发展中国家企业对外部知识进行学习、积累和应用创造了条件，但也要求其不断提高吸收能力，使其知识存量持续增加，最终能够实现自主创新。

## 3.2 技术能力视角下的全球价值链治理
## 与企业升级的关系

发展中国家企业的升级来自于企业知识积累带来的技术能力的提高，而其嵌入全球价值链的治理类型又决定了企业可以获取知识流的强度和方向，并可能会使发展中国家处于"低端锁定"状态。因此，不同全球价值链治理模式会有不同的学习机制，会影响升级的效果和程度，而升级带来企业技术能力的提高又将会促进治理模式的变迁。

### 3.2.1 企业技术能力视角下治理与升级的关系

#### 3.2.1.1 全球价值链治理与升级的关系

不同的全球价值链治理模式会影响知识积累程度、知识共享程度、编码情况以及知识复杂程度，这些因素又会影响企业技术能力的获取与升级的路径（Giuliani et al.，2005）。有研究就把全球价值链治理与升级的对接关系总结为四种组合（图3-4）。有关实证研究也支持此四种组合，他们发现在准科层型全球价值链中，过程和产品升级是比较普遍的，而功能升级的情况较少发生，因为全球价值链上的领导企业会设置障碍阻碍功能升级（Giuliani et al.，2005；Ponte and Gibbon，2005）。同时，全球价值链的治理也常被认为表现出动态过程的特征。根据 Gereffi 等（2005）的观点，治理模式会随着治理的决定因素的变化而遵循一条可预见的轨迹进行演变。因此，升级所面

图3-4 本土企业升级与价值链治理形式组合

资料来源：刘志彪和张杰，2007

对的限制条件都会表现出暂时性；且随着治理模式的变化，这些限制条件都是可以被改变的。于是，有研究就认为全球价值链上的升级就像是"爬价值链梯子"。

但是，这四种组合关系产生的原因却没有被深入探讨，我们也不能假设特定的治理模式就唯一地决定了领导企业具有内在能力或有兴趣向当地生产者转移或者不转移知识（Morrison et al.，2008），领导企业不总会为升级提供支持（Humphrey and Schmitz，2004）。因此，现有文献中关于"升级决定于价值链上不同参与者之间关系的本质（治理模式和权力的对称性）"就受到了质疑。对发展中国家企业来说，问题的关键不应该是沿着价值链向更高职能升级，而应该是不断深化技术能力，亦即企业在价值链上利用新机会的特殊能力的深化，这样才能在机会出现时抓住机会（Morrison et al.，2008）。而技术能力的知识特征以及治理对本土公司升级的影响等这些问题都很少，或者是没有被清晰地讨论（Morrison et al.，2008）。已经进行了的研究大都没有清晰地指明在企业层面，即在不同的治理模式所引起的不同外部关系环境中企业如何通过获得技术能力而实现升级，而只是指出了不同治理模式会增强或阻碍升级，且多认为这些升级活动都是自发的，而不是当作企业有意识地行动去研究。而且吸收能力程度的不同将会导致企业探索或者采用不同的获取技术能力的渠道与方式，这也决定了在相似的全球价值链环境中的企业，其升级的速度和模式的不同。总之，全球价值链治理环境下的技术能力转移与企业升级机理仍然是模糊的（Morrison et al.，2008）。

### 3.2.1.2 企业技术能力视角的全球价值链治理与升级的关系

基于技术能力视角，企业是在特定的全球价值链治理结构中通过学习来获得技术能力、推动企业成长的。企业技术能力的发展阶段不同，其技术获取方式也不相同。处于低端模仿阶段的企业主要向外部通过模仿、复制等方式获取企业最低限度的必要技术能力，这些技术能力具有明晰的知识特征；处于模仿创新阶段的企业强调企业内部与外部技术能力的结合，不仅关注自身特色的构建，也特别关注外部知识和技术，并逐步形成一定的自主开发能力，这些技术能力兼具默会和明晰的知识特征；对处于自主创新阶段的企业而言，由于已经具备技术优势，主要进行内部研发。因此，可以从企业所面临的治理环境和企业技术能力增长两个维度，从动态和静态两个方面来讨论全球价值链治理和升级的关系。基于以上分析，可采用图3-5所示模型中全球价值链的治理环境和发展中国家企业技术能力发展两个维度之间的匹配性进行分析。

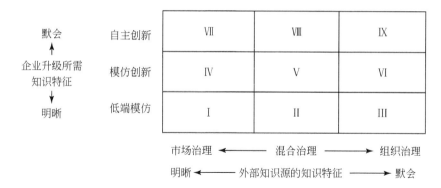

图 3-5　企业技术能力视角的全球价值链治理与企业升级关系

图 3-5 中横轴按照全球价值链上企业之间协调关系的差异分为组织治理、市场治理以及介于此两者之间的混合治理三个区间，纵轴按照企业技术能力的发展区分为低端模仿、模仿创新和自主创新三个阶段，由此可得到九种结合。不同组合在企业技术能力发展的不同阶段，对发展中国家企业有不同的意义。

1）低端模仿阶段。此时发展中国家企业技术能力较弱，与全球价值链上领导企业的要求差距比较远，需要通过加入全球价值链获得必要的技术能力，而不同的治理模式则意味着企业将会获得不同知识特征的技术能力，即在以市场为主要特征的治理模式中，企业将会获得更多的明晰知识，一般是通用性和标准化的知识；而以组织为主要特征的治理模式中的企业将会获得更多的使效率得到大幅度提高的默会知识，如诀窍、对原理的理解等。因此，Ⅰ、Ⅱ、Ⅲ三个区间都会帮助企业完成基本技术能力的积累，实现过程升级和产品升级。此时，发展中国家的主要学习策略是"干中学"。

2）模仿创新阶段。此时发展中国家企业的技术能力发展处于仿制能力与自主创新能力之间，已经具备了较高的吸收能力，有条件更有效地从全球价值链上的领导企业那里获得技术转移。但是也正是企业能力的提升，会使领导企业感受到威胁，领导企业在战略上可能会偏向采取具有组织特征的治理模式，即偏向于Ⅵ区间，以增加控制权。而对于发展中国家企业而言，则倾向于具有市场特征的治理环境，即理想区间Ⅳ，以进一步培育创新能力，但其技术诀窍和技术基础还依赖于领导企业。一般认为，发展中国家企业满足链上领导企业的需要，并在其支持下进行再设计是该阶段的主要升级模式，合作有助于企业形成和巩固创造性模仿能力。因此，Ⅴ区间可能是链上领导企业与供应商之间的交集。此阶段发展中国家主要的学习策略是"参与式学习"与"研发中学习"等。

3）自主创新阶段。自主创新分为两类：第一类是渐进的自主创新，实际上是模仿创新的高级形态；第二类是根本性的自主创新，是通过自己的研究，发明出全新的技术，企业的升级极可能是功能的，也可能是价值链的升级。此时企业已具备战略发展能力，如果企业处于具有组织特征的治理模式中，则面临被锁定的风险，而具有市场特征的治理环境则为企业升级提供了空间。因此，Ⅶ、Ⅷ区间可能对升级企业更有利。此阶段发展中国家主要的学习策略是"网络中学习"或"预测中学习"等。

总之，对于发展中国家企业而言，如果所加入的全球价值链治理类型是动态变化的，则（Ⅰ、Ⅱ、Ⅲ）→（Ⅴ）→（Ⅶ、Ⅷ）是企业技术能力在不同治理环境下的理想演化路径，由此推动企业技术能力阶梯式上升。

### 3.2.2　不同全球价值链治理模式下的学习机制

发展中国家企业服从全球价值链的治理，可以获得生产的品种、质量和技术要求等信息，在这些信息中混杂着企业升级所需要的技术能力，需要企业持续进行学习（Morrison et al.，2008），且不同治理类型有不同学习机制（表3-2）；全球价值链上领导企业在此过程中扮演促进和支持的角色（Giuliani et al.，2005）。经验研究也支持此结论，即嵌入全球价值链的治理类型不同，企业可能获得的技术能力也不相同，其升级路径也不同（Humphrey and Schmitz，2002）。Fromm（2007）对洪都拉斯农业企业升级问题的研究揭示了中小农业企业如何通过加入全球价值链，以获得新的技能和知识。其中，价值链上的互信关系决定了信息的流动和升级的方式；标准化生产实施以及对标准的遵循为学习和获得新的技能和知识提供了机会。Pietrobelli 和 Saliola（2008）利用定量的测量方法研究了泰国加入不同价值链的三类企业，由于治理类型的差异而获得了不同的技术能力。研究发现，跨国公司和它的本地供应企业的关系是多方面的，与其他企业相比，他们更多地或参与其供应企业的生产过程、产品研发，或通过派出专家传播新技术；而国内价值链上的企业和通过其他渠道出口的企业仅限参与特定的设计和产品特征。研究也表明，供应企业越深入参与购买者的活动，其生产效率越高，其中最重要的因素就是获得了更多的信息和知识（Pietrobelli and Saliola，2008）。因此，全球购买者和发展中国家当地制造商之间的关系会产生不同的学习和创新活动（Nadvi and Schmitz，1999；Schmitz and Knorringa，2000；Gereffi et al.，2005）。

表 3-2　全球价值链的治理类型与学习机制

| 治理类型 | 交易复杂程度 | 交易编码程度 | 供应商能力 | 全球价值链上的学习机制 |
|---|---|---|---|---|
| 市场 | 低 | 高 | 高 | 知识外溢/模仿 |
| 模块 | 高 | 高 | 高 | 达到国际标准压力之下进行的学习/表现为标准、规范、技术定义等的知识转移 |
| 关系 | 高 | 低 | 高 | 通过面对面的互动进行学习 |
| 俘获 | 高 | 高 | 低 | 通过领导企业限定范围有限的任务所进行的、审慎的知识转移进行学习：如简单的装配 |
| 层级 | 高 | 低 | 低 | 模仿/管理人员与技术工人的流动/外国领先者或所有者举行的培训/知识外溢 |

资料来源：Pietrobelli and Rabellotti，2008

在市场型治理模式中，只有已经具备基本供应能力的企业才会成为全球价值链领导企业的供应者。领导企业主要向其提供产品、工艺、技术以及标准等市场需求信息，发展中国家中小企业通过知识外溢、模仿等学习机制获得满足链上领导企业需要的知识。实证研究也发现，与小规模的客户打交道会比与大客户更容易实现职能升级（Schmitz，2004），因为不同的客户使企业投资内容产生差异，投资设计、产品和销售的差异会为企业带来不同的技术能力。

在模块型治理模式中，供应商需要学习如何按照特定技术标准进行生产，因此标准的要求是产生学习的重要途径。领导企业会施加压力以使它们的供应商不断创新并紧跟技术的发展，但领导企业不会直接卷入供应商的学习过程，而只是扮演关键的外部刺激角色，激励供应商不断学习与创新，因此领导企业是供应商学习的推动者和最终结果的裁判员。而模块型治理模式中的供应商需要大量投资于专有设备，构建特殊的生产能力，并需要持续的改进，学习中也几乎没有得到领导企业的支持。例如，通用汽车和大众汽车在巴西的供应商需要提高生产质量标准，并要达到 ISO 9000 的要求，但当地供应商获得它们的帮助很少，主要的技术支持来自咨询公司或者认证机构（Quadros，2004）。在阿根廷和墨西哥的汽车产业亦是如此（Albornoz et al.，2002）。

而在关系型治理模式中，所转移的知识和信息更复杂和默会，因此链上企业之间的关系更紧密，这也就意味着企业之间经常发生面对面的接触和相互学习，企业之间的能力具有更高的互补性。发展中国家企业可以通过与领导企业的互动来增强生产能力和模仿创新能力，但学习则需要更多的沉没成本和时间，也增加了企业的转化成本。Gereffi（1999）将东亚地区的服装企业升级的原因归于"全能型（full package）"生产，这些企业在关系型治理模式中通过对设计的理解、制样、产品质量管理、满足消费者低成本和及时性的要求等，成功地学习到如何增强国际竞争力并运用于国内市场，获得了升级所需的能力。中国台湾地区计算机产业也实现了从代工到发展出自有品牌的功能升级（Kishimoto, 2004），Guerrieri 和 Pietrobelli（2006）将其升级原因主要归于跨国公司主要向当地供应商提供设计图，并通过开展个人间合作实现了默会知识的转移。但是，在制造中获得的相关工艺方法和专门知识在其他国家的自主设计、自有品牌制造的生产中并不一定适用，因此，中国台湾地区的计算机公司经常加入多个全球价值链，Schmitz（2006）援引 Lee 和 Chen（2000）的观点将其称为"跨越价值链的能力的杠杆作用（the leveraging of competences across chains）"。

在俘获型治理模式中，领导企业总是积极地介入供应商的学习工程，但一般仅局限于供应商所承担的任务范围。供应商也会面临被锁定的风险，因为领导企业几乎不会支持其发展战略核心能力。供应商可以轻易地实现产品与过程升级，但很难实现功能升级（Bazan and Navas-Aleman, 2004；Schmitz, 2006）。

最后，另外一个极端的治理模式是层级制，全球价值链上的领导企业直接拥有链上其他企业的所有权，它们之间的交易就如同跨国公司的企业内交易一样，也就意味着它们之间可以利用各种机制进行学习，这在发展中国家 FDI 投资以及对管理能力转移、知识员工流动、本土工人的训练、知识外溢以及模仿等影响的研究文献中已经进行了深入探讨。

## 3.3　基于技术能力和全球价值链的企业升级战略选择

发展中国家企业通过嵌入全球价值链总是能或多或少地获得基础的技术能力、甚至是部分创新能力，但是无法从外部获得超越竞争对手的能力和更大的租金。领导企业为了维护自己的地位总是会构筑种种壁垒。因此，发展中国家企业升级的过程就是逐步突破壁垒的过程，企业只有通过制定一个建立在异质基础上的技术能力创新战略，才能逐渐在全球价值链上获得更大的权力，最终收获超过竞争对手的租金。

### 3.3.1　进入壁垒与基于全球价值链的企业升级

基于全球价值链企业升级的本质是获得以创新为核心的技术能力，具体表现在摄取更多的租金。发展中国家企业试图实现过程升级和产品升级的努力总是会得到全球价值链上领导企业的支持和帮助，但是如果试图进行职能升级时，领导企业常常会设置种种障碍，即进入壁垒，来保证和维持其基于稀缺而产生的租金。进入壁垒较高的环节能产生较高的租金，而竞争激烈的低进入壁垒环节，租金会慢慢耗散，因此租金是不可持续的。要想保持较高收益，要么是进入壁垒很高，其他企业很难进入与之相竞争，要么是进入壁垒在不断发生变化，即企业的创新和生产能力在动态发展，不断从事新的经济活动，从而在该领域形成新的进入壁垒。因此，发展中国家企业总是面临如何突破链上领导企业所设置的进入壁垒问题，职能升级等也常被描述成发展中国家企业与其所在的这些链的关系发生"决裂"时候才会发生（Schmitz and Knorringa，2000）。

### 3.3.1.1 全球价值链上各环节的进入壁垒分析

进入壁垒概念在经济学文献中有很长的研究历史。由于进入壁垒的存在，在位厂商能够免于潜在进入厂商的威胁而获得超额利润。在成熟的市场经济条件下，企业的进入壁垒可以分为市场性壁垒和管制性壁垒两类。其中，市场性壁垒在本质上是暂时性的，因为他们都会被市场力量、或者是竞争对手的技术和市场创新所修改。唯一在本质上不是暂时的进入壁垒则是由垄断卡特尔所创造的（尽管长期来看他们也是可以被突破的），或者是政府的行动，如排他的许可、补贴、关税或者规则的形式。因此，对发展中国家企业而言，只有对领导企业阻止进入的战略行为进行深入的研究，才能制定相应的竞争策略，从而逐步取得市场竞争优势。

（1）市场性壁垒分析

市场性壁垒产生于企业欲进入的产业本身的基本特性，即进入某一特定产业时遇到的市场障碍以及克服这些障碍所导致的成本提高，经典的市场性壁垒分为三种类型（Bain，1956）：规模经济、产品差异优势以及绝对成本优势。

规模经济是指在一定的区间内，随着生产经营能力扩大而出现的生产批量扩大、生产成本递减和收益递增的经济现象。对于存在规模经济性的行业而言，如果新企业要进入市场的话，会遇到规模选择与成本的两难问题，即如果以小规模生产，其成本必然较高，企业就缺乏竞争力；如果开始就按经济规模生产，初期难以获得与生产规模相适应的市场份额，开工率低会造成成本高，结果同样是难以进入市场。这种规模经济性造成的进入壁垒在不同的行业有高有低，情况不同。一般说来，规模经济越显著，行业中原有达到规模经济标准的企业具有的优势越大，新企业的进入就越困难。

产品差异优势是指因产品差别而形成的进入壁垒，即在消费者对现有企业的产品有较强偏好的产业中，试图进入市场的新企业为了吸引消费者形成对自己产品的偏好，必须支出一定的促销费用。因此，企业竞争策略、信息不对称、消费者偏好、设计和生产技术、自然禀赋（如地理位置）以及商业信誉等都可以形成产品差异，且产生差异的这些原因并不一定单独发生作用，更多地是以一种交互的形式发挥作用，但产生差异的核心是技术创新的速度和水平。原有企业凭借不断的技术创新完善产品，满足现实和潜在的需求；而新加入的企业只有通过技术创新，开发性能更好更先进的新产品，才能赢得追求消费者的偏好，突破产品差别壁垒。

绝对成本优势则可能源于以下因素：在位企业通过专利或技术秘诀控制了最新的生产工艺，或者可能控制了高质量或低成本投入物的供应渠道，或者可能控制了产品的销售渠道，或者拥有具有特殊经营能力和其他技术专长的人才，或者进入企业在筹集进入资金时可能需要支付更高的资金成本。

（2）管制性壁垒分析

管制性壁垒则是指政府为了克服市场失效或维护国家利益而对某些行业的准入进行严格控制。其主体是各级政府主管机关，它是一种政府行为，具有强制性、随机性的特征。具体形式主要有：制度壁垒，即政府通过实行项目审批制度和许可制度限制不符合投资标准或条件的新企业进入市场的行政行为；行业壁垒，即国家通过政策手段设置的一些特殊行业的壁垒，以强行阻止其他行业进入；政府壁垒，其中具有直接影响作用的要算是税负政策壁垒。

### 3.3.1.2 全球价值链各环节进入壁垒的差异性

价值链各环节的进入壁垒存在着明显的差异。综合以上各进入壁垒，可以看出，特定产品内分工所形成的全球价值链会形成各节点之间地位的不平等，并最终形成了购买者驱动和生产者驱动两种类型（Gereffi，1994；Gereffi，1999）。在生产者驱动的全球价值链中，生产的进入壁垒很高，领导企业通常是国际寡头，它们在协调生产网络（包括前向与后向联系）中居于中心地位，向前控制原材料和配件供应商，向后与分销零售密切联系。这种价值链在汽车、飞机、计算机、半导体及重型机械等资本技术密集行业中很典型；在购买者驱动的全球价值链中，生产的低进入壁垒造成高度竞争和全球分散的工厂体系，开发和销售品牌产品的公司对生产何时、何地、如何进行以及链条上每一阶段的利润分配拥有无比的控制权，这种以贸易带动的产业化在劳动密集的生活消费品产品中很常见，如服装、鞋、玩具、手工艺品及家用电器。因此，生产者驱动的全球价值链由生产环节上的大制造商控制；购买者驱动的全球价值链则掌握在链条上设计和零售端的企业。通常，在产品内分工价值链上占主导地位的企业必然会将其在价值链控制中的垄断优势反映在收益分配之中（张纪，2006）。而对于传统的微笑曲线（U形结构）、研发和营销等环节来说，生产环节的进入壁垒变动较大。随着技术水平的提高，更多的国家开始有能力以较低的成本将零部件组装或生产出更高质量的产品，导致生产环节进入壁垒降低，竞争加剧，从而整体收益下降。企业如果被锁定于这些进入壁垒较低的生产组装过程中，则只能获得较低的收益。研发环节主要是技术和资金密集型，进入壁垒较高，且由于知识产权保护，研发成果在相当长的一段时间内可以带来较高的利润。营销环节主要是品牌和营销渠道，大多是隐性知识，其竞争对手很难模仿，因此，在价值链中处于研发和营销环节的企业会分享到较高的收益。此外，价值链各环节的进入壁垒差异带来了市场结构的不同，而市场结构的差异又是收益分配不均的主要原因（江静和刘志彪，2007）。

### 3.3.1.3 基于进入壁垒的在位优势分析

在位企业由于先入而对稀缺性资源和有限需求拥有了排他性占有，通过以上各种进入壁垒获得了在位优势，并表现在三个方面（李靖华和郭耀煌，2000）（图3-6）：一是在位者对特殊资源与技术的排他性占有构成的成本方面的占先性优势，即资源占先优势；二是因产品差别化导致的顾客偏好锁定而使在位品牌拥有的需求选择方面的"先动优势"，即认知占先优势；三是在位者对市场容量的抢占性填充使潜在进入者面临较小的生存和成长空间的需求总量方面的占先性优势，即市场容量占先优势。但是从长期角度来看，这些优势都

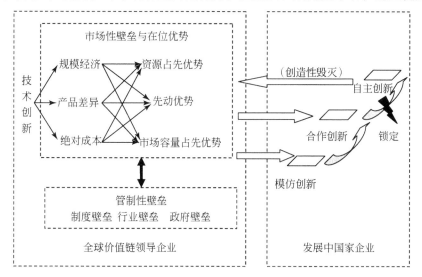

图3-6　在位优势与发展中国家企业的升级策略

是暂时的，企业可以通过技术能力的积累而展开竞争；潜在进入者可以通过研发新技术、打破壁垒，实现成功进入。因此，全球价值链上的发展中国家企业要想在激烈的市场竞争中生存和发展，突破领导企业的锁定，就必须不断地进行技术创新。只有不断地进行技术创新，发展中国家企业才能以"创造性毁灭"培养竞争优势，实现职能等形式的升级，在激烈的竞争中立于不败之地（图3-6）。

### 3.3.2 基于技术能力和全球价值链的发展中国家企业升级战略

发展中国家企业能否通过嵌入全球价值链顺利实现升级，完全取决于其采取的策略手段，只有通过技术能力积累，才能逐步越过一系列壁垒获得持久竞争优势，而那些成功跨越了最初障碍的企业将会发现它们会越来越有能力越过随后的障碍（Geroski，1991）。根据以上分析，基于技术能力和全球价值链的发展中国家企业要通过技术能力的积累实现升级，可以分别采取以下三种战略。

#### 3.3.2.1 模仿创新战略

模仿创新是指通过引进购买、反求破译或吸引投资等手段吸收和掌握率先创新的核心技术秘密，并在此基础上对率先创新进行改进和完善，进一步开发和生产富有竞争力的产品，参与竞争的一种创新模式（傅家骥，1998）。企业升级的最终目标是形成自主创新能力，但这种能力并不是一蹴而就的，往往是通过模仿、学习而慢慢积累起来的。从日本、韩国和巴西等国家的许多企业的发展历程可以看出，发展中国家企业必然要经历一个从技术引进、消化、吸收到自主创新的过程。因此，模仿创新是发展中国家企业获得必需的基本技术能力的捷径。但模仿创新并不是原样的仿制，而是要有所发展、有所改进，要沿着原有技术轨道，通过模仿实现技术跨越。

模仿创新方式主要有三种：引进模仿创新、反求模仿创新和专利模仿创新。引进模仿创新是通过"引进、消化吸收、改进"三阶段努力来实现技术的积累与跨越。引进国内或国外率先创新者的专利技术和专有技术，合法拥有该创新产品的知识产权，在掌握、消化、吸收的基础上模仿创新出新一代产品。反求工程是企业对创新产品或服务的功能、结构、因果作逆向反转、重点转移、还原分析、缺点逆用等，是企业获得核心技术或技术诀窍的重要途径之一。反求模仿创新是企业通过剖析现有率先创新产品，掌握其核心技术，研制开发出新产品。专利模仿创新则是企业通过查阅国内外专利文献，了解和掌握率先创新技术，然后再模仿创新。这种模仿创新比较适合于对企业现有产品的改进和提高。

模仿创新战略意味着企业升级所需要的技术知识源于外部。对于嵌入全球价值链的企业来说，可以通过链上领导企业的技术示范、人员流动、产业关联等途径迅速掌握领导企业的先进技术与管理经验，从而在短期内迅速实现本土企业的产品更新与技术进步。具体途径包括技术设备进口、获得技术许可、技术转让、OEM、合资企业、合作生产协议等方式，在干、用、培训、观察和模仿中对引进的先进技术进行学习。

### 3.3.2.2 合作创新战略

合作创新通常是指以合作伙伴的共同利益为基础，以资源共享或优势互补为前提，合作各方在技术创新的全过程或某些环节共同投入、共同参与、共享成果、共担风险的一种技术创新行为（范承泽等，2008）。在全球经济形势日益复杂的大趋势下，全球价值链上的领导企业为了获得更大的战略灵活性、集中资源培育核心竞争力，将会越来越多地采取外包策略，链管理的确立也就使链上企业之间的合作创新变得越来越重要。发展中国家企业承担的外包任务越多，意味着其进入了更多的全球价值链环节，获得了更多的全球价值链内资源。随着合作时间的推移、发展中国家企业自身水平的提高以及链上企业之间合作程度的不断深入，领导企业可能会与其进行技术合作，以更好地满足自己的需要。发展中国家企业可以在合作中获取对自己有用的技术知识，提高技术能力，但其必须具备一定的技术能力基础，且与链上领导企业的能力互补，否则巨大的技术势能差将会使合作创新困难重重。

合作创新战略是发展中国家企业从外部获得升级所需要的知识。其基础是链上企业之间的知识共享，是链上各节点企业通过知识流动，促进企业间的交互学习，适应调整，从而实现知识共享与知识创造，最终形成整体知识优势。全球价值链中的知识共享与合作创新强调链上企业专注于提供自身独特的知识资源，通过企业间的知识流动获取知识或通过知识有机组合创造出新知识，以提高整个链条的竞争力，实现双赢。

合作创新战略的实现有赖于全球价值链上领导企业的战略。20 世纪 80 年代以来，美国的波音、克莱斯勒、日本的丰田等著名的跨国公司都在全球范围内与其供应商进行合作创新，让供应商参到公司内部的技术创新中，逐渐形成了"供应商参与技术创新"现象。"供应商参与技术创新"是指供应商参与用户（主要指制造商）的技术改进、新产品开发和产品更新等创新活动。因此，在选择链上合作伙伴时不再仅仅限于传统供应关系中所考虑的价格、物流两方面，而是更注重于选择能够在优质产品、技术创新、产品设计、数据与信息集成化水平、质量保证等方面进行良好合作的供应商，并与之通过签订长期合同和利益共享来建立战略伙伴关系。而供应商参与链上领导企业的技术创新也成为两者战略伙伴关系的一种主要形式，这为发展中国家企业获得能力以实现升级创造了条件：通过与领导企业的合作可以实现工程技术人员的交流，工程技术人员之间的沟通和互动能够拓展其自身的技术能力，促进创新；与领导企业之间的长期合作关系使得供应商参与到领导企业持续的创新活动中，领导企业的高期望或者供应商的替代压力必然促进供应商持续不断地进行创新活动（Chung and Kim，2003）。

### 3.3.2.3　自主创新战略

基于技术能力和全球价值链的企业升级会面临一个悖论：嵌入全球价值链为发展中国家企业技术能力的积累和升级创造了机遇，但也会形成不利影响。在全球价值链分工中，发展中国家的比较优势是廉价劳动力或各种自然资源，充分发挥基于资源禀赋的比较优势参与全球经济循环才能获得发展的机会，因此，发展中国家企业只能以代工者的身份参与全球价值链中的低端制造性环节；发达国家的比较优势是技术创新能力和人力资本积累，以领导者身份占据且控制着全球价值链中的核心技术研发、品牌或销售终端等高端环节。发达国家企业作为全球价值链的主导者，会通过治理来控制参与其价值链体系的发展中国家企业的利润空间、技术赶超和价值攀升过程，使其被"俘获"或"锁定"于低附加值、低创新能力的微利化价值链低端生产制造环节，形成"低端锁定"（刘志彪和张杰，2007；卢福财，2007）。对于企业而言，大力发展自主创新能力是摆脱"锁定"的主要出路。

自主创新战略是指本土企业依靠自己的力量独立完成创新工作，具有技术突破的内生性、技术与市场开发的率先性、知识和能力支持的内在性三个特点（徐大可和陈劲，2006）。对于嵌入全球价值链的本土企业而言，自主创新不仅有助于创造拥有自主知识产权的新产品和新知识，同时也会提升企业的技术吸收能力，从而改善其合作创新与模仿创新能力，因此，自主创新能力的强弱是决定企业竞争优势和可持续发展能力的主要因素（王雷，2009）。发展中国家企业通过嵌入全球价值链可能会获得技术创新能力、市场开拓能力、对伙伴识别与培育能力以及对区域性生产网络的设计与控制能力，从而为向自主创新战略转变奠定必要的技术及物质基础；希望通过自主创新获得拥有独立知识产权的自主品牌，进而向价值链高端环节跃进，获得可持续的发展能力。自主创新战略试图通过自身的研发活动进行技术学习，知识来源和技术突破主要是企业内部。

# 3.4 需求视角下的国家价值链与多链升级策略

任何社会生产的最终目的都是为了满足某种需求，任何企业的创新动力都依赖于一定结构和规模的消费需求。需求与创新之间的关系一直是学者们讨论的焦点问题之一。其中，从早期 Schumpeter（1942）提出的创新理论为基础发展出来了创新诱导产生需求的观点，Schmookler（1966）则提出需求驱动假说，进而形成了更贴近现实的技术创新与需求互动理论（Mowery and Rosenberg，1979），也为我们探索市场需求与创新活动之间的关系提供了一个更为有益的理论框架。

在全球价值链上，领导企业掌握市场需求信息，并将之转化为生产信息传递给其他企业；而发展中国家企业会由于服从链上领导企业的治理而远离最终消费市场，从而远离根据市场需求不断创新的能力，并最终被锁定在低附加值、微利化的价值链低端环节。加入全球价值链只能帮助发展中国家企业获得升级所需的基础能力，但是很难获得能够"识别技术活动有效专业化范围，凭借经验努力扩展和提高技术能力"的技术上成熟企业（Lall，1993）所具备的创新能力。因此，发展中国家企业应以全球价值链的需求特征因素为基本逻辑起点，分析需求特征与由发达国家企业主导的、具体的全球价值链（国家价值链）之间的关系。在此权力格局下，发展中国家企业可以通过利用不同国家价值链"能力的势能差"来获得不同能力，最终实现升级。

## 3.4.1 需求视角下的国家价值链

正如 Krugman 在 1970 年就指出的那样，即使同一类产品也会有差异，出口产品要真正能跻身于世界市场，已不再仅仅依赖其生产要素禀赋的优势，而是凭借它的某些特色来满足消费者的欲望。因此，从更深入的角度来看，发达国家所主导的全球价值链分工体系得以实施的动机不仅仅在于其发挥自身所拥有的高端要素禀赋能力竞争优势，更为重要的是源自其对既包括传统产品、产业，更包括新兴产品、产业的全球新兴或已有需求市场的控制力和垄断势力的谋求（张杰和刘志彪，2007），需求特征成为每条价值链的首要特征，在所有对价值链的研究中处于高阶序位（Kaplinsky and Morris，2001）（图3-7）。因此，受各国最终消费市场的历史传统、文化、政治以及经济等因素的影响，全球价值链呈现不同的特征，在某一具体产业的全球价值链上，会由于最终产品市场的特征而存在具有不同特征的"线（filament）"，不同的细分市场所形成的"线"的管理方法也不同（Gibbon，2008）。

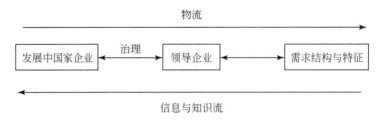

图3-7　需求视角下的全球价值链

　　市场整体需求特征及购买行为特征不仅决定了价值链上最终产品的价值，也决定了全球价值链上领导企业的治理模式（Gibbon，2008）。全球价值链治理是为满足消费市场需求而协调链上企业之间的相互作用的一种组织反映，是旨在实现价值链上一定的劳动分工，从而进行特定资源配置和收入分配的组织经济活动过程（Ponte and Gibbon，2005），通常是全球价值链上领导企业设定、其他企业执行一整套参数，包括生产什么（产品设计和规格）、如何生产（对生产过程的定义，包括所用技术、质量系统、劳工标准和环境标准等要求）、以什么价格及何时生产（生产计划和物流）等（Humphrey and Schmitz，2002）。因此，全球价值链的组织实际上是购买者期望的一种延伸，而领导企业则是那些能准确掌握购买者的需求特征并能向链上企业传递需求信息与相关知识的企业。在全球价值链上通过实物流动来实现价值增值，通过反方向的治理来组织整条全球价值链的活动，而治理中传递的编码信息和知识为嵌入全球价值链的发展中国家企业获得能力和升级提供了机遇。

　　综上所述，全球价值链形成的基础是如何满足目标市场的消费需求，其原因在于，从微观角度看，任何企业的创新动力都依赖于一定结构和规模的消费需求；从宏观角度看，市场需求空间，特别是一个处于高速增长的市场需求空间，是决定一切产品生产要素投入的价值和增值活动能否最终得以实现的关键因素（张杰和冯彩，2008）。我们可以把基于特定国家市场需求发育而成的、全球组织资源实现价值的价值链分工体系称为国家价值链（national value chain）。因此，国家价值链实际上是全球价值链中的特定。正是全球价值链上的领导企业对最终产品消费市场的牢牢控制，才使其能够成为全球价值链的组织者。而链上其他企业也会由于所加入不同细分市场所驱动的价值链而面对不同的治理环境、不同的技术能力要求。因此，识别全球价值链特征的根本是识别每条具体链的目标消费市场结构和特征，谁掌握了目标消费市场的特征，谁就会在全球价值链上掌握主导权。

### 3.4.2　国家价值链上的能力势能差与发展中国家企业升级策略

全球价值链可以看做被最终消费市场所拉动的、完整的价值创造活动的集合。最终消费市场的特征与发展阶段不同，全球价值链的治理模式就存在显著差异，而处于不同价值链中某个价值环节的发展中国家企业只有遵循该治理模式下的市场竞争规则，才能获得正面竞争效应。这就说明，发展中国家企业的升级是在不同国家价值链中发生的，不同国家价值链上领导企业的技术能力差异会形成不同的"势能差"，从而影响发展中国家企业获取升级所需技术能力的内容、方式等。因此，发展中国家企业可以通过有意识地加入不同的国家价值链来获取升级所需的各种不同技术能力。

#### 3.4.2.1　企业技术能力的势能差

势能是物理学中的概念，是由于各物体间存在相互作用而具有的、由各物体间相对位置决定的能，表明某一物质处于的一种能量储备或能级状态。势能不是属于单独物体所具有的，而是相互作用的物体所共有。判断某一物质势能的高低是与其他物质相参照的，任何物质都有由高势向低势运动的趋势。

在全球价值链上，领导企业和发展中国家企业之间的企业技术能力整体上存在差距，不同全球价值链的领导企业之间的企业技术能力也存在差异，本书借用能力势能的概念来描述企业的技术能力状况。所谓企业技术能力的势能，就是指相对于参照企业而言在某一时期或时点，某一企业所具有的技术能力能级的状态，即技术能力存量的高低。而技术能力的势能差则是指两个企业之间在某一时期或时点拥有的技术能力存量的差距。正是全球价值链上企业之间技术能力势差的存在，才使技术能力的转移、流动成为可能。但是自动的流动不会令链上企业的技术能力均质化，而只会发生"马太效应"（matthew effect），强者愈强，弱者愈弱。其原因可能有三个方面：处于高势者对技术能力流动的态度；处于低势者的吸收能力和学习态度、方法；技术能力流动的环境。

全球价值链上领导企业技术能力势能差存在的原因是企业的异质性。不同领导企业所面对的客户存在较大差异，加上企业的历史沿革、文化氛围、人力资本积累及人力资本存量、结构资本、客户关系资本、企业发展战略等的差异，使其创新能力之间存在差异，最终使得企业掌握和积淀的知识资源会有较大差异，从而表现出企业间技术能力的非均衡性。这为发展中国家企业的学习提供了机会，即可以采取"多链升级策略"，通过加入不同的全球价值链，利用不同领导企业技术能力的势能差而获得不同的技术能力，最终整合、内化为企业自己的技术能力，实现企业技术能力的提升。

### 3.4.2.2  多链升级策略与发展中国家企业技术能力的获取

巴西 Sinos 制鞋业集群中的企业是成功实施多链升级策略的典范。这些企业分别加入了三条不同市场所形成的全球价值链，由于购买者的需求差异，三条国家价值链呈现不同的治理模式，这为巴西制鞋企业创造了不同的升级机会和路径（表3-3）。美国和欧洲市场是典型的购买者驱动型国家价值链，购买者牢牢掌握了市场需求知识，并从事设计、营销以及品牌创建等功能，这会帮助链上的巴西制造企业改进工艺流程和产品，而该链上巴西制鞋企业的功能升级将会直接威胁到美、欧购买者的自身利益。因此，巴西企业通过加入该类型价值链获得的知识主要是工艺流程与产品知识，而较少了解需求特征知识等，功能升级情况很少发生。其中，欧洲购买者对巴西企业的控制较美国购买者的控制程度要低，这就为巴西企业提供了更多的学习机会，因此该链上巴西企业职能升级的机会就相对要多些。但是在拉美市场，由于购买者缺乏设计、品牌建设等领域的知识，且数量多、规模小，巴西制鞋企业多依赖于其销售功能，而设计等领域则主要依赖内部培育。因此，该国家价值链具有生产者驱动的特征，但是作为领导企业的巴西制鞋企业对链上其他企业控制程度较低，属于市场型治理。巴西制鞋企业能利用自身能力接触市场、设计并创建自主品牌。

表 3-3  国家价值链与发展中国家企业的升级

| 项　　目 | | 美国 | 欧洲 | 拉丁美洲 | 巴西国内 |
|---|---|---|---|---|---|
| 需求特征 | | 价格导向 | 质量导向 | 混合 | |
| 驱动 | | 购买者驱动 | | 难以识别 | |
| 领导企业的治理关系 | | 层级制 | 准层级制 | 市场型 | 市场型 |
| 升级方式 | 产品与工艺流程升级程度 | 高 | 高—中 | 中—高 | 中 |
| | 职能升级程度 | 低 | 低—中 | 中—高 | 高 |

资料来源：Bazan and Navas, 2004

巴西 Sinos 制鞋企业的升级研究表明，全球价值链环境下驱动、治理与升级的某种对接关系。其中，购买者驱动全球价值链的升级重心是流通领域，生产者驱动全球价值链的升级重心是生产领域（Gereffi，1999），这也就意味着，在购买者驱动全球价值链中的发展中国家企业会沿着工艺流程升级、产品升级和功能升级的轨迹演化，但产品升级和过程升级可能会比较顺利，而功能升级则可能困难重重。生产者驱动的全球价值链上发展中国家企业则会沿相反轨迹进行升级。研究也表明，在层级制治理和市场治理两个极端之间，越是接近于层级制治理，过程和产品升级则越为普遍，而功能升级的情况越少发生（Giuliani et al.，2005；Ponte and Gibbon，2005）。因此，发展中国家企业加入全球价值链的主要目的是借助出口进行学习（learn by exporting），获得升级所需要的能力。但是由于不同国家价值链上具有市场力量和领导力量的领导企业所处的环节不同，其采取的治理模式也不尽相同，发展中国家企业可以利用此特点，通过加入不同的国家价值链获得不同的学习机会和知识积累，以最终实现升级。

### 3.4.3  小结

嵌入全球价值链为发展中国家企业获得升级提供了外部知识来源，但为防止核心能力的外溢，全球价值链上领导企业也会通过专利池、知识产权体系、战略隔离和品牌强化等手段提高这些环节的进入壁垒，核心是通过阻碍发展中国家企业接触最终消费市场来阻碍其进入新的价值环节的努力。因此，对客户需求的掌控是企业优势的根本，没有客户需求的引导，创新就会成为无源之水，迟早会枯竭。但是，全球价值链理论中试图把升级模式与治理类型相联系的努力忽略了由最终消费市场差异而导致每一条国家价值链的治理模式的差异。不同国家价值链治理模式的差异使企业升级在空间上得到了拓展，发展中国家企业可以通过加入不同国家价值链，利用不同国家价值链的能力势能差来逐渐获得升级所需要的各种能力，实现对消费者需求的把握、生产体系构建、市场环境控制以及价值链关系的协调等各方面能力的提升，最终实现自主创新。

## 3.5  基于本土需求的国内价值链<br>与自主创新能力培育

发展中国家企业在升级过程中面临双重市场需求，即国内市场需求与国际市场需求。国内有效市场需求的不足使发展中国家企业培育自主创新能力受到了制约，发展中国家企业转而通过嵌入全球价值链、满足国际市场的需求来提高企业的技术能力，但总面临领导企业的锁定风险。因此，以突破国内需求因素制约为导向的策略是提升发展中国家企业创新能力的最终出路。

### 3.5.1  低端锁定与发展中国家企业升级的困境

发展中国家企业以承接 OEM 等形式嵌入相关全球价值链的低端环节是在

当今国际分工条件下发展中国家企业按照自身的条件、特点和利益最大化原则在商业模式方面所作的理性选择（吴解生，2008）。但是这些企业嵌入的只是全球价值链的低端环节，发达国家作为全球价值链的领导者会设计各种参数来控制以代工者身份参与其价值链体系的发展中国家企业的技术赶超和价值攀升过程（张杰和刘志彪，2007），并与发展中国家企业形成"俘获型"治理模式（Humphrey and Schmitz，2004），特别是在完成了工艺创新、产品创新后，继续进行功能升级或链升级的进程中发展中国家的本土企业会受到发达国家企业的严重阻击与控制，迫使其失去功能升级型的价值链攀升活动空间与发展能力，进而迫使其被锁定于低附加值、低创新能力的微利化价值链低端生产制造环节，形成"低端锁定"。所谓低端锁定，是指在全球价值网络条件下，发达国家企业利用核心能力来约束发展中国家企业的知识创造与企业能力的提升，造成发展中国家企业长期处于无核心能力的经营地位，从而迫使其在全球价值链中长期处于价值创造的低端地位（卢福财和胡平波，2008）。在这种低端锁定的作用下，跨国公司获得高额的垄断利润，发展中国家企业则只能获得较低的利润，而且随着跨国公司利用其核心能力对发展中国家企业利润不断挤压，使得利润空间变得越来越小（李美娟，2010）。因此，嵌入全球价值链有助于发展中国家完成低端的工业化进程实现经济起飞，但是在高端工业化进程中，却可能会出现被"俘获"的现象（Schmitz，2004）。

发达国家企业对发展中国家企业的低端锁定路径表现在两个方面（卢福财和胡平波，2008）：

1）发达国家企业为了获取长期的知识垄断租金，要求发展中国家企业长期付给专利、品牌使用等费用。核心能力本身更多地表现为知识的隐性特征，使知识在没有明示的条件下是很难学习的。领导企业抓住发展中国家企业知识学习能力弱的特点，把需要转移的知识尽可能物化在设备中，表现出隐性知识的输出，增加知识共享的成本，提高掌握新知识的壁垒，迫使发展中国家企业放弃对关键知识与能力的学习，并在价值分工的过程中只是强调技术与知识的引进和使用，缺乏技术与知识创新环节。其导致的结果：发展中国家企业不断地引进技术，在价值分工的升级换代中形成了对领导企业能力与知识源的依赖。因此，在价值分工过程中也就产生了全球价值链上领导企业在保持核心能力的前提下牢牢地锁定了发展中国家企业。

2）在面对发展中国家企业不断成长的条件下，发达国家企业会寻找各种理由或机会，不断地通过核心能力或知识的壁垒，来提高发展中国家企业参与全球价值分工与合作的成本，从而实现其长期收益最大化的要求。其中，技术势能差是发展中国家企业被锁定在全球价值链的"低端"的主要原因（王俊，

2008）。技术势能差可以看做全球价值链上领导企业与发展中国家企业之间在技术能力上的差异。发展中国家企业通过加入全球价值链，选择适宜的技术进行模仿继而模仿创新，进行内外部学习积累一定的知识、技术和经验，可以获得升级所需的基本技术能力，但因分工不同而导致的技术势差却是始终存在的，且领导企业也不会将与核心竞争力有关的技术转移给发展中国家企业，发展中国家企业试图通过参与全球价值链而产生的学习效应和溢出效应来提高技术能力的效果将会极为微弱，技术升级的空间也十分有限。

发展中国家企业微薄的利润也限制了技术投入和创新能力的培育，企业自主创新能力愈发不足。以芭比娃娃为例，品牌掌握在美国的美泰公司手里，由其负责产品的设计、品牌和渠道管理，生产则外包给中国、印尼、马来西亚等劳动力成本低廉的国家。美泰公司支付给中国外包工厂的劳动力成本每件约为35美分、布料成本约为65美分、转口贸易成本约为1美元。因此，一件中国制造的芭比娃娃的离岸价大致为2美元，而美国的售价约为10美元，美泰公司将在每件玩具身上赚取8美元的毛利润，没有品牌和设计能力的中国制造商能赚取的利润还不足5%。近年来，由于欧美各国颁布新的安全环保法规，对玩具的质量提出了更高的要求，加上原材料价格涨价因素，作为外包生产厂商很难提高制造价格，生存已经非常困难，他们没有能力进行研发投入、实现自主创新，只能接受外包订单模仿，学习成熟产品的制造工艺，进行低水平的重复生产。

发展中国家企业只有通过一系列的创新活动，才能提高产品或服务的附加值，从而不断地提升企业技术能力，并最终拥有核心能力，突破低端锁定。但现有研究也证明，由于市场、资金、能力以及心智模式等障碍，依靠嵌入全球价值链很难突破低端锁定（卢福财和胡平波，2008）。因此，发展中国家企业由于"路径依赖"而继续通过全球价值链来获得自主创新能力则会困难重重，此时，发展中国家企业应该通过升级本土市场需求，构建基于本土市场需求的价值链来成为领导企业、实现企业升级。在产业的国家竞争优势中，母国市场的客户形态具有关键性的意义（Porter，1990），基于国内本土市场需求导向的国内价值链构建可能是发展中国家企业实现高端升级且最终取得产业国际竞争优势的必经之路（Schmitz，2004；刘志彪和张杰，2007）。

## 3.5.2　经济发展、国内市场需求升级与企业升级

按照西方新产业组织理论的观点，关于技术创新活动的动因研究存在三种观点。一是 Rosenberg 和 Dosi 等提出的"供给推动"说，认为创新活动和新产

业兴起是由科学知识的发现、技术机会的分布、研发机构的效率、投资的机会成本等供给层面因素所决定的。二是 Schmookler 提出的"需求驱动"说，认为技术创新是一种追求利润的经济行为，需求导向、需求规模与赢利能力的变化是促进微观企业研发投入和创新活动的最有效的内在激励机制。Lee 的研究表明应用研究的技术交流、产品类的技术交流和发达国家之间的技术交流在很大程度上依赖于市场需求。三是在综合前述两类观点基础上的"双因素"说，Mowery 和 Rosenberg 指出供给和需求都是创新成功的重要因素，技术和市场是创新成功的决定性力量，科技推动与需求拉动既相对独立又相互补充，只是在不同产业中以及创新不同阶段上，二者的重要性可能会有所区别。Lee 和 Chansoo 认为市场风险的规避需要技术推动型和市场拉动型创新之间的合作，创新成功需要技术推动和需求拉动的共同作用（孙晓华和李传杰，2010）。

因此，需求规模和需求结构是企业创新能力提升的关键因素，需求条件是产业竞争优势的关键要素之一，是企业发展的动力，它会刺激企业改进和创新（Porter，1990），其重要性体现在三个方面：一是市场的性质，如客户的需求形态；二是市场的大小与成长速度；三是从一国国内市场需求转化为国际市场需求的能力。从竞争优势的观点来看，一国市场的质量绝对比市场需求量更重要。一国市场的影响力主要是通过客户需求的形态和特征来施展，这种市场特征会影响企业认知、解读并回应客户的需求。形成竞争优势的市场需求应该具备一定的需求结构，即市场需求呈现多样细分，这样才能调整企业的注意方向和优先发展顺序。挑剔而内行的客户是企业追求高质量、完美的产品设计和精致服务的压力来源；超前的需求也会协助企业掌握新产品的信息与走向，而这将会刺激企业的产品不断升级、增长以面对新形态产业环节的竞争压力。

需求视角为我们分析全球价值链下的升级问题提供了较好的研究基础。企业创新活动的最终目的是满足市场需求，而市场需求结构和规模是决定该国、该地区企业创新动机决策的最根本因素（Foellmi and Zweimuller，2006）。但是发展中国家在经济发展早期的国内需求结构层次较低、规模较小，这使企业创新活动动力不足。发展中国家企业加入全球价值链，可以间接面对高层次结构的市场需求刺激，同时，也有机会获得不同层级的能力，有利于发展中国家企业的内生技术能力积累和最终的企业升级（包玉泽等，2009）。因此，各国经济发展阶段不同会导致各国需求结构的转换，这为发展中国家企业升级创造了机会。

一个国家在持续的经济增长过程中，会经历生产要素驱动、投资驱动和创新驱动等依次递进的阶段（Porter，1990），各个阶段的需求结构不同，国际竞争优势不同，在全球分工和全球价值链上的地位和影响力也不同（表3-4）。

需求的发展会促使产业朝专业化、高级化的方向发展。但是在生产要素驱动阶段，国内市场需求有限，甚至是根本不存在的，只有到创新驱动阶段，才会培育起一定结构和数量的国内市场需求来支撑企业的发展。因此，发展中国家企业在该国经济发展前期只有通过参与国际市场的竞争来提升企业竞争力，但此阶段很少能与最终顾客直接接触，海外市场的贸易机会被外国代理商所控制。而在投资驱动阶段，发展中国家随着经济的发展、国民收入水平的提高，国内需求结构和规模开始提升，但整体上仍处于比较简单的阶段，企业仍主要参与国际市场竞争，已经开始尝试建立自己的国际营销渠道，试图与产品使用者进行直接接触。而在进入创新驱动阶段后，其国内需求开始国际化，企业具备了自主创新能力，并建立了自己的国际营销和服务网络，实现了企业升级。

表 3-4　不同经济发展阶段的国内市场需求特征、竞争优势与升级

| 项　　目 | 生产要素驱动阶段 | 投资驱动阶段 | 创新驱动阶段 |
| --- | --- | --- | --- |
| 国内需求 | 有限，甚至不存在 | 有，但简单 | 具有一定结构和数量的国内需求 |
| 与国际市场的联系 | 很少能与最终顾客直接接触 | 开始建立国际营销渠道，尝试与产品使用者直接接触 | 有自己的国际营销和服务网络，品牌国际化 |
| 竞争优势来源 | 基本生产要素 | 基本生产要素和投资意愿 | 全球配置资源，产业集群 |
| 竞争手段 | 价格（生产成本） | 价格（生产成本） | 先进技术表现出来的生产率 |
| 技术能力来源 | 模仿、外商投资企业的引进 | 购买专利、合资等途径，但技术能力仍然落后于国际领先企业 | 自主创新 |
| 创新能力 | 无 | 吸收国外技术的基础上具有改良能力 | 具有创新能力 |
| 全球价值链上的地位 | 服从治理 | 实现升级 | 链上领导企业 |

资料来源：Porter, 1990

　　需要强调的是，发展中国家的国内市场需求在发展初期不能为该国企业提高国际竞争力提供足够的支持，发展中国家企业主要依赖于基本生产要素优势，通过融入全球经济、面对更高层次的国际市场需求来实现升级。需要注意的是，这三个发展阶段并非是连续的，而是存在明显的级差关系的（刘林青和谭力文，2006），也并不必然从一个发展阶段演进至下一个发展阶段，企业也不会自动实现升级。发展中国家企业可以服从全球价值链分工、在全球价值

链的某个特定环节上深化该功能的专业化，但最终将会面临激烈竞争并被卷入到"寻底竞争（race to the bottom）"之中；也可以通过参加全球价值链而不断学习、逐步培育创新能力，企业则步入一个良性循环（Kaplinsky and Morris，2001）。前者最终将会使企业"降级（downgrading）"（Gibbon，2008），而后者则会促使企业实现"升级"，二者之间的差异就在于创新能力的获取（Kaplinsky and Morris，2001）。因此，发展中国家企业如何提高在全球价值链上利用新机会的特殊能力，及时抓住稍纵即逝的升级机会就成为关键。

### 3.5.3　基于国内价值链的企业自主创新能力培育与企业升级

根据以上分析可见，嵌入全球价值链之初，发展中国家处于生产要素导向和投资导向发展阶段，发展中国家企业遵循的是比较优势原则，依赖初级生产要素优势融入国际经济，可以通过出口向全球价值链上领导企业学习，获得升级所需要的能力。但是，更多的研究注意到了实践中沿着这条路线最终进行职能升级的困难性，特别是当产业处于创新发展阶段，其依赖基本生产要素而形成竞争优势的情形越来越少，获得高级要素并保持创新能力成为关键。但是，越是高级的要素，越是难以获得而越发稀缺，也越难以被模仿，形成的进入壁垒也越高，经济租金也越丰厚。发展中国家企业很难通过加入全球价值链的学习获得，只有通过自主创新战略来获得持续竞争优势。正如 Schmitz 和 Knorringa（2000）指出的那样，服装业的全球价值链上的领导企业经常试图设置障碍、防止它们的供应商进行职能升级。然而，领导企业会鼓励并积极帮助链上其他企业进行过程升级或者产品升级。发展中国家企业加入全球价值链会存在"玻璃天花板"，也会带来被锁定的风险，在全球价值链上处于不利地位。因此，除了通过"出口进行学习"外，发展中国家企业也可以通过其他途径学习获得，其中，国内市场的作用就往往被发展中国家所忽视（Bazan and Navas-Alemán，2004）。

国内价值链（domestic value chain，DVC）是基于国内市场需求发育而成的、在全国范围内为实现商品或服务价值而连接生产、销售、回收处理等过程的跨企业网络组织，涉及从原料采集和运输至半成品和成品的生产和分销直至最终消费和回收处理。Porter（1990）注意到，当经济发展要进入创新导向阶段时，国内市场的需求条件与高级生产要素等的交互作用效应最强。与全球价值链相比，国内价值链的各个环节的空间布局尽管没有超越国家界限，但其试图利用高速增长的本土市场需求来培育高级生产要素条件，不断构建、培育和更新战略能力，以应对多变的商业环境和技术环境。与通过加入全球价值链的企业学习途径不同，以国内价值链为基础的企业直接接触市场需求，其升级是通过探索来学习（Nelson and Winter，1982；Sahal，1982；Dosi，1982）、通过创新和研究开发来学习（Hobday，1995）等，其升级所需的知识来源于内部，因此，企业有可能实现工艺、产品以及功能等各种形式的升级（张杰和刘志彪，2009）。

但需要注意的是，实现基于国内价值链的企业升级包含以下前提假设：第一，需求结构的变化是企业或产业变化的根本的、最终的动因，即一国地区收入分配结构所蕴涵的中高收入阶层的需求规模和意愿支付能力，是决定该国地区企业创新动机决策的最根本因素，进而也就从宏观层面成为一国地区技术创新能力发展的决定性因素（Foellmi and Zweimuller，2006）；第二，国内相关支持性产业逐渐成熟并对国内价值链的形成提供支持，且一旦国内出现产业垂直深化的现象，即代表这个国家的经济已具备基本的创新能力（Porter，1990）；第三，在国内价值链上还没有形成具有一定的市场力量和领导力量、对价值链进行治理的领导企业，链上企业之间是以自由市场交易为基础的关系；第四，国内市场处于封闭状态，或者国外具有竞争优势的企业尚未进入国内市场，或者是存在被国外领导企业所忽略的细分市场，都为企业通过满足国内市场需求实现升级创造了机会。

因此，发展中国家要积极培养国内市场，为本国企业培育自主创新能力扩展市场空间：一是从规模上扩大国内市场的有效需求；二是从需求结构上促进消费需求的升级，逐步形成低、中、高层次合理的市场需求结构空间，形成一个能够支撑国内企业自主创新和产业升级的有效高端需求市场。发展中国家企业只有在与跨国公司的市场竞争中不断学习与成长的同时，才能大力开拓国内市场或其他发展中国家的市场，才有机会培育出自主创新能力，实现持久的竞争优势。

# 本 章 小 结

分析全球价值链上的权力关系、租金以及治理的目的是对发展中国家企业的升级提出策略建议。因此，本章是本书理论分析部分的出发点，也是理论分析部分的落脚点。

本章首先对当前流行的全球价值链背景下升级的概念、方式及路径进行了分析，指出其内涵中的矛盾之处、升级方式与路径缺乏合理的逻辑解释，进而认为企业技术能力研究为升级的分析提供了可以借鉴的视角。根据发展中国家企业技术能力演化的轨迹，研究了通过嵌入全球价值链实现知识转移的过程，厘清了全球价值链背景下发展中国家企业升级的机制。

由于本书研究的企业升级是在全球价值链背景下发生的，所以治理与升级的关系是核心内容之一，也是本章第二部分研究的内容。研究首先指出当前在治理与升级之间建立的对接关系的盲目性，进而从知识转移的角度探讨了治理与升级的关系以及不同治理模式下的学习机制，表明发展中国家企业在不同的发展阶段要求不同的外部权力关系。

在以上研究的基础上，本章最后指出了发展中国家企业升级的可能策略。升级意味着要打破在位企业的壁垒，因此在分析市场壁垒的基础上提出了三种升级策略，这三种策略也体现了企业不同发展阶段的战略选择。在具体策略上，本章从需求角度出发，分析了如何加入不同价值链、如何利用不同国家价值链之间"企业技术能力的势能差"来获得不同的能力，但只有基于国内需求的升级才能真正实现企业培育自主创新能力的目标，最终获得长期竞争优势。这些思想、理论和方法将成为本书后续部分对中国蔬菜问题进行分析的基础。

# 第 4 章
# 蔬菜产业发展状况分析

随着世界经济日益全球化，世界各国日益趋于按照比较优势的原则参与国际分工。发展中国家逐渐意识到，参与国际分工至少是发展中国家实现产业升级的一种必要条件，是经济发展的一个机会。中国蔬菜产业的快速发展就是基于资源禀赋的比较优势规律作用的反映。蔬菜生产由于其劳动密集型特征，在工效低、劳动力短缺的国家出现了日渐弱化的趋势，这为自然资源适宜、劳动力丰富的中国提供了巨大的机遇。蔬菜产业已经成为中国农业和农村经济发展的支柱产业，不仅在实现农村经济增长方式的转变、推进农业结构调整的重大战略部署中发挥了重要的作用，也在平衡中国农产品国际贸易方面扮演了重要的角色。然而，理论与事实早已证明，具有比较优势的产品不会自然和必然成为具有竞争优势的产品。比较优势强调要素优势在产业定位中的作用，主要关注的是生产能力，其主要目标是提高企业的生产效率，而竞争优势则是研究组织如何在竞争中获胜（Giuliani et al.，2005；李辉文，2006）。竞争优势的基础是比较优势，升级就是要从比较优势转化为竞争优势（Giuliani et al.，2005），最终实现从事更高收益的活动，长期获得战略性租金。

因此，中国蔬菜产业较强的比较优势并不等于中国蔬菜产品在国际市场上具有竞争优势，特别是中国蔬菜生产与贸易整体上还处于从传统农业向现代农业过渡的阶段，存在着生产技术落后、产品质量安全水平不高、采后处理与加工落后、农民组织化程度低等突出问题。近年来在国外频遭进口国技术壁垒的现实也都说明，如何把比较优势转化为竞争优势、提高中国蔬菜产业的国际竞争力、实现产业升级是中国蔬菜产业发展中的紧迫问题。

因此，在前面理论分析的基础上，从本章开始将在分析中国蔬菜业发展现状的基础上，讨论如何通过嵌入全球价值链实现升级。本章将重点讨论三个问题：一是世界蔬菜生产概况和贸易的基本特征，并指出蔬菜全球价值链的基本形态；二是中国蔬菜业发展现状及存在问题的分析；三是中国蔬菜出口贸易概况分析及存在的主要问题，为后面的实证研究打下基础。

# 4.1 世界蔬菜生产与贸易特征

## 4.1.1 世界蔬菜的起源中心

可以作为蔬菜供人食用的植物多种多样，它们都是人类对野生植物长期栽培与选择的结果。现有的包括蔬菜在内的各种栽培作物虽然都是由野生物种演化而来，但是都与野生种类有很大的不同。近百年来，对栽培植物的起源有很多论述。随着植物分类学和遗传学的发展，人们通过大规模调查、考察以及搜集整理，逐步对现有栽培植物的起源有了明确的认识。综合原苏联科学家 Vavilov 的"基因中心学说"和其他研究者的观点，可把蔬菜起源的中心划分为 12 个（表 4-1）。它们通常都是位于热带、亚热带以及温带地区的南端，其气候条件明显有利于作物的演化、存活。

表 4-1 世界蔬菜起源中心

| 中心名称 | 范 围 | 主要起源蔬菜 |
|---|---|---|
| 中国中心 | 中国中部、西南部平原及山岳地带，世界作物最大、最古老的中心之一 | 大豆、竹笋、山药、草石蚕、东亚大型萝卜、牛蒡、荸荠、莲藕、茭白、蒲菜、慈姑、菱、芋、百合、白菜类、芥蓝、芥菜类、黄花菜、苋菜、韭、葱、薤、莴笋、茼蒿、食用菊花、紫苏等 |
| 印度-缅甸中心 | 除印度西北部以外的阿萨姆、旁遮普以及印度的大部分和缅甸 | 茄子、黄瓜、苦瓜、葫芦、有棱丝瓜、蛇瓜、芋、田薯、印度茴苣、红落葵、苋菜、豆薯、胡卢巴、长角萝卜、莳萝、木豆和双花扁豆等 |
| 印度-马来西亚中心 | 包括中南半岛、马来半岛、爪哇、加里曼丹、苏门答腊及菲律宾等地，是印度中心的补充 | 姜、冬瓜、黄秋葵、田薯、五叶薯、印度藜豆、巨竹笋等 |
| 中央亚细亚中心 | 包括印度西北旁遮普和西北边界、克什米尔、阿富汗、塔吉克和乌兹别克，以及天山西部等地 | 甜瓜、胡萝卜、芫荽、阿纳托利亚甘蓝、莴苣、韭葱、马齿苋、蛇甜瓜和阿纳托利亚黄瓜 |
| 近东中心 | 包括小亚细亚内陆、外高加索、伊朗等古代波斯国的地方 | 豌豆、蚕豆、甜瓜、菜瓜、油菜、胡萝卜、洋葱、韭葱、莴苣等 |

| 中心名称 | 范　围 | 主要起源蔬菜 |
|---|---|---|
| 地中海中心 | 包括欧洲和非洲北部的地中海沿岸地带，它与中国中心同为世界重要的蔬菜起源地 | 芸薹、甘蓝、芜菁、黑芥、白芥、芝麻菜、甜菜、香芹菜、朝鲜蓟、冬油菜、马齿苋、韭葱、细香葱、莴苣、石刁柏、芹菜、菊苣、防风、婆罗门参、菊牛蒡、莳萝、食用大黄、酸模、茴香、洋茴香和（大粒）豌豆等 |
| 阿比西尼亚中心 | 包括埃塞俄比亚和索马里等 | 豇豆、豌豆、扁豆、西瓜、葫芦、芜菁、甜瓜、胡葱、独行菜和黄秋葵等 |
| 墨西哥南部 – 中美中心 | 包括墨西哥南部和安的列斯群岛等 | 菜豆、多花菜豆、莱豆、刀豆、黑子南瓜、灰子南瓜、南瓜、佛手瓜、甘薯、大豆薯、竹芋、辣椒、树辣椒、番木瓜和樱桃番茄等 |
| 南美洲中心 | 包括秘鲁、厄瓜多尔和玻利维亚等 | 马铃薯、秘鲁番茄、树番茄、普通多心室番茄、笋瓜、浆果状辣椒、多毛辣椒、箭头芋、蕉芋等 |
| 智利中心 | 智利 | 马铃薯、智利草莓 |
| 巴西 – 巴拉圭中心 | 巴西、巴拉圭 | 木薯、落花生 |
| 北美洲中心 | 美国中北部 | 向日葵、菊芋 |

资料来源：葛晓光，1994

## 4.1.2　世界蔬菜贸易的发展

　　蔬菜主要食用部分为鲜果和叶片，含水量高，不耐储运，且其消费主要是以鲜食为主，因此，蔬菜生产主要局限于城市的近郊。运输方式的改变推动了蔬菜贸易的发展，但早期主要是在铁路可抵达的大陆地区范围内。例如，随着美国19世纪中期铁路的发展，特别是纽约、新泽西这些"花园州"铁路的发展，蔬菜能够被迅速运送到城市，农场主开始增大园艺产品的生产，新鲜蔬菜生产者从铁路中获益。但蔬菜产品由于不能储藏，为铁路业者提高运输费用提供了条件，所以美国东部农场主最早反对铁路的垄断经营。铁路向美国南部地区的延展，进一步带动了美国南部弗吉尼亚、南北卡罗来纳、佐治亚等地蔬菜农场的发展。

　　食品保藏方面的发展是推动世界蔬菜贸易的另一个重要因素。在此之前，生产者不愿意生产易坏的产品，而像土豆这些产量大、非常适于保存的产品就非常受欢迎，生产者把土豆、萝卜、胡萝卜、大白菜储存在地窖里，在收获后可以保存一段时间。而19世纪初，尼古拉斯·阿帕特响应拿破仑为法国军队保存食物的方法而提出的号召和悬赏，发明了罐头食品，蔬菜农场主开始出售一些产品给罐头工厂。冷藏的发展在罐头工业发展之后，1870年，华盛顿·波尔特成功地使用冷藏车长途运输蔬菜。此时，蔬菜种植业开始超出城市中心近郊区的范围，蔬菜农场主开始从加工的改进和大规模销售中获益。

进入20世纪，随着铁路业的进一步发展、汽车运输的广泛应用和道路建设的推进，特别是世界航运业的发展，以及20世纪30年代快速冷冻法的问世，冷冻蔬菜的质量比罐头食品更接近新鲜蔬菜的质量，这使得蔬菜可以被运往世界市场，第二次世界大战以后，冷冻食品已经随着运输业的发展脱离了奢侈品的范畴。

讨论世界范围内蔬菜贸易的发展不能不关注起步于1995年1月的WTO。WTO的前身是为维持和强化自由贸易体制，通过缔约多国间条约而成立的GATT（关贸总协定），GATT在所经历的近半个世纪的时间内，多次就消减贸易的非关税壁垒和关税减让进行了交涉，以维持和推进自由贸易体制。但是GATT不是一个国际贸易的管理机构，并没有对违约方的强有力的制裁权利，加之在农产品贸易中设了例外条款，从而导致自由贸易体制进展缓慢。使GATT的方向发生本质变化的是第8次乌拉圭回合贸易谈判。1986年9月至1995年4月，本轮谈判就取消农产品贸易的例外条款、服务贸易、知识产权保护、与贸易相关的投资措施等新领域进行了交涉，并取得了一定的成果。也就是在本轮谈判的最终阶段，将GATT更名为WTO，自由贸易体制得到了进一步加强。

总之，20世纪80年代以前的世界蔬菜贸易发展缓慢，每年贸易量维持在300万t以下。随着经济全球化、一体化的发展以及现代科学技术在生产、流通领域的广泛应用，世界蔬菜贸易日益兴旺。FAO统计数据显示，1961年世界蔬菜总产量为203 919 522t，2007年已达到819 317 625t，是1961年的4倍多。另据FAO估算，2009年世界蔬菜收获面积达到42 890 000hm²，比上年增加3.1%；蔬菜总产量12.8亿t，比上年增长4.9%。全球蔬菜生产主要分布在亚洲、欧洲和非洲，亚洲是世界最主要的生产地区。2009年亚洲蔬菜收获面积占世界总收获面积的80%；产量约占世界总产量的85%。中国、印度和越南是亚洲最主要的蔬菜生产国家。

而世界蔬菜总贸易量在1961年为2 543 869t，2007年达到29 771 398t，是1961年的11倍多。尽管近年来世界蔬菜总产量增长趋缓，但是贸易总量仍保持较高增速。联合国统计署数据显示，2008年世界蔬菜进出口贸易总量1.26亿t，进出口总额1212亿美元。其中，出口蔬菜6282万t，出口总额581亿美元；进口蔬菜6346万t，进口总额631亿美元。2008年鲜冷冻蔬菜、加工保藏蔬菜和干蔬菜出口占世界蔬菜贸易总出口额的比重分别达到59%、34%和7%。国际蔬菜贸易区域化程度不断提高，并逐渐形成东亚、北美和欧亚非三大蔬菜贸易圈。荷兰、西班牙、中国、美国、墨西哥是主要的蔬菜出口国，约占世界出口总量的55%；美国、德国、英国、法国、日本是主要的蔬菜进口国，约占世界进口总量的54%（表4-2）。

表4-2 世界蔬菜总产量及贸易量

| 年　份 | 世界蔬菜总产量/t | 环比增长率/% | 世界蔬菜及制品贸易总量/t | 环比增长率/% |
| --- | --- | --- | --- | --- |
| 1961 | 203 919 522 | — | 2 543 869 | — |
| 1971 | 240 410 954 | 17.9 | 5 682 664 | 123.4 |
| 1981 | 312 882 877 | 30.1 | 9 803 359 | 72.5 |
| 1991 | 430 512 359 | 37.6 | 14 316 305 | 46.0 |
| 2001 | 697 600 233 | 62.0 | 20 792 700 | 45.2 |
| 2007 | 819 317 625 | 17.4 | 29 771 398 | 43.2 |

资料来源：作者根据 FAO 统计数据计算。其中，蔬菜及制品包括：Veg Prod for Feed；Veg. in Tem. Preservatives；Veg. Prep. Or Pres. Frozen；Veg. Prod Fresh Or Dried；Vegetables Frozen；Vegetables Tallow；Vegetables Dehydrated；Vegetables fresh nes；Vegetables in Vinegar；Vegetables Preserved Nes；Vegetables Roots Fodder；Vegetables, canned nes；Vegetables, dried nes

## 4.1.3 世界蔬菜贸易的特征分析（刘雪等，2004）

1）蔬菜出口加工程度提高，但仍以新鲜蔬菜为主。从种类上看，世界蔬菜贸易正在发生着细微的变化，大致的趋势是加工蔬菜所占的份额呈上升趋势，而未加工蔬菜的份额略有下降。加工蔬菜贸易额的增加主要来自罐头蔬菜贸易的增加，盐渍蔬菜占蔬菜总贸易额的比重基本恒定；随着消费者健康和营养意识的增强，国际市场上新鲜蔬菜的贸易呈上升趋势，而脱水蔬菜所占的份额则有所下降。

2）参与国际蔬菜贸易的主体国家和地区呈多极化。参与世界蔬菜贸易的主体国家和地区明显增多，除了国家间自然资源禀赋、气候、生长条件的差异，蔬菜需求周年供应的增长，以及蔬菜易腐烂而不宜储存的属性等重要动因外，消费者营养和保健意识的增强、全球贸易自由化的浪潮，特别是日益改善的运输条件和蔬菜采后技术的发展等，都在不同程度上促进了世界蔬菜贸易的快速发展，同时也促使越来越多的国家加入到世界蔬菜贸易行列，有的以出口为主，有的以进口为主。

3）蔬菜贸易的区域集团化程度加强。由于蔬菜易腐烂而又不耐储存的自然属性，以及常年消费而又季节性生产的特点，近年来，在参与贸易的主体国家和地区多元化的同时，国际蔬菜贸易的区域化在全世界得到了迅猛发展，以地缘优势形成的区域自由贸易集团间蔬菜贸易程度是非常高的。

4）显著的"里昂惕夫之迷"① 现象。蔬菜产业是典型的劳动密集型产业，按照比较优势的基本思想，发展中国家资本短缺和技术落后，但具有自然资源和劳动力丰富而又便宜的优势，而发达国家则具有资本丰富以及技术先进的特点。因此，蔬菜国际贸易的基本格局应该是，发展中国应该在国际蔬菜贸易中发挥主要的作用，蔬菜出口国应该主要是发展中国家，而发达国家则是蔬菜的纯进口国。然而，世界蔬菜市场40 多年来的历史却告诉我们，蔬菜产业存在明显的"里昂惕夫之谜"。对于"里昂惕夫之谜"，经济学家有各不相同的解释。但就蔬菜产业而言，有一点已经非常明确，这就是劳动密集型产品和资本密集型产品的概念已经发生了变化。对于蔬菜产品而言，在发展中国家可以劳动密集型生产，而在发达国家可以资本密集生产，也就是说，在发达国家，蔬菜产业虽然也使用较多的劳动，但是，这些劳动是由较多的资本和较高的技术结合进行生产的，因而具有较高的劳动生产率。

5）高度发达的"产业内贸易"特征。蔬菜国际市场的基本格局还揭示了这样一个事实：世界蔬菜贸易存在对流的特征，即世界上蔬菜出口较多的国家同时也是进口较多的国家，蔬菜国际贸易已经渐渐向着要素禀赋、收入水平相近的国家间的贸易发展，而且，收入越高的国家之间，其蔬菜产业中"产业内贸易"越发达。世界蔬菜的产业内贸易指数一直在0.95 以上，这显然是非常高的。这和世界蔬菜贸易主角的发达国家关系甚大，发达国家在出口蔬菜的同时，为了满足国内周年消费以及品种的不足，还大量地从国外进口蔬菜。

① 瑞典经济学家俄林在1933 年出版的《区际贸易和国际贸易》一书中，发展了瑞典经济学家赫克歇尔的国际贸易理论，提出著名的赫 - 俄理论。其基本思想是在所有可能造成国家之间相对商品价格差异和比较优势中，各国的相对要素丰裕度即要素禀赋是国际贸易中各国具有比较优势的基本原因和决定因素，即各国在国际贸易中趋向于出口该国相对丰裕和便宜的要素密集型的商品，进口该国相对稀缺和昂贵的要素密集型商品。1951 年，美国著名经济学家里昂惕夫利用美国1947 年的数据对赫 - 俄理论进行经验检验。由于美国是世界上资本最丰裕的国家，里昂惕夫期望能得出美国出口资本密集型商品，进口劳动密集型商品的结论。为了进行这一检验，里昂惕夫利用了美国经济的投入产出表来计算美国在1947 年每一百万美元进口替代品和出口产品中的劳动和资本的数量。所谓进口替代品就是美国自己可以制造，同时从国外进口的商品（由于生产上的不完全分工），如汽车。里昂惕夫被迫使用美国进口替代品的数据，是因为美国进口的外国产品数据不全。即使这样，里昂惕夫仍能正确得出以下结论：如果赫 - 俄理论成立，尽管美国进口替代品比美国实际进口品更加资本密集（因为美国的资本比其他国家相对便宜），但其密集程度仍低于美国的出口商品。研究发现，按照比较优势理论，资本丰裕的美国应该出口资本密集型产品，进口劳动密集型产品，但事实上，却正好相反，美国进口的是资本密集型产品，出口的是劳动密集型产品。用传统理论解释不了此种现象，所以学术界将这种现象用它的发现者命名，称之为"里昂惕夫之谜"。

## 4.1.4 蔬菜全球价值链图景

蔬菜价值链由五部分构成（图4-1）：一是原材料供应，包括种子的生产与供应、工厂化育苗、农资以及土地、水等自然资源的供给；二是种植，包括

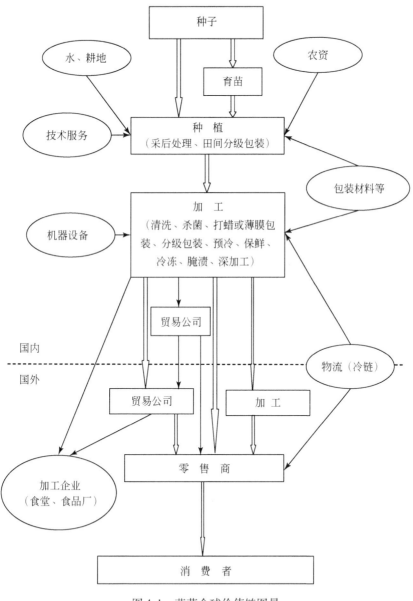

图4-1 蔬菜全球价值链图景

获得相关的技术支持以及采摘后的处理，如分级、包装等；三是加工环节，此环节由于企业生产经营的产品不同而差异较大。例如，冷冻蔬菜、保鲜蔬菜生产主要是进行清洗、分级、包装、预冷等，腌渍蔬菜生产周期则比较长，脱水蔬菜、调离加工蔬菜等的生产过程相对复杂；四是由贸易公司等形成的出口渠道；五是零售环节的销售网络。

在流通环节，保鲜蔬菜要求形成"冷链"，以保持原有外观、新鲜度和营养价值。例如，美国非常重视蔬菜采后处理的各个环节，现已实现了处理规范化、物流运输冷链化。其一般程序：采收和田间包装→预冷（有冰冷、水冷、气冷等）→清洗与杀菌→打蜡或薄膜包装→分级包装。所有蔬菜包装材料均印有蔬菜名称、等级、净重、农家姓名、地址、电话等，以保证信誉。蔬菜物流始终处于采后生理需要的低温条件，形成一条"冷链"，即田间采后预冷→冷库→冷藏车运输→批发站冷库→自选商场冷柜→消费者冰箱。由于处理及时、得当，美国蔬菜在加工运输环节中的损耗率仅为 $1\% \sim 20\%$。

蔬菜原料质量对最后的产品质量极为重要，即使技术再高超，也难以把低质量的原料加工成高质量的成品。因此，蔬菜全球价值链的中心是植物生产，但从原料的栽种直至制品还原（消费者的最终处理的过程），所有这些步骤都或多或少地影响到产品的最终质量。蔬菜价值链与辅助产业的相互依赖程度也很密切，蔬菜全球价值链及辅助产业的竞争力共同决定了蔬菜业的竞争力。

## 4.2　中国蔬菜生产

蔬菜是中国种植业中仅次于粮食的第二大农作物，是中国农业和农村经济发展的支柱产业，在保障市场供应、增加农民收入、扩大劳动就业和平衡农产品国际贸易等方面发挥了重要作用。

### 4.2.1　中国蔬菜栽培

#### 4.2.1.1　中国古代的蔬菜栽培

中华民族经历了悠久的历史，在广阔的土地上，利用多种自然资源，积累了丰富的栽培经验。中国蔬菜种类繁多，栽培技术精湛，以精耕细作著称于世。早在新石器时代，野菜就是人类采集的对象之一。根据《说文》解释："草之可食者曰蔬"，说明蔬菜最初来源于野生植物。中国已发掘的一些新石器时代遗址，如浙江余姚河姆渡遗址中出土有大量的瓠和菱角，甘肃秦安大地湾新石器时代遗址和西安半坡遗址出土有芸薹属（可能是油菜、白菜或芥菜）种子，这说明有些地区在七八千年前就已开始栽培蔬菜。

蔬菜栽培事业叫做"圃"，《论语》上记载了樊迟向孔子请学为圃；《吕氏春秋》的作者谦逊地说"吾年未老未敢为老圃"。考古学证明在出土文物中，早在三千年前的甲骨文字中已有"圃"字。《诗经》中有不少有关蔬菜的诗句，反映当时已有了专门栽培蔬菜的菜圃，使种出的瓜果早熟；在春夏两季将打谷场地耕翻后用来种菜等。中国古代蔬菜栽培重视栽培技术和环境条件的关系。《吕氏春秋》说"夫稼为之者、人也，生之者、地也，养之者、天也"，意思就是在和气象、土壤条件作斗争的前提下，一定要发挥人的主观能动性。因此，古人将作畦、播种、施肥、浇水等组成一套简单粗略的栽培技术。并在夏商时代就已经发现连作之害，提出"撂荒耕作制"，后魏贾思勰在《齐民要术》上提出了轮作换茬、间作、套种等理论和方法，如"可于麻子地间，散芜菁子。葱中亦种胡荽"，另外《齐民要术》"种瓜篇"说道："有蚁者，以牛羊骨带髓者，置瓜棵左右，待蚁附，将弃之。弃二三，则无。"用带髓骨头诱杀蚁类，开了现代诱杀法防止病虫害之先河。在《汉书补遗》的"召信臣传"上记载有"自汉世大官园以来，冬种葱韭菜茹，覆以屋庑，昼夜燃蕴火，得温气乃生"唐代又在长安临潼的天然温泉处建筑温室，利用了天然热源进行生产，这都说明中国是蔬菜保护地栽培最早的国家（蒋明川，1981）。

### 4.2.1.2　当代中国蔬菜产业的发展

中华人民共和国成立后，随着社会政治、经济体制的变革，中国蔬菜产业经历了四个发展阶段：计划生产阶段、体制转型阶段、产业化发展阶段、集中优化发展阶段（表4-3）。

（1）计划生产阶段

中华人民共和国成立后，国家十分重视蔬菜工作，早在20世纪50年代中期，就制定了"十大城市郊区农业生产，应以生产蔬菜为中心"和"就地生产、就地供应"的方针，要求大中城市和工矿区要把发展蔬菜生产、改善市场供应作为一项经常性的重要任务来抓。为了落实上述方针，国家规定每个大中城市郊区都必须根据城市居民人口和消费水平建立蔬菜生产基地。菜农必须按政府的生产计划组织生产，生产的蔬菜全部交给政府统一销售。经过发展逐步建立了稳定的郊区蔬菜基地，承担了中国商品菜生产的主要任务。

**表 4-3　中国蔬菜产业发展阶段**

| 项　目 | 计划生产阶段<br>(1949~1978 年) | 体制转型阶段<br>(1978 年~20 世纪<br>90 年代中期) | 产业化发展阶段<br>(20 世纪 90 年<br>代中期~2008 年) | 集中优化发展<br>阶段<br>(2009 年开始) |
|---|---|---|---|---|
| 生产体制 | 计划管理，统购<br>包销 | 有计划的市场调节 | 全面市场化、产业化 | 产业化深入发展 |
| 种植规模 | 小规模 | 逐步增长 | 迅速扩张 | 稳定增长 |
| 产品品种 | 单一 | 品种丰富 | 品种多样化 | 品种多样化 |
| 质量意识 | 忽视质量 | 逐步重视质量 | 质量意识开始形成 | 强调安全、营养、功能性等 |
| 流通体制 | 统购包销 | 多元流通主体逐渐形成 | 全面市场化 | 全面市场化 |
| 标准化程度 | 无 | 无 | 开始出现 | 重视标准化 |
| 区域布局 | 大中城市郊区；农民属于自给自足 | 区域集中生产逐渐形成 | 五大片区商品菜生产基地形成 | 到 2015 年初步建立 8 个蔬菜重点区域 |

（2）体制转型阶段

1978 年，中国农村经济体制改革揭开了中国蔬菜产业发展的新阶段，打破了延续 30 多年的统购包销体制。其后发展主要有四个时期：一是党的十一届三中全会开始至 1984 年的夏季，在一些大中城市进行了以农民进城卖菜、自产自销为主要形式的试点，这是改革准备阶段。二是从 1984 年夏季至 1988 年春季的"放管结合"阶段。1984 年 7 月，武汉市率先放开了蔬菜市场和价格，打破了延续 30 多年的统购包销体制，紧跟着广州、西安等城市也相继放开了市场和价格，走上了放、管结合的道路。三是从 1988~1992 年的"放管建"[①] 阶段。各地在进一步探索放、管结合具体方法的同时普遍重视并加强了蔬菜基地和批发交易市场的建设。为适应这一形势的要求，农业部在沈阳召开了第一次全国蔬菜基地建设经验交流会议，并经国务院批准在全国组织实施"菜篮子工程"。四是党的十四大之后，各地按照建立社会主义市场经济体制的要求，继续深化建立健全宏观调控体系。蔬菜生产体制改革取得了很大成功，改革给蔬菜生产注入了活力，搞活了流通，增加了供给，活跃了市场。

---

① "放"主要是放开市场，价格；"管"主要是加强计划管理和生产、销售方面的宏观调控；"建"主要是搞好基地建议和市场建设。

（3）产业化发展阶段

1995 年，第二轮"菜篮子工程"的实施推动了中国蔬菜生产结构、生产方式的进一步改善，蔬菜生产规模进一步扩大，生产技术和生产能力都有了大幅度的提高。2000 年，随着新一轮农业结构调整和以蔬菜产业为发展重点的农产品战略的确立，蔬菜生产面积和产量都有了大幅增加，蔬菜种植区逐步向生长适宜地区集中，储藏保鲜技术水平进一步发展。但这一阶段的发展仍停留在数量的扩张上，有一定的盲目性，缺乏统一规划，没有按照适地生产进行布局，导致供给地蔬菜生产方式、栽培季节和品种结构雷同，独特的气候和品种优势得不到充分发挥，产品质量差，经常出现区域性、季节性和结构性过剩，出现卖菜难、菜贱伤农现象。

（4）集中优化发展阶段

尽管中国蔬菜产业发展迅速，已成为农业和农村经济发展的支柱产业，在保障市场供应、增加农民收入、扩大劳动就业、拓展出口贸易等方面发挥了重要作用，但中国蔬菜产业发展也存在缺乏统一规划，生产布局不合理，市场供应不稳定等问题。农业部为促进蔬菜产业向优势区域集中、优化生产布局、均衡市场供应、增加农民收入和提高国际竞争力，公布并实施了《全国蔬菜重点区域发展规划（2009～2015 年)》。针对蔬菜生产季节性强、蔬菜产品新鲜易腐、储运困难的特点，根据气候、区位优势以及产业基础，农业部规划将全国蔬菜产区划分为 4 大功能区 8 大重点区域（附录一）。按照规划，到 2015年，重点区域基地县蔬菜播种面积占全国的 42%，蔬菜产量占全国的 48%，出口量和出口额占全国的 90% 以上，蔬菜生产对农民人均纯收入的贡献额超过 1200 元，产品安全质量达到无公害食品要求，产品商品化处理和精（深）加工率达到 65% 以上。规划的实施将会促使中国蔬菜生产进一步集中、竞争优势进一步加强。

## 4.2.2 中国蔬菜产业现状分析

中国蔬菜产业在 1980 年后快速发展，特别是在 1992 年国务院做出发展高产、优质、高效农业（简称"两高一优"）的战略决策后，随着农业、农村经济结构的调整，中国蔬菜产业发生了天翻地覆的变化。蔬菜生产快速发展，播种面积和常量稳步增长，品种日趋丰富，市场流通活跃，蔬菜已经成为中国种植业中仅次于粮食的第二大作物，这在中国种植业结构优化调整、农业增效、农民增收、增加就业、扩大出口创汇、满足人民生活等方面发挥了不可替代的作用。

### 4.2.2.1 生产规模稳定增长，生产布局不断优化

20 世纪 80 年代中期以来，中国蔬菜生产规模不断扩大，产量稳步增长。蔬菜播种面积在 20 世纪 80 年代年均增长近 10%，90 年代年均增长 14.5%，21 世纪前 8 年平均增长 3.5%。2009 年，全国蔬菜播种面积 2.73 亿亩，相对于 2000 年的 2.29 亿亩增长了 19.2%；总产量 6.02 亿 t，相对于 2000 年的 4.24 亿 t 增长了约 42%；人均占有量 440 多 kg。据联合国粮农组织（FAO）统计，中国蔬菜播种面积和产量分别占世界的 43%、49%，均居世界第一。

2008 年播种面积居全国前 10 位的省（自治区）是：山东、河南、广东、四川、河北、湖北、湖南、广西、安徽、福建，约占全国播种面积的 48.6%，其中，山东、河南、广东三省约占全国播种面积的 25.5%。2008 年蔬菜产量居全国前 10 位的省（自治区）是：山东、河北、河南、江苏、四川、湖北、湖南、辽宁、广东、广西，约占全国产量的 64.6%，其中，山东、河北、河南三省产量约占全国产量的 37%。中国已基本形成了华南冬春蔬菜、长江上中游冬春蔬菜、黄土高原夏秋蔬菜、云贵高原夏秋蔬菜、黄淮海与环渤海设施蔬菜、东南沿海出口蔬菜、西北内陆出口蔬菜以及东北沿边出口蔬菜 8 大蔬菜重点生产区域。全国蔬菜大生产、大市场、大流通的格局逐渐形成，并基本实现了周年均衡供应（表 4-4）。

表 4-4  2001～2008 年全国蔬菜种植面积、产量

| 年　份 | 种植面积 | | 总产量 | | 单　产 | |
|---|---|---|---|---|---|---|
| | 面积/×10³hm² | 增长率/% | 产量/×10⁴t | 增长率/% | 产量/（kg/hm²） | 增长率/% |
| 2001 | 16 402.5 | — | 48 422.4 | — | 29 521 | — |
| 2002 | 17 352.9 | 5.79 | 52 860.6 | 9.17 | 30 462 | 3.19 |
| 2003 | 17 963.7 | 3.52 | 54 032.3 | 2.22 | 30 095 | −1.20 |
| 2004 | 17 560.4 | −2.25 | 55 064.7 | 1.91 | 31 357 | 4.19 |
| 2005 | 17 720.7 | 0.91 | 56 451.5 | 2.52 | 31 856 | 1.59 |
| 2006 | 16 639.1 | −6.10 | 53 953.1 | −4.43 | 32 425 | 1.79 |
| 2007 | 17 328.6 | 4.14 | 56 452.0 | 4.63 | 32 577 | 0.47 |
| 2008 | 17 875.9 | 3.16 | 59 240.3 | 4.94 | 33 140 | 1.73 |

资料来源：作者根据《新中国农业 60 年统计资料》整理、计算所得

### 4.2.2.2 产业效益明显，产业地位不断提升

蔬菜生产具有较高的经济效益。据预测，2009 年全国蔬菜（含西甜瓜）

总产值约 8800 亿元，同比增长 10%；对农民人均纯收入贡献 800 元，同比增加 50 多元。从亩产值、净利润和成本利润率等指标上的对比来看，2008 年，蔬菜亩产值为 4097.77 元，每亩净利润为 1881.69 元；蔬菜生产的成本利润率为 84.91%。蔬菜亩产值为粮食的 5.5 倍，棉花的 3.9 倍，油料的 5 倍；成本利润率为粮食的 2.6 倍，油料的 1.6 倍，蔬菜种植的经济效益明显优于粮、棉、油的经济效益。

### 4.2.2.3　蔬菜价格缓步增长，价格波动基本平稳

2001～2009 年，中国蔬菜生产价格总体上逐步提高。假设 2001 年蔬菜生产价格水平为 100，2009 年为 147.6（2008 年最高 148.35）；2001 年 CPI 指数为 100，2009 年为 119.3（2008 年最高，为 119.6）。总体来看，蔬菜生产价格变化与 CPI 变化一致，但蔬菜生产价格增长幅度除 2002 年外均大于 CPI 增长幅度。从集市价格看，主要蔬菜品种价格也呈上涨之势。例如，2001～2009 年大白菜、黄瓜、西红柿、青椒、萝卜价格上涨幅度分别为 157.6%、164.7%、171.4%、165.1%、172.3%，价格上涨幅度高于生产价格上涨幅度，更高于 CPI 的增长幅度①。

### 4.2.2.4　蔬菜加工产业带初步形成，并继续呈现集中趋势

目前，中国蔬菜加工产业逐步向布局集中、产业集聚的方向发展。其中，速冻蔬菜加工业主要以出口为主，集中于东部及东南沿海的福建、山东、浙江、广东、江苏、上海等地，主要品种包括豆类、笋类、蘑菇、菠菜、山芋、马蹄、马铃薯、花椰菜、青花菜、甘蓝、青椒等。脱水蔬菜加工业则形成东南沿海省份及宁夏、甘肃、内蒙古等西北地区产业带。例如，青椒、红椒主要集中在内蒙古及宁夏、甘肃一带加工。蔬菜浓缩汁、蔬菜汁饮料加工产业带分布于环渤海地区（山东、河北）和西北（新疆），直饮型蔬菜汁饮料生产则形成了以北京、上海、天津、广州等大城市为主的加工基地。在中国腌制蔬菜产业中，榨菜产业主要集中在重庆、浙江、贵州；酱菜产业主要集中在大城市如北京等；山野菜如蕨菜加工主要集中在东北等省；泡菜主要集中在山东的青岛、东北的沈阳、四川的成都等地。蔬菜罐头的加工产业带主要分布在东部、东南沿海地区及西北地区，在福建、山东、云南、陕西等省份集中了蘑菇、芦笋等罐头生产，番茄酱加工主要集中在西北地区的新疆、甘肃等地；竹笋罐头以浙江、福建、江西为主产区。

---

① 　根据中价网相关数据整理所得。

#### 4.2.2.5 出口贸易逐年增长，成为平衡农产品贸易逆差的主要来源

蔬菜出口在中国农产品出口中占有重要地位。加入 WTO 以来，中国蔬菜出口持续、快速、稳定增长，并成为中国农产品出口创汇的重要品种。2000～2007 年，中国蔬菜出口量增长了 1.55 倍，年均增幅 11.6%；蔬菜出口额增长了 1.99 倍，年均增幅 14.5%。虽然受 2008 年年初国际金融危机的影响，中国蔬菜出口持续增长的势头有所放缓，但 2008 年和 2009 年中国蔬菜出口仍达到64.40 亿美元和 67.7 亿美元，分别占农产品总出口额的 15.9% 和 17.1%，仅次于水产品（106.1 亿美元和 107 亿美元），但在种植业中排名第一。在 2008 年和 2009 年中国农产品贸易逆差分别高达 181.6 亿美元和 129.6 亿美元的情况下，蔬菜出口却创造了 63.25 亿美元和 66.7 亿美元的顺差，在平衡农产品国际贸易方面发挥了重要的作用。

### 4.2.3 目前中国蔬菜产业存在的主要问题（李崇光和包玉泽，2010）

多年来，中国蔬菜产业迅速发展，产业化水平不断提高，但是，蔬菜产业在逐渐步入健康发展的道路上，也面临一些新的问题。

#### 4.2.3.1 产业规模基本满足国内需求，但产业发展内涵不足

2001～2009 年中国蔬菜总产量，基本保持平稳增长，2009 年中国蔬菜年人均占有量已达 440 多 kg，超出世界平均水平 200 多 kg。而从蔬菜需求来看，短期内国内蔬菜人均需求量变化不大，因此，现有蔬菜种植面积和产量在正常年份（无大灾）基本能够满足近期国内蔬菜需求，但蔬菜产业发展的内涵不足，表现在[①]。

（1）蔬菜生产成本呈上涨趋势，其中劳动力成本、土地成本增加明显

1998～2003 年，中国大中城市蔬菜亩均生产成本变化幅度不太明显，6 年共增长 4.3%，但 2003 年后增长迅速，2008 年亩均生产成本已高达 2216.08 元，比2003 年净增 904.92 元，增加 69%，高于同期蔬菜总产值和净收益的增长速度（同期蔬菜亩产值增长 1445.72 元，增长率为 54.5%，净利润增长 540.20 元，增长率为 40.3%）。过快的成本增长导致了蔬菜生产成本利润率的下降。

蔬菜生产成本主要由物质与服务费用、人工成本和土地成本三大部分组成。1998 年三大部分的比例为 57:39:4，到 2003 年为 58:38:4，没有多大的变

---

① 本部分数据是根据历年《全国农产品成本收益资料汇编》整理分析所得。

化，但 2004 年后变化明显，到 2008 年比例为 50∶41∶9。土地成本和人工成本有了明显的变化。2000 年以来，蔬菜种植中劳动量投入明显减少，亩均投入劳动的天数由 51.25 天减少到 2008 年的 39.06 天，减少 12.19 天，这表明菜农种植蔬菜的积极性有所下降，劳动力投入逐渐减少（人工成本比例增加的 2 个百分点主要来源于在蔬菜节本技术没有大的变化条件下劳动力工资价格上涨的推动）。

（2）蔬菜生产效益波动较大，并有下滑趋势

在 1998~2008 年，中国蔬菜种植无论是亩产值还是净利润都呈现出总体上升的态势。其中，蔬菜亩产值从 2394.78 元增长到 4097.77 元，增长 71.1%；蔬菜每亩净利润由 1137.69 元上升到 1881.69 元，增长 65.4%。但在这 11 年间，蔬菜生产效益波动很大，蔬菜成本利润率最高为 2001 年的 107.09%，最低为 2006 年的 76.50%，后者只有前者的 70.9%。从近 10 年来蔬菜生产成本利润率的变化趋势来看，蔬菜生产成本利润率总体呈现下滑趋势。

因此，蔬菜产业发展若还过于强调增加蔬菜种植面积等，将会导致蔬菜价格下跌，加剧价格波动。考虑到在 18 亿亩耕地红线下蔬菜与粮、棉、油存在争地问题，蔬菜发展应以内涵发展为主，稳定面积、提高单产、提高品质、增加效益。

### 4.2.3.2　蔬菜生产组织化程度不高，农民专业合作组织有待培育和规范①

（1）蔬菜产业的小生产问题依然存在

单个菜农蔬菜种植规模偏小的问题仍然存在，从作者所参加的国家大宗蔬菜产业技术体系产业经济研究室在全国抽样调查的 2317 户蔬菜种植户来看，蔬菜种植面积不超过 5 亩的有 1384 户，占 59.7%。小规模的蔬菜生产导致资金、技术投入不足，不利于先进技术和设施设备的推广应用，蔬菜种植方式落后，产品科技含量低，在很大程度上阻碍了蔬菜劳动生产率的提高。

（2）农民专业合作社还难以胜任小生产与大市场对接的重任

蔬菜生产合作社组织化程度不高，地区发展不均衡。近些年来，在农业部及各级地方政府主管部门的推动下，中国农民专业合作社有了很快发展，但蔬菜合作组织仍然偏少。据不完全统计，中国蔬菜合作组织成员仅占蔬菜从业人员的不足 5%。地区发展极不均衡，山东、山西、江苏、浙江等省发展较快，而西部地区省份发展较慢。

合作社实力不强，服务能力弱。合作社规模偏小，社服务多数只停留在信

---

① 本部分数据是根据作者所参加的国家大宗蔬菜产业技术体系产业经济研究室的部分调查资料整理而得。

息服务、技术咨询及蔬菜产品包装、销售方面；大多数蔬菜专业合作社缺乏物流配送能力，成为合作社发展中的突出问题；合作社带头"能人"严重缺乏，发展后劲不足。

蔬菜合作社运作不规范。调查中发现，尽管每个合作社在成立时都建立了章程，但很少有合作社根据本社实际制定具体管理制度。一些合作社的重大事务都是由核心领导成员做出，社员大会有名无实，运行机制存在问题；普通社员对合作社经营情况很少知晓，盈余返还缺乏透明性和监督；有的合作社内部企业成员实际上控制了合作社营运，损害了普通社员的利益。据调查，有89%的合作社未按照《合作社法》的规定向社员返还60%的可分配盈余。

### 4.2.3.3 采后处理率低，蔬菜损耗严重

中国蔬菜业发展不均衡，缺乏先进技术、装备和科学管理知识，小农户生产，冷链系统不完善等问题仍然制约着中国蔬菜产品的质量安全水平。据本研究小组调查表明，蔬菜的采后处理一般由蔬菜购销经营大户加工企业承担，采后处理技术简单，农户采后基本不进行处理；流通中蔬菜损耗占产量的约30%。

中国蔬菜加工企业多数规模小，缺乏具有强大竞争力的大型名牌企业或企业集团，企业竞争力弱，产品单一，经济效益不高。例如，山东省安丘市是中国出口葱、姜、蒜等产品的主要地区，其各类加工厂达几百家，规模小、实力弱，不重视或无力开展企业研发和创新能力建设，企业研发人才和研发设施缺乏，技术水平相对落后。

但目前中国也形成了一批具有较强市场竞争能力的产业集团，如新疆屯河、山东龙大等蔬菜深加工企业。在新疆番茄种植产业发展的基础上，中粮新疆屯河股份有限公司番茄酱产量已名列全国第一、世界第二。番茄加工业的发展也带动了第一产业的发展，新疆天山南北、内蒙古河套地区和甘肃部分地区的番茄种植面积迅速扩大，是全世界三大主要种植区域之一。因此，这些龙头企业的快速发展对于带动中国蔬菜加工产业的发展发挥了积极的作用。

### 4.2.3.4 价值链利益分配结构有待优化

蔬菜供应链利益分配的现状是，最大的蛋糕不在农户与中间商而在零售商手中。由于组织化程度不高，千家万户的小生产导致蔬菜种植户势单力薄，农户在出售蔬菜时往往处于不利的谈判地位。从蔬菜价值链各方利润的分配情况来看，在价值链中分配利润所占比例最低；蔬菜流通，经销商承担了联结菜农和零售商的重要职能，投入较大并承担较大的市场风险，但所获利润却比较有限。

根据 2009 年 8 月笔者及所属的研究团队对湖北利川甘蓝在长沙销售的调查，湖北利川甘蓝生产成本 0.26 元/kg，菜农利润 0.26 元/kg，占流通过程中总利润的 21.49%，包括运输和批发在内的中间环节费用为 0.58 元/kg，中间商利润 0.3 元/kg，占流通过程中总利润的 24.79%，零售环节费用 0.35 元/kg，零售商利润 0.65 元/kg，占流通过程总利润的 53.72%。据有关专家 2008 年 3 月对海南尖椒在北京销售的调查（许世卫等，2008），2008 年海南尖椒平均生产成本仅 2.028 元/kg，菜农利润仅为 0.472 元/kg，仅占流通过程中总利润的 14.72%，包括运输和批发在内的经销环节费用为 1.386 元/kg，经销商利润 1.11 元/kg，占流通过程中总利润的 34.62%，而零售环节费用 1.166 元/kg，零售商[①]利润 1.624 元/kg，占流通过程总利润的比重高达 50.66%（图 4-2）。

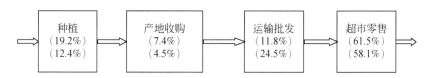

（第一行数据为各环节实现价值在总价值中的比例；第二行数据为各环节获得利润在总利润中的比例）

图 4-2　2008 年海南尖椒的价值链构成

资料来源：许世卫等，2008

### 4.2.3.5　辅助产业发展滞后，成为制约蔬菜产业发展的瓶颈

（1）部分地区绿色通道政策落实不到位，阻碍了蔬菜跨区域快速流通

中国蔬菜产业已经形成了大流通的总体格局。"绿色通道"贯穿全国 31 个省（自治区、直辖市），全面实现了省际互通，覆盖了全国所有具备一定规模的重要鲜活农产品生产基地和销售市场，为鲜活农产品跨区域长途运输提供了快速便捷的主通道。但"绿色通道"在实施中仍存在一些问题。例如，收费站点多，不当收费；"绿色通道"政策执行省内外有别；检查时间过长，车辆滞留；省际通道断续等。据 2009 年 11 月 17～18 日中央电视台记者的随车调查，在从寿光到北京的 205 国道上，司机走的都是有绿色通道标识的通道，沿途经过了 8 个收费站，其中有 6 个对菜车直接放行，然而在黄河滨州大桥、齐家务收费站却分别收取了 115 元和 85 元费用。北京大羊坊收费站，对车辆进行检查，迟迟不肯放行，耽误了近 1 个小时。国道从寿光到北京需 12 小时，比高速公路多耗时 7 小时，但有绿色通道标示的高速公路收费高达 2000 元左右，使得蔬菜运销户选择国道，而舍弃路况更好、更快捷的高速公路。我们在

---

① 此处指传统农贸市场上的零售商。

调查过程中也发现许多蔬菜经销商和运输户反映类似问题。

（2）传统物流手段落后，现代冷链物流尚未确立

出于成本节约和方便快捷的考虑，中国蔬菜异地转运多为采摘后直接堆码、散装，且采用常温车运输。针对蔬菜高温天气易腐的特点，许多蔬菜贩运商利用"冰块＋被褥"这种成本低廉且简便易行的方式来保鲜蔬菜，但这种原始的冷藏方法无法有效地控制蔬菜储藏中的温度，蔬菜运输过程中的损耗大。在现有物流条件下，一般蔬菜损耗率在20%～30%左右，而美国和澳大利亚的农产品运输普遍采用冷链运输，即在蔬菜采摘后通过冷库预冷，运用低温冷藏车运输，既能保持蔬菜新鲜、品质不变，同时也能降低蔬菜损耗，其损耗率一般在5%以下。

（3）蔬菜物流成本较高

蔬菜属于低附加值的初级农产品，由于其本身价值较低，对运费的承受力有限，但中国蔬菜物流成本一直居高不下。通过对蔬菜运输司机的调查统计，以常见的35t运输车辆为例，千公里的跨区域蔬菜贩运，平均每吨的运销总成本为249元；其中，运输费118元、预冷费62元、分拣包装费40元、装卸车费29元；折算下来，每千克蔬菜的运销成本达0.25元，即到目的地，每千克蔬菜的成本价会上涨0.25元。每千克蔬菜运销所需燃油费用为0.12元，当油价上涨时，蔬菜运输成本会进一步上升。①

#### 4.2.3.6　蔬菜基础设施建设薄弱，对蔬菜产业的宏观指导和调控能力有待加强

（1）蔬菜产业信息建设薄弱

蔬菜品种多、茬口多、种植地域范围广，与粮、棉、油等大宗农产品相比，数据资料采集困难，加上缺乏专门的机构采集蔬菜产业经济的相关信息，导致中国缺乏系统、及时和准确的蔬菜产业数据与信息；蔬菜数据由于统计口径不同和其他各种人为或非人为原因而相互矛盾。数据不系统、不及时、不真实问题严重影响政府主管部门对蔬菜产业发展做出科学指导和调控，同时也影响蔬菜生产者和经营者的经营决策，加强蔬菜产业信息建设已刻不容缓。

（2）各种灾害频繁发生，蔬菜基础设施建设和技术装备有待提高

经过多年的建设，中国蔬菜产区的基础设施建设和技术装备已有明显改善，但仍有一些地区基础设施建设比较薄弱、排灌设施不健全、材质良莠不齐，极易受自然灾害影响。春季长江中下游、黄淮海等区域的持续低温阴雨，

---

① 本部分数据是根据作者所参加的国家大宗蔬菜产业技术体系产业经济研究室的部分调查资料整理而得。

夏季南方部分省份的大雨洪灾以及冬季北方地区和长江流域的雨雪冰冻灾害时常给中国蔬菜生产造成严重的损失。例如 2009 年 2~3 月，长江流域持续 20 多天的阴雨天气使蔬菜受涝受渍，低温冻害严重影响了蔬菜生长。2009 年 11 月，北方地区暴雪天气给蔬菜生产造成较大影响，尤以河北、河南、山东、山西、陕西为重。5 省露地蔬菜受灾 300 万亩，减产三成，损毁温室大棚 60 万亩，大棚蔬菜减产一半左右，造成全国 36 个大中城市蔬菜价格普遍上涨。批发价上涨超过 25%，直接推高了 11 月份的全国 CPI 指数。

最近几年，烟粉虱、根结线虫、番茄黄化曲叶病等蔬菜病虫害发生面积越来越大，危害越来越重，严重威胁蔬菜产业的可持续发展。2006~2009 年，番茄黄化曲叶病已在中国 13 个省市流行，且在番茄主产区有逐年加重的趋势。2009 年，仅山东发生的面积就达到 15 万亩，比去年增加 20% 以上，其中，绝收面积 10 多万亩，占发生面积的 70% 以上，经济损失 30 多亿元。此外，河北高邑、河南开封、江苏徐州等地受害面积也超过 10 万亩。

（3）蔬菜产品质量安全监测体系有待进一步强化

蔬菜产品质量不稳定，农药残留问题依然严重。近年来，随着各级管理部门对农产品质量安全的重视，特别是《农产品质量安全法》和《食品安全法》的相继实施，中国蔬菜质量安全水平在不断提升，2009 年，中国蔬菜农药残留的合格率达到 96.4%。但各地出现的一些蔬菜质量安全问题，尤其是 2010 年年初发生的海南豇豆农药超标事件，表明蔬菜质量安全问题严重影响中国蔬菜产业的健康发展。继武汉率先披露海南豇豆农药残留超标之后，合肥、广州、南京、深圳、杭州等多个城市也先后检测出来"有毒"豇豆。海南豇豆种植面积约为 20 万亩，主要集中在海口、三亚、陵水、东方、乐东、澄迈六市县。全国各地围堵海南"毒豇豆"，给海南豇豆生产造成了严重影响。以陵水县为例，2010 年 2 月"有毒"豇豆事件爆发后，陵水豇豆收购价已从最高时的每斤 3 元多降至每斤 0.4 元，降幅超过 85%。

在国际市场上，一些发达国家对包括蔬菜在内的农产品进口设置了严格的技术性贸易壁垒，添加剂、微生物和辐照等问题已经被提上议事日程。蔬菜食品质量安全已对中国蔬菜出口造成较大影响。据统计，2009 年 1~10 月，中国出口到日本、美国和欧盟三大主要市场的蔬菜在出口检疫中因违规被通报或扣留的蔬菜及制品分别达到 76 批次、73 批次和 9 批次，主要原因是农药残留超标、重金属含量超标、使用被禁止的色素、标签不规范以及含有腐烂物质等。

### 4.2.3.7 三个市场、三种生产模式增加了产业发展的难度

中国蔬菜生产中存在三种市场（表 4-5）：一是传统市场，主要是传统的

农贸市场等，其生产量仍占绝大多数份额；二是现代城市市场；三是高标准的国外市场。三种市场各具特点，其生产模式各异，需要分别进行管理。但是，除了出口型的生产受到严格监控、生产能够满足市场需求外，现实中其他两个市场尽管生产组织存在差异、消费者需求存在较大差异，但其产品实际上是可以相互流通的，这就造成消费者的不满意，也增加了管理的难度，对产业发展造成了负面影响。

表4-5 三种生产和市场类型的特点

| 项　目 | 传统地方型 | 现代城市型 | 出口型 |
|---|---|---|---|
| 食品安全意识、对食品安全要求的遵循 | 低 | 有所显现 | 高 |
| 价值链组织 | 分散、受供应拉动 | 加工企业和零售商努力控制 | 受需求拉动，由出口商管理 |
| 价格、附加值、标准化 | 低 | 正在提高 | 高 |
| 小规模生产者的参与 | 不受限制 | 生产者组织尚不发达，小规模生产者的参与受到限制 | 几乎排除在外，需要各种生产者组织 |
| 竞争力基础 | 低成本 | 充足的数量、稳定性 | 质量、数量、灵活性和创新 |
| 买卖双方之间的信任关系 | 不太重要 | 开始发挥作用 | 决定性因素 |

# 4.3　中国蔬菜产业出口贸易概况①

长期以来，蔬菜一直是中国农产品出口创汇的重要品种，无论从数量还是金额来看，中国的蔬菜出口均远远大于进口。目前，中国已是世界上最大的蔬菜出口国，蔬菜出口在中国农产品出口中占有重要地位。

## 4.3.1　中国蔬菜进出口贸易的现状

### 4.3.1.1　蔬菜进出口贸易的总体情况

从出口数量来看，2008 年，中国蔬菜总产量高达 5.92 亿 t，其中蔬菜出口

---

① 本节研究中的出口蔬菜指的是中国海关统计中 HS 代码为 0701—0712、0714、09101000、09102000、09103000、2001-2005、20095000、20098020、20099090 的商品。

819.71 万 t，仅占蔬菜总产量的 1.38%。但从出口金额来看，2008 年，中国农产品出口总额 405 亿美元，其中蔬菜出口 64.40 亿美元，占中国农产品总出口额的 15.9%，仅次于水产品（106.1 亿美元），但在种植业中排名第一。在 2008 年中国农产品贸易逆差高达 181.6 亿美元的情况下，中国蔬菜出口却创造了高达 63.25 亿美元的贸易顺差，在平衡农产品国际贸易方面发挥了重要的作用。

近 15 年来，中国蔬菜进出口贸易取得了较快发展，蔬菜出口和进口均呈现出持续稳定的增长态势（表 4-6）。1995～2008 年，中国蔬菜出口和进口数量由 213.49 万 t 和 1.86 万 t 增长到 819.71 万 t 和 10.39 万 t，分别增长了 2.84 倍和 4.59 倍；中国蔬菜出口和进口金额则由 21.64 亿美元和 0.14 亿美元增长到 64.40 亿美元和 1.14 亿美元，分别增长了 1.98 倍和 7.14 倍。特别是自 2001 年中国正式加入 WTO 以来，中国蔬菜出口取得了飞速发展。2000～2007 年，中国蔬菜出口数量由 320.30 万 t 增加到 817.59 万 t，增长了 1.55 倍，年均增幅 11.6%；而蔬菜出口金额则由 20.81 亿美元增加到 62.14 亿美元，增长了 1.99 倍，年均增幅 14.5%。然而，受国际金融危机的影响，2008 年，中国蔬菜出口强劲增长的势头有所放缓，蔬菜出口数量和金额同比增幅双双大幅回落，分别仅增长 0.26% 和 3.62%。2009 年，受经济企稳回升的拉动，中国蔬菜出口形势触底反弹，前三季度中国蔬菜出口 579.28 万 t，同比下降 2.27%，出口金额 45.22 亿美元，同比增长 2.17%。

表 4-6　1995～2009 年中国蔬菜进出口贸易情况

| 年　份 | 出口数量/万 t | 比上年增加/% | 出口金额/亿美元 | 比上年增加/% |
| --- | --- | --- | --- | --- |
| 1995 | 213.49 | — | 21.64 | |
| 1996 | 220.79 | 3.42 | 20.71 | -4.27 |
| 1997 | 220.65 | -0.06 | 19.46 | -6.05 |
| 1998 | 255.26 | 15.69 | 19.09 | -1.90 |
| 1999 | 282.77 | 10.78 | 19.37 | 1.47 |
| 2000 | 320.30 | 13.27 | 20.81 | 7.41 |
| 2001 | 394.02 | 23.02 | 23.42 | 12.56 |
| 2002 | 465.78 | 18.21 | 26.34 | 12.48 |
| 2003 | 551.01 | 18.30 | 30.55 | 15.98 |
| 2004 | 601.47 | 9.16 | 37.95 | 24.22 |
| 2005 | 680.19 | 13.09 | 44.84 | 18.16 |
| 2006 | 732.69 | 7.72 | 54.26 | 20.99 |
| 2007 | 817.59 | 11.59 | 62.14 | 14.54 |
| 2008 | 819.71 | 0.26 | 64.40 | 3.62 |
| 2009 年前三季度 | 579.28 | -2.27 | 45.22 | 2.17 |

| 年　份 | 进口数量/万 t | 比上年增加/% | 进口金额/亿美元 | 比上年增加/% |
|---|---|---|---|---|
| 1995 | 1.86 | — | 0.14 | — |
| 1996 | 3.35 | 80.23 | 0.19 | 29.52 |
| 1997 | 4.92 | 47.15 | 0.21 | 13.76 |
| 1998 | 6.26 | 27.21 | 0.27 | 26.66 |
| 1999 | 8.02 | 28.05 | 0.52 | 93.53 |
| 2000 | 9.31 | 16.06 | 0.72 | 38.01 |
| 2001 | 9.60 | 3.09 | 0.80 | 10.79 |
| 2002 | 9.17 | − 4.41 | 0.75 | − 6.42 |
| 2003 | 8.96 | − 2.32 | 0.72 | − 4.23 |
| 2004 | 10.70 | 19.42 | 0.92 | 27.99 |
| 2005 | 9.75 | − 8.89 | 0.82 | − 10.37 |
| 2006 | 11.72 | 20.25 | 0.92 | 12.00 |
| 2007 | 9.89 | − 15.68 | 1.08 | 17.05 |
| 2008 | 10.39 | 5.10 | 1.14 | 6.23 |
| 2009 年前三季度 | 6.07 | − 20.7 | 0.64 | − 15.7 |

资料来源：1995～2008 年数据来自农业部种植业司，2009 年前三季度数据来自海关统计资讯网

#### 4.3.1.2　各类蔬菜的进出口贸易

由于蔬菜种类繁多，在蔬菜进出口贸易中一般按照出口蔬菜的形态特征将其划分为保鲜蔬菜、冷冻蔬菜、脱水蔬菜、调理加工蔬菜和蔬菜汁五大类[①]。中国五大类蔬菜的出口比例基本保持稳定，从出口数量来看，保鲜蔬菜和调理加工蔬菜是中国出口蔬菜的主要类别，其次是冷冻蔬菜和脱水蔬菜，蔬菜汁的出口量最小，2008 年，中国保鲜蔬菜、调理加工蔬菜、冷冻蔬菜、脱水蔬菜和蔬菜汁的出口量分别占中国蔬菜出口总量的 54.9%、30.2%、10.8%、3.9% 和 0.2%；从出口金额来看，调理加工蔬菜位居首位，其次是保鲜蔬菜、脱水蔬菜和冷冻蔬菜，蔬菜汁的出口金额最小，2008 年，中国调理加工蔬菜、保鲜蔬菜、脱水蔬菜、冷冻蔬菜和蔬菜汁的出口金额分别占中国蔬菜出口总额的 42.1%、28.7%、15.0%、13.8% 和 0.4%，如图 4-3 和图 4-4 所示。

近年来，中国五大类蔬菜出口数量和金额的变动情况与中国蔬菜总体出口基本一致，保持稳定增长的格局。2000～2008 年，中国保鲜蔬菜、冷冻蔬菜、

---

① 保鲜蔬菜的关税号为 0701～0709、0714、09101000、09102000、09103000；冷冻蔬菜的关税号为 0710、2004；脱水蔬菜的关税号为 0712；调理加工蔬菜的关税号为 0711、2001、2002、2003、2005；蔬菜汁的关税号为 20095000、20098020、20099090。

脱水蔬菜、调理加工蔬菜和蔬菜汁的出口量分别增长了 1.84 倍、1.51 倍、1.09 倍、1.23 倍和 4.75 倍，达到 443.50 万 t、86.75 万 t、31.76 万 t、244.33 万 t 和 1.67 万 t，同期出口金额分别增长了 2.13 倍、1.54 倍、1.64 倍、2.32 倍和 5.5 倍，达到 17.72 亿美元、8.52 亿美元、9.28 亿美元、25.95 亿美元、和 0.26 亿美元，如表 4-7 所示。

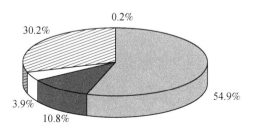

图 4-3　2008 年五大类蔬菜出口数量所占比重
资料来源：根据海关统计数据整理绘制

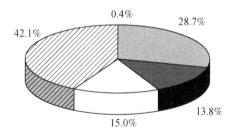

图 4-4　2008 年五大类蔬菜出口金额所占比重
资料来源：根据海关统计数据整理绘制

表 4-7　2000～2008 年中国五大类蔬菜出口变动情况

| 年　份 | 保鲜蔬菜 | | 冷冻蔬菜 | | 脱水蔬菜 | | 调理加工蔬菜 | | 蔬菜汁 | |
| --- | --- | --- | --- | --- | --- | --- | --- | --- | --- | --- |
| | 数量 /万 t | 金额 /亿美元 | 数量 /万 t | 金额 /亿美元 | 数量 /万 t | 金额 /亿美元 | 数量 /万 t | 金额 /亿美元 | 数量 /万 t | 金额 /亿美元 |
| 2000 | 155.67 | 5.65 | 34.53 | 3.35 | 15.20 | 3.51 | 109.67 | 7.82 | 0.29 | 0.04 |
| 2001 | 194.73 | 6.83 | 43.02 | 4.02 | 20.20 | 3.49 | 127.68 | 8.37 | 0.73 | 0.11 |
| 2002 | 260.38 | 8.16 | 39.89 | 3.67 | 18.83 | 3.74 | 137.72 | 9.93 | 0.42 | 0.06 |
| 2003 | 319.39 | 9.96 | 43.06 | 3.84 | 21.39 | 4.46 | 157.55 | 11.31 | 0.44 | 0.07 |

| 年　份 | 保鲜蔬菜 | | 冷冻蔬菜 | | 脱水蔬菜 | | 调理加工蔬菜 | | 蔬菜汁 | |
|---|---|---|---|---|---|---|---|---|---|---|
| | 数量 /万 t | 金额 /亿美元 | 数量 /万 t | 金额 /亿美元 | 数量 /万 t | 金额 /亿美元 | 数量 /万 t | 金额 /亿美元 | 数量 /万 t | 金额 /亿美元 |
| 2004 | 335. 25 | 12. 67 | 58. 80 | 5. 02 | 23. 02 | 5. 73 | 177. 10 | 13. 01 | 0. 43 | 0. 06 |
| 2005 | 379. 70 | 15. 59 | 65. 76 | 5. 95 | 24. 24 | 7. 02 | 203. 09 | 14. 90 | 0. 54 | 0. 08 |
| 2006 | 405. 53 | 18. 81 | 79. 56 | 7. 55 | 27. 41 | 8. 46 | 211. 10 | 17. 72 | 0. 78 | 0. 14 |
| 2007 | 440. 87 | 18. 86 | 88. 92 | 8. 28 | 31. 83 | 9. 35 | 247. 58 | 23. 57 | 1. 43 | 0. 22 |
| 2008 | 443. 50 | 17. 72 | 86. 75 | 8. 52 | 31. 76 | 9. 28 | 244. 33 | 25. 95 | 1. 67 | 0. 26 |

资料来源：根据海关统计资讯网数据整理所得

在中国的蔬菜进口方面，冷冻蔬菜是中国最重要的进口蔬菜，其次是调理加工蔬菜和保鲜蔬菜，脱水蔬菜和蔬菜汁的进口量相对较少。2008 年，中国共计进口冷冻蔬菜 7.47 万 t，进口金额 0.75 亿美元，分别占中国蔬菜总进口的 76.7% 和 76.4%；调理加工蔬菜和保鲜蔬菜的进口数量分别占中国蔬菜总进口的 10.9% 和 9.8%；而脱水蔬菜和蔬菜汁的进口量仅占中国蔬菜总进口的 1.6% 和 0.9% 左右。

#### 4.3.1.3 具体蔬菜品种的进出口贸易

在中国蔬菜进出口的具体品种上，出口较多的是保鲜蔬菜中的大蒜、洋葱、萝卜、马铃薯、姜、卷心菜、番茄、辣椒等，冷冻蔬菜中的冷冻什锦蔬菜、冷冻菠菜、冷冻甜玉米、冷冻豌豆等，脱水蔬菜中的干大蒜、干洋葱、干香菇、干甜椒等，调理加工蔬菜中的番茄酱罐头、蘑菇罐头、竹笋罐头、芦笋罐头等，以及蔬菜汁中的番茄汁和其他未混合的蔬菜汁。2008 年，中国大蒜出口量高达 153.56 万 t，是中国出口最多的蔬菜品种，而番茄酱罐头、洋葱、萝卜、马铃薯、蘑菇罐头和姜，出口量也分别达到 81.40 万 t、52.43 万 t、41.56 万 t、34.16 万 t、33.63 万 t 和 26.58 万 t，如表 4-8 所示。

在蔬菜进口方面，非醋方法制作或保藏的冷冻马铃薯（海关编码：20041000）和冷冻甜玉米（海关编码：07104000）是中国进口最多的两种蔬菜，2008 年，中国共计进口了 5.81 万 t 非醋方法制作或保藏的冷冻马铃薯和 1.38 万 t 冷冻甜玉米，分别占当年中国蔬菜总进口量的 59.6% 和 14.1%；进口金额分别达到 0.58 亿美元和 0.15 亿美元，分别占当年中国蔬菜总进口额的 58.3% 和 14.8%。

表 4-8 2008 年中国不同种类蔬菜出口变动情况

| | 出口蔬菜种类 | 数量 /万 t | 增长率 /% | 金额 /亿美元 | 增长率 /% | 平均价格 / (美元/kg) | 增长率 /% |
|---|---|---|---|---|---|---|---|
| 保鲜蔬菜 | 大蒜 | 153.56 | 6.77 | 6.38 | −26.83 | 0.4155 | −31.48 |
| | 洋葱 | 52.43 | −15.00 | 1.25 | −8.41 | 0.2388 | 7.75 |
| | 萝卜（包括胡萝卜） | 41.56 | −0.71 | 1.48 | 18.94 | 0.3567 | 19.79 |
| | 马铃薯 | 34.16 | −6.31 | 0.82 | 1.39 | 0.2392 | 8.22 |
| | 姜 | 26.58 | −2.77 | 2.12 | 38.31 | 0.7978 | 42.25 |
| | 卷心菜 | 11.96 | 31.92 | 0.30 | 60.62 | 0.2481 | 21.76 |
| | 番茄 | 11.67 | 29.96 | 0.41 | 49.49 | 0.3524 | 15.03 |
| | 辣椒（包括甜椒） | 7.45 | 57.98 | 0.21 | 63.08 | 0.2840 | 3.23 |
| 冷冻蔬菜 | 冷冻什锦蔬菜 | 3.66 | 7.75 | 0.34 | 9.96 | 0.9244 | 2.05 |
| | 冷冻菠菜 | 3.45 | 8.82 | 0.31 | 9.06 | 0.8878 | 0.22 |
| | 冷冻甜玉米 | 2.69 | −17.58 | 0.17 | 18.92 | 0.6343 | 44.29 |
| | 冷冻豌豆 | 2.40 | 14.65 | 0.22 | 35.53 | 0.9141 | 18.21 |
| 脱水蔬菜 | 干大蒜 | 15.43 | 8.27 | 1.50 | −29.48 | 0.9742 | −34.87 |
| | 干洋葱 | 1.62 | 197.08 | 0.39 | 235.44 | 2.4140 | 12.91 |
| | 干香菇 | 1.43 | −28.39 | 1.31 | −20.06 | 9.1954 | 11.63 |
| | 干甜椒 | 1.42 | 611.22 | 0.36 | 650.62 | 2.5629 | 5.54 |
| 调理加工蔬菜 | 番茄酱罐头 | 81.40 | −3.10 | 7.86 | 46.47 | 0.9657 | 51.15 |
| | 蘑菇罐头 | 33.63 | 6.04 | 4.22 | −0.78 | 1.2555 | −6.43 |
| | 竹笋罐头 | 15.34 | −10.57 | 1.46 | −0.62 | 0.9501 | 11.13 |
| | 芦笋罐头 | 7.62 | −21.53 | 1.73 | −34.00 | 2.2677 | −15.89 |
| 蔬菜汁 | 其他未混合的蔬菜汁 | 1.47 | 12.25 | 0.25 | 15.33 | 1.7131 | 2.74 |
| | 番茄汁 | 0.16 | 58.12 | 0.01 | 90.80 | 0.4686 | 20.67 |

资料来源：根据海关统计资讯网数据整理所得

#### 4.3.1.4 蔬菜进出口贸易的流向

从中国蔬菜进出口的国别流向来看，中国蔬菜出口市场主要集中在以日本、韩国、中国香港为代表的东亚市场，以美国和加拿大为代表的北美市场，以马来西亚、印度尼西亚、泰国和越南为代表的东盟市场，以意大利、德国和荷兰为代表的欧盟市场，以及俄罗斯市场（图 4-5）。2008 年，中国蔬菜出口数量排名前 10 位的国家或地区依次是日本、韩国、中国香港、俄罗斯、马来西亚、越南、美国、印度尼西亚、泰国和德国，而出口金额排名前 10 位的国家或地区依次是日本、美国、韩国、俄罗斯、马来西亚、德国、意大利、印度尼西亚、中国香港和泰国（表4-9）。其中，无论从蔬菜出口总量还是出口金额来看，日本都是中国最大的蔬菜出口市场，即使是在遭遇严重金融危机的2008年，中国对日本蔬菜出口总量和金额均出现大幅下滑，但仍然达到118.39万t和14.19亿美元，分别占中国蔬菜出口总量和出口总金额的14.4%和22%。

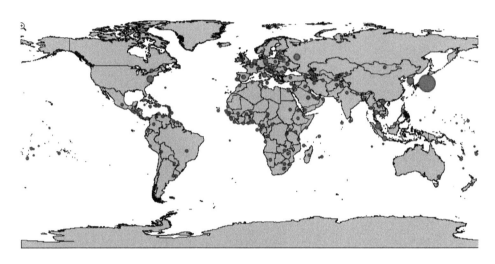

图4-5　2008年中国蔬菜出口区域示意图

资料来源：联合国贸易数据库

表4-9　2008年中国蔬菜出口数量及金额排名前10位的国家或地区

| 排　名 | 国家或地区 | 数量/万t | 增长率/% | 国家或地区 | 金额/亿美元 | 增长率/% |
|---|---|---|---|---|---|---|
| 1 | 日本 | 118.39 | −16.40 | 日本 | 14.19 | −10.45 |
| 2 | 韩国 | 74.86 | 0.03 | 美国 | 4.98 | −1.39 |
| 3 | 中国香港 | 63.35 | 11.07 | 韩国 | 4.25 | 0.90 |
| 4 | 俄罗斯 | 61.58 | 3.92 | 俄罗斯 | 3.29 | 14.85 |
| 5 | 马来西亚 | 52.47 | −21.50 | 马来西亚 | 3.03 | −5.63 |
| 6 | 越南 | 46.78 | 35.21 | 德国 | 2.47 | 8.70 |
| 7 | 美国 | 44.05 | −1.84 | 意大利 | 2.12 | 26.62 |
| 8 | 印度尼西亚 | 42.89 | 6.98 | 印度尼西亚 | 1.85 | −22.87 |
| 9 | 泰国 | 17.89 | 27.91 | 中国香港 | 1.85 | −7.46 |
| 10 | 德国 | 15.62 | 6.48 | 泰国 | 1.75 | 38.59 |

资料来源：根据海关统计资讯网数据整理所得

在不同种类蔬菜的出口流向方面，中国保鲜蔬菜的出口市场主要集中在中国香港、马来西亚、越南、俄罗斯、日本、韩国、美国和印度尼西亚。其中，大蒜的最大出口市场是印度尼西亚；中国冷冻蔬菜的出口市场主要集中在日本、韩国和美国；中国脱水蔬菜的出口市场主要集中在美国、日本和德国；中国调理加工蔬菜的出口市场主要集中在日本、韩国、俄罗斯、美国、意大利和德国；中国蔬菜汁出口市场主要集中在美国、日本、澳大利亚和德国。

在中国蔬菜进口方面，美国是中国最主要的进口蔬菜来源地。从占中国蔬菜进口比重最大的两种蔬菜的进口来看，几乎82%的非醋方法制作或保藏的冷冻马铃薯和99%的冷冻甜玉米都来自美国。

## 4.3.2 中国蔬菜进出口贸易存在的主要问题

### 4.3.2.1 蔬菜出口市场结构和产品结构不合理

中国蔬菜出口市场和品种相对过于集中的局面一直没有得到根本改善。近年来中国蔬菜出口数量和金额排名前10位的国家或地区无一例外全部来自东亚、东南亚、欧盟以及北美地区，且单类蔬菜出口到某个国家或某几个国家比重过大，这种单一的市场结构限制了中国蔬菜出口贸易扩张的潜力和抵抗市场风险的能力。例如，日本一直是中国最大的蔬菜出口市场，2007年，中国对日本的蔬菜出口分别占当年中国蔬菜出口总数量和出口总金额的17.47%和26.29%，但在受金融危机影响的2008年，中国对日本蔬菜出口数量和金额同比分别大幅下降16.4%和10.45%，占中国蔬菜总出口的比例也分别下降到14.65%和23%。而在中国蔬菜出口规模较大的单类品种上，2008年，干香菇、芦笋罐头和甜玉米的出口数量下降幅度最大，分别高达28.39%、21.53%和17.58%，其中干香菇对日本和中国香港的出口量在同比分别下降22.3%和59.3%的情况下，仍然占当年中国干香菇出口总量的36.75%和14.03%；芦笋罐头对三个欧盟国家西班牙、德国、荷兰的出口量在同比分别下降13.3%、22.1%和52.9%的情况下，仍然占当年中国芦笋罐头总出口的43.17%、16.85%和11.21%；甜玉米对韩国出口量在同比下降50%的情况下，仍然占当年中国甜玉米总出口的45.66%。同时，在中国蔬菜出口中保鲜蔬菜和冷冻蔬菜所占比重过大，而深加工蔬菜比重过小，带有明显的以原料出口为主的特征，蔬菜出口的经济效益不高。另外，中国蔬菜大多出口到日本、韩国、美国、欧盟等经济发达国家，而对发展中国家出口略显不足。发达国家在此次金融危机中受到的影响最大，其对中国的蔬菜进口需求下降也较明显。

而受土地、气候和种植习惯等因素的影响，东盟、中东、非洲的发展中国家近年来从中国进口蔬菜的数量持续上升，且受金融危机影响较小，中国对这些国家的蔬菜出口还存在很大成长空间。

### 4.3.2.2 中国蔬菜产品的食品安全隐患易遭受贸易壁垒限制

尽管近年来中国农业科技投入不断增加，但中国蔬菜产品品质较差的局面还没有根本扭转，特别在蔬菜食品安全问题上存在较大隐患。中国蔬菜产品尚未建立统一的规格标准，蔬菜生产者的食品安全意识尚未普及，蔬菜检验检疫的标准和条件同发达国家相比还存在不小的差距，包括硝酸盐和亚硝酸盐浓度过高以及农药残留和重金属含量过高等问题一直没有得到根本解决。金融危机期间，农产品贸易保护主义开始抬头，日本、美国、欧盟等发达国家为保护本国市场对包括蔬菜在内的农产品进口设置了严格的农药残留标准，实施了更加苛刻的市场准入法则和通关检验检疫程序。加上近年来中国"三鹿奶粉"事件、"毒饺子"风波等食品安全问题不断被曝光，进一步加剧了国外市场对中国蔬菜产品食品安全的信任危机，并对中国的蔬菜产品加倍设限，导致中国蔬菜出口由于食品安全问题遭遇退货的现象频繁发生，技术性贸易壁垒也成为阻碍中国蔬菜出口的主要原因之一。

### 4.3.2.3 中国蔬菜出口秩序较为混乱，缺乏统一协调

由于缺乏有效的行业协会组织以及政府管理机制不健全，中国蔬菜出口尚未建立有效的行业自律机制以及市场监测与预警体系，基本依靠出口企业自身开拓国际市场，参与国际市场竞争。中国蔬菜出口企业缺少必要的支持、指导和协调，出口经营秩序较为混乱，往往陷入无序的恶性价格竞争，不仅承担了较大的国际市场风险，也失去了不少难得的蔬菜出口机会。有些蔬菜生产和加工企业缺乏出口经营权，不能直接参与蔬菜出口贸易；而有些企业具有蔬菜出口资格，但对国内外蔬菜供给和需求信息掌握不够，导致蔬菜生产经营存在一定的盲目性，由于蔬菜货源奇缺而失去出口机会以及由于供给过剩而竞相压价的恶性价格竞争现象时常发生；还有些蔬菜出口企业对于主要蔬菜进口国的贸易政策、技术标准了解较少，容易遭受其贸易政策变动的风险和技术壁垒的困扰，且在发生蔬菜国际贸易摩擦和纠纷时，缺乏必要的指导和准备，不能积极应诉，丧失了维护自身合法权益的机会，从而遭受较大经济损失。

此外，金融危机期间受到国际农产品价格下跌、包括劳动力和农资投入在内的蔬菜生产成本上涨，以及人民币升值等因素的影响，中国出口蔬菜的成本居高不下，这也在一定程度上降低了中国出口蔬菜的市场竞争力。

# 本 章 小 结

蔬菜富含营养，是人体必需营养物质的重要来源，也是重要的功能性食品。与其他食品消费不同，无论经济发展水平的高低，蔬菜消费都保持增长的势头。中国蔬菜栽培历史悠久，丰富的自然资源为蔬菜生产提供了良好的条件和比较优势，近年来其在提供产品、创造价值、吸纳劳动力、农民增收等方面发挥了不可替代的作用。作为经济作物，蔬菜的产业化进程也快于粮食作物，在农业生产中具有重要地位，中国也成为世界蔬菜生产第一大国。蔬菜属于劳动密集型产业，中国丰富的农业劳动力资源使蔬菜产业在国际市场竞争中具有较强的比较优势，地缘优势也为中国蔬菜出口提供了有利的区位条件。

本章首先分析了世界蔬菜生产与贸易情况，指出了世界蔬菜贸易的发展趋势，为分析与评价中国蔬菜出口提供了标杆。其次，分析了中国蔬菜产业发展情况与存在的主要问题，中国蔬菜产业的发展为蔬菜出口提供了丰富的资源，存在的问题也是蔬菜出口中同样面临、亟待解决的。最后，分析了中国蔬菜进口的现状与主要特征，指出了其存在的主要问题。总之，中国蔬菜产业发展迅速，成效卓著，但一些深层次问题并未得到根本解决，特别是出口有下降的趋势，中国蔬菜产业升级已是势在必行。

# 第5章
# 中国蔬菜业竞争力与升级路径分析

蔬菜产业是中国农产品出口中为数不多的优势产业之一，国际蔬菜市场日益增长的需求也为中国蔬菜产业的发展提供了有利的机会，并表现出良好的发展势头。但是，正如上章所分析的那样，中国蔬菜生产及出口贸易中还存在种种问题，如果不能够有效解决并实现产业升级，就有可能削弱中国蔬菜产业的国际竞争优势，影响蔬菜产业的进一步发展。客观、真实地认识中国蔬菜产业国际竞争力的现状是研究中国蔬菜业升级的基础，因此本章将采用实证研究方法对中国蔬菜业国际竞争力进行评估，并从微观角度，采取案例分析形式分析中国蔬菜经营如何通过嵌入全球价值链实现升级。

## 5.1 研究方法与数据

### 5.1.1 研究方法

所谓国际竞争力，有产品竞争力、企业竞争力、产业竞争力以及国家竞争力之分；从经济学视角看，关于各类竞争力的讨论分别对应着微观、中观和宏观层次。裴长洪和王镭（2002）区分了不同层次、不同主体的竞争力之间的关系，并指出了主要测量指标和方法。本书研究的最终目的是了解发展中国家的微观组织如何利用嵌入全球价值链实现升级问题，对蔬菜产业竞争力的研究服务于此目的。

因此，本章将首先从中观层面分析中国蔬菜产业国际竞争力的现状。由于出口情况是反映国际竞争力非常重要的指标，本章将以出口数据为基础，选择多个显示性指标的方法，来说明中国蔬菜产业国际竞争力的结果。

在微观层面分析中国蔬菜经营组织的竞争力和升级策略问题时，我们将选取的主要方法是基于案例研究的全球价值链分析方法。为什么要使用全球价值链分析方法？因为在全球价值链背景下，不同国家产业的竞争力水平不是体现在最终产品上，而是体现在某些环节创造的中间品或半成品上，这样某些产品的国际竞争力就转变为某种生产经营活动的国际竞争力（裴长洪和王镭，2002）。因此，本章将以蔬菜产业价值创造为研究对象，跨越产业边界和国家边界来衡量蔬菜全球价值链上不同组织、国家的权力关系，价值创造与分配，目的是客观评价中国蔬菜产业在蔬菜全球价值链上的地位和竞争力，为升级分析提供依据。为什么要使用案例研究方法呢？因为案例研究是一种研究设计的逻辑（Platt, 1992），是一种实证性探究，用以探讨当前现象在实际生活场域下的状况。尤其是当现象与场域界线不清且不容易清楚区分的时候，就常使用此类探究策略（Yin, 1984），并且它已经发展成为一种非常完整的研究方法，包含了特定的设计逻辑、特定的资料搜集及独特的资料分析方法，是一项周延而完整的研究策略（Yin, 1984）。相对于其他方法，案例研究能够对案例进行厚实的描述与系统的理解，而且对动态的互动历程与所处的情景脉络亦会加以掌握，且可以获得一个较全面与整体的观点（Gummesson, 1991）。中国蔬菜产业的竞争力变迁总是发生在特定的时空中，特别地，微观层面总是和所处的时代背景有着千丝万缕的联系，情景化特征明显。因此，案例分析是对"嵌入情景"中的中国蔬菜业竞争力分析与升级策略的较好选择。

## 5.1.2 分析单位

社会科学研究中都会涉及分析单位的问题。所谓分析单位（units of analysis）是指在社会研究中被观察、描述和解释其特征的人或事物，它可以考察和归纳同类事物的特征，解释和说明相应的社会现象之间的差别。分析单位不同，采集数据的方法及数据内容也不相同。一个设计好的分析单元能够为数据收集确定边界（Miles and Huberman, 1994），从而使得案例研究更有针对性、更有效率。

分析单元的界定取决于所要研究问题的类型。本书的分析问题是蔬菜微观组织的升级问题，由此决定了最终目标是以微观蔬菜产业经营组织作为分析的基本单元。但是从逻辑形式上讲，产业的竞争力是由企业竞争力所决定的。企业总是嵌入在一定的产业环境中。因此，本书首先将通过产业层次的分析获得中国蔬菜产业竞争力的整体情况，并将之作为分析的背景。其次，选出具体产品的生产与加工企业作为次级分析单位，进一步评价其竞争力情况。最后，根据研究目的、采取多案例研究的方法分析中国蔬菜产业竞争力形成的原因。希望通过中观和微观分析的结合来深层透视中国蔬菜业的国际竞争力及升级途径。

## 5.1.3 数据搜集与分析

本章数据包括量的数据和质的数据两方面。

量的数据方面，在综合考虑研究目标、研究方法、分析单位以及所需数据的可获得性、准确性和全面性的基础上，本章数据来源主要是以下几个方面：一是联合国贸易数据库资料，二是日本农林水产省公布的有关贸易统计数据，三是作者实地调研获得数据。其中，联合国贸易数据库资料的分类标准使用基于国际通行的《协调商品名称与编码体系》（*The Harmonized Commodity Description and Coding System*）的中国海关十位数分类体系，涉及 HS 编码 0701、0702、0703、0704、0705、0706、0707、0708、0709、0710、0711、0712、0714、09101000、09102000、09103000、2001、2002、2003、2004、2005、20095000、20098020、20099090 等品目（表 5-1）。其中，0701～0709、0714、09101000，09102000，09103000 为保鲜蔬菜；0710，2004 为冷冻蔬菜；0712 为脱水蔬菜；0711，2001，2002，2003，2005 为调理加工蔬菜；20095000，20098020，20099090 为蔬菜汁。由于联合国贸易数据库只可以查询六位编码，而 200980、200990 中包含大量其他园艺加工品，故在以后分析中仅选择了海关商品 HS 编码中的 200950 代表蔬菜汁。其他八位编码都按照前六位查询。数据分析方法将在各分析之前介绍。

**表 5-1　HS 编码及商品名称分类表**

| 编　码 | 商品名称 |
| --- | --- |
| 0701 | 鲜或冷藏的马铃薯 |
| 0702 | 鲜或冷藏的马铃薯 |
| 0703 | 鲜或冷藏的洋葱、青葱、大蒜、韭葱及其他葱属蔬菜 |
| 0704 | 鲜或冷藏的卷心菜、菜花、球茎甘蓝、羽衣甘蓝及类似的食用芥菜类蔬菜 |
| 0705 | 鲜或冷藏的莴苣及菊苣 |
| 0706 | 鲜或冷藏的胡萝卜、萝卜、色拉甜菜根、婆罗门参、块根芹、小萝卜及类似的食用根茎 |
| 0707 | 鲜或冷藏的黄瓜及小黄瓜 |
| 0708 | 鲜或冷藏的豆类蔬菜，不论是否脱荚 |
| 0709 | 鲜或冷藏的其他蔬菜 |
| 0710 | 冷冻蔬菜（不论是否蒸煮） |
| 0711 | 暂时保藏（例如，使用二氧化硫气体、盐水、亚硫酸水或其他防腐液）的蔬菜，但不适于直接食用 |

| 编 码 | 商品名称 |
|---|---|
| 0712 | 干蔬菜，整个、切块、切片、破碎或制成粉状，但未经进一步加工的 |
| 0714 | 鲜或干的木薯、竹芋、兰科植物块茎、菊芋、甘薯及含有高淀粉或菊粉的类似根茎，不论是否切片或制成团粒；西谷茎髓 |
| 09101000 | 姜 |
| 09102000 | 番红花 |
| 09103000 | 姜黄 |
| 2001 | 蔬菜、水果、坚果及植物的其他食用部分，用醋或醋酸制作或保藏的 |
| 2002 | 番茄，用醋或醋酸以外的其他方法制作或保藏的 |
| 2003 | 蘑菇及块菌，用醋或醋酸以外的其他方法制作或保藏的 |
| 2004 | 其他冷冻蔬菜，用醋或醋酸以外的其他方法制作或保藏的 |
| 2005 | 其他未冷冻蔬菜，用醋或醋酸以外的其他方法制作或保藏的 |
| 20095000 | 番茄汁 |
| 20098020 | 其他未混合的蔬菜汁 |
| 20099090 | 混合蔬菜汁；水果与蔬菜的混合汁 |

资料来源：中华人民共和国海关统计商品目录

质的数据方面，本章采用的数据主要来源于三个方面：一是对企业负责人、农户的访谈，涵盖了种植、加工等环节；二是对政府相关部门人员、地方相关研究机构科研人员的访谈，这些被访谈人包括县农业局负责人、农业研究部门负责人等；三是二手数据，包括企业档案资料、统计年鉴、新闻报道、政府档案资料等。访谈内容及分析方式在本章第四节的分析中会详细介绍。

# 5.2 中国蔬菜出口贸易绩效评价

## 5.2.1 贸易绩效研究方法

贸易绩效是衡量产业国际竞争力的最主要的指标，贸易绩效指标包括国际市场占有率、贸易专门化指数、产业内贸易指数和显示性对称比较优势指数等。

### 5.2.1.1 国际市场占有率指数

国际市场占有率（international market share）指数是指一国出口总额占世界出口总额的比例。它包括在开放的国际市场上，某国产品销售额占世界该类

产品总销售额的比重、某国产品出口额占世界该类产品总出额的比重。其计算公式为

$$O = X_A / X_W$$

式中，$X_A$ 为 A 国出口额；$X_W$ 为世界出口总额。

国际市场占有率指数是评价国际竞争力水平的核心指标，能够直接反映国际竞争力的实际状态。该指标越大，表明该国该产业的国际竞争力越强，竞争优势越显著。

### 5.2.1.2　贸易专门化指数

贸易专门化指数（TSC）是指某一产业进出口与该产业进出口总额的比例，用来说明该产业的国际竞争力。其计算公式为

$$TSC = (X_i - M_i) / (X_i + M_i)$$

式中，$X_i$ 为一国在 $i$ 产品上的出口额，$M_i$ 为一国在 $i$ 产品上的进口额。

该指标是一个贸易总额的相对值，计算中剔除了通货膨胀、经济膨胀等宏观总量波动的影响，即无论进出口的绝对数量是多少，结果均介于（ -1，+1）的区间内，从出口的角度来看，该指数越接近于 +1，表明国际竞争力越强。若该指数为 0，即为水平分工，说明该国某产品贸易与国际水平相当，进出口交叉明显，进出口纯属与国际间进行品种互换。如果 TSC = -1，则意味着该国该产品只有进口而没有出口；如果 TSC = 1，则该国该产品只有出口而没有进口。

### 5.2.1.3　产业内贸易指数

有学者在研究产业内贸易时提出了产业内贸易指数（intra-industry trade，IIT），用来衡量贸易国在同一产业内相互进出口同类产品的程度，即产业内贸易程度。产业内贸易指数的计算公式为

$$IIT = 1 - |X - M| / (X + M)$$

式中，$X$ 和 $M$ 分别表示某一特定产业或某一类商品的出口额和进口额，并且对 $X - M$ 取绝对值。IIT 的取值范围为 0～1。IIT 越接近于 1，表示产业内贸易水平越高，于贸易对象国一方来说，表示在该产业的国际贸易中其既出口又进口的等量重合部分所占比重越大，站在贸易对象国之间来看，则表示双方互为进出口的等量重合部分所占比重越大，这表明两国在该产业的竞争处于势均力敌的态势，同时又具有十分紧密的协作关系；反之，越趋近于 0，表明产业内贸易的水平越低，而产业间贸易程度越高，呈示着两国产业间更多的是互补关系（周松兰，2005）。

#### 5.2.1.4　显示性对称比较优势指数（刘雪等，2002）

显著性对称比较优势指数方法是在"显著性比较优势"测量方法的改进基础上提出的。

自 Balassa 于 1965 年首次使用"显示性比较优势"（revealed comparative advanrages，RCA）测量方法以后，RCA 被作为衡量国际贸易专业化的一种有效方法被广泛使用。"显示性比较优势"指标的定义可用公式表示为

$$RCA_{ij} = \frac{X_{ij} / \sum X_{ij}}{\sum X_{ij} / \sum \sum X_{ij}}$$

式中，分子代表某国某产业部门的出口占该国全部出口的比重，分母是全世界该产业出口占全世界总出口的份额。因此，RCA 指标包含了一国出口结构与世界出口结构的对比。当某国某产业的 RCA 等于 1，表明该国该产业的出口份额与世界平均水平相等；如果 RCA 大于 1，就说明该国在该产业部门的专业化程度较高；若 RCA 小于 1，则相反。

然而，RCA 在 0 和无穷大之间选择了"1"作为参照点，如果指标值处于 0~1，就说明某国在某产业部门没有优势；如果指标值处于 1 到无穷大之间，则说明某国的某部门具有比较优势，这种偏斜分配破坏了回归检验中的正态假定，也就不能提供可靠的 t 检验，因此，RCA 不能代表正常状态，这也造成该方法被广为质疑。因此，如果指标值在参照点"1"的两侧，则比较优势指标基本上就不具备可比性。利用比较优势指标来反映比较优势的变化趋势方面也存在问题。其原因在于，与 1 以下的观察值相比，该方法在回归分析时更加看重 1 以上的值。例如，如果一个国家的比较优势指数从 1/2 提高到 1，则在该期间该国的比较优势指数提高了 1 倍。同样，如果一国的比较优势指数从 1 提高到 2，其比较优势指数也提高了 1 倍。然而，两者之间的绝对差距却分别是 1/2 和 1。正是由于比较优势指数所存在的这些问题，国外很多学者已经对这一方法进行了改进，精髓就是将一直沿用的比较优势指数对称化，计算公式为

$$RSCA_{ij} = (RCA_{ij} - 1) / (RCA_{ij} + 1)$$

$$= (\frac{X_{ij} / \sum X_{ij}}{\sum X_{ij} / \sum \sum X_{ij}} - 1) / (\frac{X_{ij} / \sum X_{ij}}{\sum X_{ij} / \sum \sum X_{ij}} + 1)$$

公式中的符号含义同上，计算结果被称为"显示性对称比较优势指数"（revealed symmetric comparative advantage，RSCA），介于 -1 和 1 之间。一般来说，对称性比较优势指数大于 0，说明这一时期某国家或地区的专业化程度高于同一时期的世界平均水平，反之亦然。显示性对称比较优势指数越大，说明

专业化程度越高。

## 5.2.2 中国蔬菜出口总体贸易绩效分析

### 5.2.2.1 中国出口蔬菜在国际市场的占有率

中国蔬菜出口总量在全球所占比例并不算最高（表5-2），在近10年中2006年是最高的，占世界总出口量的10.6%，但2006年之前是递增的趋势，而近两年也逐步递减，其原因可能有二：一是受2006年日本出台的"肯定列表制度"的影响，当年中国对日本出口额占中国蔬菜总出口额的31.2%、日本进口额的52.5%，而此年分别降为24.6%、50.6%；二是2008年年初的金融危机之后，蔬菜出口增速趋缓，主要蔬菜品种出口额出现负增长。

表 5-2　1999～2008 年中国蔬菜世界市场占有率

| 项　目 | 1999 年 | 2000 年 | 2001 年 | 2002 年 | 2003 年 |
|---|---|---|---|---|---|
| 中国出口/美元 | 1 880 303 981 | 2 033 200 062 | 2 270 296 413 | 2 549 900 106 | 2 957 447 232 |
| 世界出口/美元 | 27 852 611 723 | 26 098 723 449 | 28 181 187 615 | 30 479 133 000 | 36 603 090 432 |
| 占有率/% | 6.8 | 7.9 | 8.1 | 8.4 | 8.1 |
| 项　目 | 2004 年 | 2005 年 | 2006 年 | 2007 年 | 2008 年 |
| 中国出口/美元 | 3 642 561 208 | 4 345 645 245 | 5 253 803 264 | 6 006 874 851 | 6 147 181 388 |
| 世界出口/美元 | 41 131 420 121 | 43 577 862 737 | 49 782 837 201 | 57 962 832 904 | 62 905 698 421 |
| 占有率/% | 8.9 | 10.0 | 10.6 | 10.4 | 9.8 |

资料来源：作者根据联合国贸易数据库（UNCOMTRADE）整理而得

表5-3 表明，世界蔬菜贸易的主要趋势是新鲜蔬菜的消费比例较大，但是中国保鲜蔬菜占出口比例相对较小，世界市场占有率低；脱水蔬菜2008年出口额相对较高，但是世界出口市场上其份额较小。因此，中国蔬菜出口结构与世界出口结构差异较大，有待优化。

表 5-3　2008 年中国蔬菜世界市场占有率

| 项　目 | 世界出口 | | 中国出口 | | 世界市场占有率/% |
|---|---|---|---|---|---|
| | 金额/美元 | 比率/% | 金额/美元 | 比率/% | |
| 保鲜蔬菜 | 34 041 482 239 | 54.2 | 1 772 181 540 | 28.8 | 5.2 |
| 冷冻蔬菜 | 10 626 465 567 | 16.9 | 851 767 067 | 13.9 | 8.0 |
| 脱水蔬菜 | 2 021 378 081 | 3.2 | 930 500 387 | 15.1 | 46.0 |

| 项　目 | 世界出口 | | 中国出口 | | 世界市场占有率/% |
|---|---|---|---|---|---|
| | 金额/美元 | 比率/% | 金额/美元 | 比率/% | |
| 调理加工蔬菜 | 16 159 882 230 | 25.7 | 2 591 991 967 | 42.2 | 16.0 |
| 蔬菜汁 | 56 490 304 | 0.0 | 740 427 | 0.0 | 2.8 |
| 合计 | 62 905 698 421 | 100.0 | 6 147 181 388 | 100 | 9.8 |

资料来源：作者根据联合国贸易数据库（UNCOMTRADE）整理而得

### 5.2.2.2 贸易专门化指数与产业内贸易指数分析

作者计算了 1999～2008 年中国蔬菜贸易专门化指数和产业内贸易指数、2008 年中国蔬菜分品种的贸易专门化指数和产业内贸易指数，结果如表 5-4、表 5-5 所示。一般认为，TSC 在一定程度上反映一国某产业的出口贸易竞争力，取值在 -1 和 +1 之间，越大则表明竞争力越强，反之亦然。而 IIT > 0.5 时，产业内贸易占优势、专业化程度越高；IIT < 0.5 时，产业间贸易占优势。

表 5-4　1999～2008 年中国蔬菜贸易专门化指数与产业内贸易指数

| 项　目 | 1999 年 | 2000 年 | 2001 年 | 2002 年 | 2003 年 |
|---|---|---|---|---|---|
| 进口总值/美元 | 87 174 207 | 88 753 553 | 229 481 099 | 210 509 717 | 264 521 730 |
| 出口总值/美元 | 1 880 303 981 | 2 033 200 062 | 2 270 296 413 | 2 549 900 106 | 2 957 447 232 |
| TSC | 0.911 | 0.916 | 0.816 | 0.845 | 0.836 |
| IIT | 0.089 | 0.084 | 0.184 | 0.155 | 0.164 |
| 项　目 | 2004 年 | 2005 年 | 2006 年 | 2007 年 | 2008 年 |
| 进口总值/美元 | 431 653 755 | 497 741 968 | 707 341 153 | 754 234 612 | 490 462 516 |
| 出口总值/美元 | 3 642 561 208 | 4 345 645 245 | 5 253 803 264 | 6 006 874 851 | 6 147 181 388 |
| TSC | 0.788 | 0.794 | 0.763 | 0.777 | 0.865 |
| IIT | 0.222 | 0.206 | 0.237 | 0.223 | 0.135 |

资料来源：作者根据联合国贸易数据库（UNCOMTRADE）整理而得

表 5-5　2008 年中国蔬菜贸易专门化指数与产业内贸易指数

| 项　目 | 保鲜蔬菜 | 冷冻蔬菜 | 脱水蔬菜 | 调理加工蔬菜 | 蔬菜汁 |
|---|---|---|---|---|---|
| 进口总值/美元 | 395 820 819 | 75 452 724 | 5 329 754 | 13 683 203 | 176 016 |
| 出口总值/美元 | 1 772 181 540 | 851 767 067 | 930 500 387 | 2 591 991 967 | 740 427 |
| TSC | 0.635 | 0.837 | 0.989 | 0.989 | 0.616 |
| IIT | 0.365 | 0.163 | 0.011 | 0.011 | 0.384 |

资料来源：作者根据联合国贸易数据库（UNCOMTRADE）整理而得

结果显示,中国 TSC 基本上都大于 0.75,表明中国蔬菜生产和外贸有比较优势;进口额较小,出口额很大,属于出口主导型产品,表明中国在国际市场上属于蔬菜出口国,在国际市场上的竞争力比较强,但是要注意的是总体呈下降趋势。其中,脱水蔬菜和调理加工蔬菜竞争力最强,而保鲜蔬菜和蔬菜汁的竞争力相对较弱。

中国蔬菜产业的 IIT 都小于 0.5,说明中国蔬菜产业内贸易不发达。其中,保鲜蔬菜和蔬菜汁的 IIT 最高,表明其产业内贸易占优势、专业化程度高,而脱水蔬菜、调理加工蔬菜的产业间贸易占优势。

### 5.2.2.3  显示性对称比较优势指数分析

利用前文提到的 RSCA 计算公式,作者计算了中国蔬菜产品 1999 ~ 2008 年的 RSCA 值,如表 5-6 所示。数据表明中国各个蔬菜品种 2008 年的 RSCA 值都低于 1999 年,这表明中国蔬菜产业专业化程度下降,也说明比较优势正在逐渐消失。目前,只有脱水蔬菜和调理加工蔬菜的 RSCA 仍大于 0,以脱水蔬菜为最高,但世界蔬菜贸易的趋势是新鲜蔬菜占主导地位,而中国保鲜蔬菜的 RSCA 从 2002 年开始就一直小于 0,且趋势持续走低。调理加工蔬菜和蔬菜汁被认为具有更高附加值,中国蔬菜汁的 RSCA 一直较低,但实力有所提高,而调理加工蔬菜的 RSCA 下降较快,冷冻蔬菜的 RSCA 同样在下降,已从 2007 年开始降为负值。

表 5-6  1999 ~ 2008 年中国蔬菜显著性对称比较优势指数

| 年 份 | 保鲜蔬菜 | 冷冻蔬菜 | 脱水蔬菜 | 调理加工蔬菜 | 蔬菜汁 |
| --- | --- | --- | --- | --- | --- |
| 1999 | - 0.012 | 0.327 | 0.801 | 0.477 | - 0.982 |
| 2000 | 0.011 | 0.324 | 0.806 | 0.498 | - 0.998 |
| 2001 | 0.004 | 0.326 | 0.782 | 0.474 | - 0.994 |
| 2002 | - 0.017 | 0.176 | 0.748 | 0.454 | - 0.996 |
| 2003 | - 0.093 | 0.052 | 0.734 | 0.388 | - 0.998 |
| 2004 | - 0.078 | 0.051 | 0.732 | 0.327 | - 0.976 |
| 2005 | - 0.067 | 0.065 | 0.730 | 0.309 | - 0.993 |
| 2006 | - 0.091 | 0.070 | 0.718 | 0.300 | - 0.966 |
| 2007 | - 0.199 | - 0.016 | 0.683 | 0.313 | - 0.843 |
| 2008 | - 0.266 | - 0.048 | 0.673 | 0.282 | - 0.745 |

资料来源:作者根据联合国贸易数据库(UNCOMTRADE)整理而得

我们根据 RSCA 可见,中国蔬菜的比较优势在 2006 年以前基本稳定,但有下降趋势，2006年之后降幅加快，这说明中国蔬菜产品的生产专业化水平开始下降。因此，虽然产量逐年增长，但是在国际贸易中表现出来的竞争力却正在走下坡路。

### 5.2.2.4 小结

通过以上分析可见，尽管中国蔬菜是中国农产品出口的重要组成部分，是农产品国际贸易平衡的重要手段，但实际上中国蔬菜国际市场占有率并不高，贸易结构也与世界蔬菜消费趋势不一致。中国蔬菜业表现出较强的比较优势，但竞争力在不断下降，这与日本等国提高了从中国进口蔬菜的质量标准、实行技术性贸易壁垒有直接关系。综上，中国蔬菜国际贸易是大而不强，蔬菜业的升级迫在眉睫。

# 5.3 中国对日本蔬菜出口贸易绩效评价

随着中国蔬菜产业的快速发展，中日蔬菜贸易关系日益密切。一方面，中国蔬菜出口市场集中在周边的几个亚洲国家和地区，其中，日本是中国蔬菜最主要的出口市场。另一方面，日本从20世纪80年代中期开始蔬菜进口量逐年增加，中国也逐渐取代美国成为日本的最大蔬菜供应国。因此，中国对日本蔬菜的出口是否健康和稳定直接影响着中国蔬菜出口贸易。但近年来，日本蔬菜市场竞争日趋激烈，中日之间蔬菜贸易纠纷不断。在种种不利的局面下，如何实现中国蔬菜产业升级、保持中国蔬菜良好发展态势受到广泛关注。本节将在分析中国蔬菜对日出口现状基础上，试图对中国蔬菜在日本市场的竞争力进行评价，并找出影响中国蔬菜在日本市场竞争力的主要因素。

## 5.3.1 中国蔬菜对日本出口现状分析

### 5.3.1.1 日本蔬菜进口总体情况分析

自20世纪80年代中期以来，日本蔬菜自给率逐年下降，蔬菜进口规模不断扩大，进口品目涵盖了HS（1992年）编码制度下蔬菜的所有品目（表5-7），其中，深加工蔬菜所占比重最大，2008年，冷冻蔬菜进口额占蔬菜总进口额的43.6%；其次是调理加工蔬菜，占34.0%。具体到品目，2005、0710、2004、0709、0712和2002等占日本总进口额的81.4%。因此，只有根据日本市场的需求结构安排中国蔬菜出口结构，才能整体上保持较强的竞争力。

表 5-7　2008 年日本进口蔬菜结构

表 5-7　2008 年日本进口蔬菜结构

| 品　目 | 金额/美元 | 比重/% |
|---|---|---|
| 保鲜蔬菜，其中 | 662 723 683 | 22.3 |
| 0701 | 332 424 | 0.0 |
| 0702 | 5 605 596 | 0.2 |
| 0703 | 123 583 483 | 4.2 |
| 0704 | 57 334 330 | 1.9 |
| 0705 | 13 812 903 | 0.5 |
| 0705 | 50 098 575 | 1.7 |
| 0707 | 188 802 | 0.0 |
| 0708 | 7 007 000 | 0.2 |
| 0709 | 332 002 207 | 11.2 |
| 0714 | 71 636 114 | 2.4 |
| 091010 | 1 044 844 | 0.0 |
| 091020 | 12 414 | 0.0 |
| 091030 | 64 991 | 0.0 |
| 冷冻蔬菜，其中 | 1 286 847 735 | 43.6 |
| 0710 | 528 316 262 | 17.9 |
| 2004 | 499 466 506 | 16.9 |
| 脱水蔬菜，0712 | 259 064 967 | 8.8 |
| 调理加工蔬菜，其中 | 1 004 061 709 | 34.0 |
| 0711 | 102 988 575 | 3.5 |
| 2001 | 47 734 041 | 1.6 |
| 2002 | 222 562 351 | 7.5 |
| 2003 | 66 686 287 | 2.3 |
| 2005 | 563 952 868 | 19.1 |
| 蔬菜汁　200950 | 137 587 | 0.0 |
| 合计 | 2 953 633 127 | 100.0 |

资料来源：作者根据联合国贸易数据库（UNCOMTRADE）整理而得

### 5.3.1.2　中国蔬菜出口日本总体情况分析

根据联合国贸易数据库相关数据，作者整理了中国 1999～2008 年对日蔬菜出口额、年增长率以及占中国蔬菜出口额的比例、占日本蔬菜进口额的比例（表 5-8）。从表 5-8 中可看到，中国蔬菜对日出口总体上是递增的，市场份额近年来也稳定在将近五成，这表明，日本是中国蔬菜出口贸易的主要市场，且总体上具有比较强的竞争力。但近年来，中国蔬菜对日出口波动比较大，其在中国蔬菜出口中所占的比例也是连年下降。尽管目前日本仍是中国最大的蔬菜出口市场，然而值得警惕的是，近两年却持续出现了下降趋势。

表 5-8　1999～2008 年中国蔬菜出口日本概况

| 年　份 | 中国对日出口额/美元 | 中国对日出口年增长率/% | 中国蔬菜年出口额/美元 | 对日出口额占中国蔬菜出口额比例/% | 日本蔬菜年进口额（美元） | 中国对日出口额占日本蔬菜进口额比例/% |
|---|---|---|---|---|---|---|
| 2008 | 1 408 986 887 | −9.36 | 6 147 181 388 | 22.92 | 3 062 640 984 | 46.01 |
| 2007 | 1 554 545 233 | −9.07 | 6 006 874 851 | 25.88 | 3 100 359 069 | 50.14 |
| 2006 | 1 709 644 337 | 6.00 | 5 253 803 264 | 32.54 | 3 243 189 169 | 52.71 |
| 2005 | 1 612 896 312 | 6.13 | 4 345 645 245 | 37.12 | 3 219 326 614 | 50.10 |
| 2004 | 1 519 756 752 | 25.83 | 3 642 561 208 | 41.72 | 3 189 559 678 | 47.65 |
| 2003 | 1 207 811 421 | 10.66 | 2 957 447 232 | 40.84 | 2 800 042 719 | 43.14 |
| 2002 | 1 091 469 718 | −8.18 | 2 549 900 106 | 42.80 | 2 647 445 331 | 41.23 |
| 2001 | 1 188 739 128 | 6.94 | 2 270 296 413 | 52.36 | 2 997 173 100 | 39.66 |
| 2000 | 1 111 584 090 | 5.36 | 2 033 200 062 | 54.67 | 3 040 284 763 | 36.56 |
| 1999 | 1 055 030 517 | — | 1 880 303 981 | 56.11 | 3 064 432 711 | 34.43 |

资料来源：作者根据联合国贸易数据库（UNCOMTRADE）整理而得

## 5.3.2　中国蔬菜在日本市场的竞争力分析

### 5.3.2.1　技术贸易壁垒及对中国蔬菜对日出口的影响分析

　　蔬菜是中国农产品中具有比较优势的重要产品。根据有关专家以前的预测，加入 WTO 后会对中国的蔬菜出口带来更好的发展机遇，但结果未如预期，其中一个重要原因就是进口国频繁使用技术贸易壁垒来限制中国蔬菜的进口。例如，在中日蔬菜贸易中，日本对中国蔬菜进口加强各种检测，设置了层层进口壁垒，严重阻碍了中日蔬菜贸易。其主要手段包括设定严苛的技术标准、提高检查率、扩大检测覆盖面等，这不仅增加了中国出口企业的检测费用，出口成本提高，而且还因为通关速度的降低等引起蔬菜保鲜品质下降。因此，在对山东蔬菜出口企业的调查中，部分企业认为向日本出口蔬菜的风险比较大，在开拓其他国家和地区新市场的同时逐步缩小对日蔬菜出口数量。

　　在整理了 2000 年以来中日之间主要的蔬菜贸易摩擦事件之后可见，2000

年以来影响中日蔬菜贸易的大事主要有四起，即 2000 年年底至 2001 年年底，日本以大葱等冲击国内产业为由掀起的中日贸易战、2002～2004 年横跨三个年度的冷冻菠菜农残超标事件、2000 年开始由疯牛病以及蔬菜农残超标等引起的日本对《食品安全法》进行的系列修改、围绕《食品安全法》而自 2003 年开始准备并在 2005 年公布 2006 年正式实施的"肯定列表"制度。由图 5-1 可见，尽管 2006 年以前，中日蔬菜贸易摩擦不断，但总体上还是保持增长态势。而在 2006 年日本实施"肯定列表"制度之后，日本蔬菜进口额的下降趋势趋强，2007 年、2008 年分别相对上年下降 4.40%、1.22%，而中国输日蔬菜在这两年分别下降 9.07%、9.36%，下降趋势趋增，且下降速度远远高于日本蔬菜进口总额的下降速度。因此，由于技术壁垒造成的中国蔬菜在日本市场竞争力的下降是不争的事实，这也说明在日本"肯定列表"制度酝酿直到出台的最少三年时间内，中国并没有完全做好准备来通过蔬菜产业升级应对贸易壁垒的挑战。

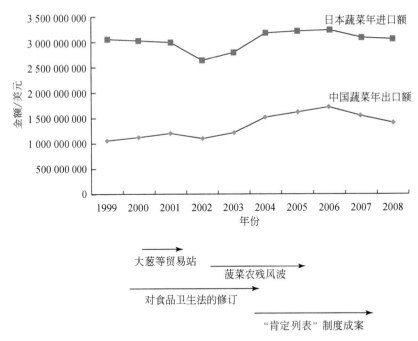

图 5-1　中日蔬菜贸争端及日本蔬菜进口变动趋势

资料来源：作者根据联合国贸易数据库（UNCOMTRADE）统计数据及有关报道整理

### 5.3.2.2　中国及其主要竞争者在日本蔬菜市场的竞争力分析

根据联合国贸易数据库（UNCOMTRADE）统计数据整理可发现，日本市场进口蔬菜产品来源十分广泛，2008 年排名前 10 位的国家和地区分别是中国、美国、韩国、泰国、新西兰、意大利、加拿大、墨西哥、澳大利亚、越南，日本蔬菜市场自上述国家进口蔬菜总额占蔬菜进口总额的近 90%。图 5-2 将以上各国在日本蔬菜市场的渗透率与近 15 年的平均增长率结合了起来，从中可见，中国和韩国属于高市场占有率、正增长象限内，新西兰、意大利、加拿大和越南属于低市场占有率、正增长象限内，而美国虽然市场占有率高，但增长率为负，泰国、澳大利亚和墨西哥的市场占有率低、增长率也为负。其中，尽管中国在日本蔬菜市场有较高市场份额，但是其增长率趋缓。因此，中国蔬菜在日本市场上的占有率几乎没有提高，其竞争力实质上在相对下降。

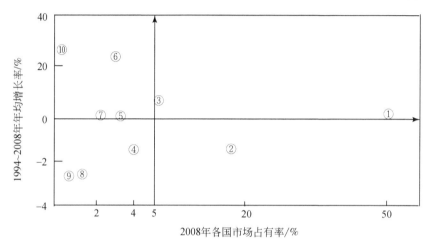

图 5-2　各国在日本蔬菜市场的市场占有率和年均增长率

注：图中①为中国；②为美国；③为韩国；④为泰国；⑤为新西兰；⑥为意大利；

⑦为加拿大；⑧为墨西哥；⑨为澳大利亚；⑩为越南

资料来源：作者根据联合国贸易数据库（UNCOMTRADE）整理而得

从图中可见，中国在日本蔬菜市场的主要竞争者是美国、韩国等。另外，需要特别关注的是意大利和越南，尽管其市场占有率不算太高，但是增长势头强劲，特别是越南，年均增长率最高。因此，意大利和越南是值得我们关注的竞争者。

### 5.3.2.3　中国蔬菜对日出口产品质量升级指数分析

出口产品质量升级指数是指通过计算报告期相对基期每单位产品出口价格的变化，间接反映出口产品质量变化的指标。从出口产品质量升级指数的定义可以看出，它反映的是出口金额与数量之比的变动情况，这在说明出口产品质量上有些片面，因为劳动生产率的提高或出口产品成本的下降都可能在不影响产品质量的情况下，使出口质量升级指数下降。本书引用该指标主要是因为它在某种程度上说明了出口商品的价格、附加值和技术含量的变动情况，即在一定程度上反映了出口产品竞争力质的问题。

本书以 2003 年为基期，选取 2004～2008 年中国输日蔬菜产品各品目计算的出口产品质量升级指数见表 5-9。从表 5-9 中可见，大多数品目的质量升级指数都呈上升趋势，这可能是两方面原因共同作用造成的：一方面，可能是面对日本实施"肯定列表"制度，中国相关蔬菜生产组织加大了技术投入，蔬菜产品品质得到了提升；另一方面，也可能是由于中国实施有关措施，蔬菜生产成本大幅上升，这也在对胶东半岛的蔬菜出口企业的调查中得到了证实。商检部门实施出口基地备案制度，强制要求企业或者采取自由基地、或者采取合同基地模式，使得企业成本大幅度攀升，出口价格相应有所上升，从而推动质量升级指数上升。但是总体上应该是提升了中国蔬菜产品在日本市场的竞争力。

表 5-9  2004～2008 年中国输日蔬菜各品目出口产品质量升级指数

| 品　目 | 2008 年 | 2007 年 | 2006 年 | 2005 年 | 2004 年 |
| --- | --- | --- | --- | --- | --- |
| 0701 | 1.06 | 1.46 | 1.35 | 0.74 | 0.92 |
| 0703 | 1.19 | 1.16 | 1.27 | 0.99 | 1.05 |
| 0704 | 0.95 | 1.26 | 1.21 | 1.05 | 1.08 |
| 0705 | 0.72 | 2.19 | 4.42 | 2.41 | 1.68 |
| 0706 | 0.84 | 0.65 | 0.80 | 0.60 | 0.65 |
| 0707 | — | — | — | — | 0.32 |
| 0708 | 2.39 | 2.16 | 1.66 | 1.41 | 1.04 |
| 0709 | 3.99 | 2.44 | 2.34 | 1.92 | 1.53 |
| 0710 | 1.16 | 1.10 | 1.09 | 1.06 | 1.01 |
| 0711 | 1.31 | 1.23 | 1.12 | 1.06 | 1.08 |
| 0712 | 1.38 | 1.37 | 1.34 | 1.13 | 1.09 |
| 0714 | 1.33 | 1.25 | 1.17 | 1.07 | 0.98 |
| 091010 | 2.46 | 1.68 | 1.56 | 2.07 | 2.28 |
| 091020 | 148.67 | 91.94 | 8.44 | 11.22 | 3.15 |
| 091030 | 1.42 | 1.23 | 1.30 | 1.24 | 1.17 |
| 2001 | 1.36 | 1.43 | 1.36 | 1.34 | 1.10 |
| 2002 | 1.48 | 1.13 | 1.05 | 1.00 | 1.00 |
| 2003 | 2.43 | 2.16 | 1.96 | 1.80 | 1.79 |
| 2004 | 1.45 | 1.50 | 1.40 | 1.22 | 1.04 |
| 2005 | 1.35 | 1.19 | 1.16 | 1.16 | 1.09 |
| 整体 | 1.35 | 1.22 | 1.11 | 1.06 | 1.06 |

资料来源：作者根据联合国贸易数据库（UNCOMTRADE）整理而得

总之，中国蔬菜产品在日本市场已经在数量上已显示出了很强的竞争力，在质量上也已经开始有所提高，这充分说明中国在日本蔬菜市场的竞争已经开始从注重量转向注重质。基于出口量的增加总是有限的，特别是中国在日本蔬菜市场上已经有很高的市场占有率，因此要提高竞争力，就只有在质上下工夫，通过升级来提高产品质量和附加值，只有这样该产业的竞争力才有更多的上升空间。

### 5.3.3 中国蔬菜产品在日本市场的竞争力影响因素分析

通过以上分析可知，尽管中国蔬菜产品在日本市场具有很强的竞争力，但主要是量的扩张、竞争力呈下降趋势，而质的竞争力有上升趋势。而这种趋势主要是受以下几个因素的影响。

#### 5.3.3.1 贸易环境因素

贸易环境直接影响了企业的经营绩效，是企业创造持续竞争优势的外在条件。国际市场竞争日益激烈，一些发达国家为了保护自己国家的农业，竞相使用超标准的技术贸易壁垒来限制从发展中国家的进口，通过改变贸易环境达到目的。因此，日本"肯定列表"制度的出台恶化了中国蔬菜企业的国际竞争环境，直接造成了中国出口蔬菜残留超标风险增大、蔬菜生产成本增加、检测项目增多和时间增长所导致的通关速度缓慢等，这会造成中国蔬菜中小企业生存困难，在日本市场的竞争力下降。但是，这种贸易环境的变化也反映了人们对蔬菜质量安全关注的提高，也涉及消费者的身心健康、生活质量和社会经济的可持续发展，关系到中国蔬菜业的竞争力问题，因此，应把握这种变化趋势、通过产业升级来积极应对。

#### 5.3.3.2 成本因素

目前关于竞争力的代表性观点主要有两种，即比较优势理论和竞争优势理论，它们是两种不同层次的优势比较。其中，比较优势理论涉及国家层面的国际分工，强调要素优势在产业定位中的作用，主要关注的是生产能力，其主要目标是提高企业的生产效率；而竞争优势理论则是研究企业如何在竞争中获胜（Giuliani et al., 2005；李辉文，2006）。中国蔬菜在日本市场的竞争优势主要表现在适宜的自然资源、丰富的劳动力资源以及地缘优势，因此，基于低廉成本的价格优势是中国蔬菜出口的重要法宝（傅泽田等，2006）。因此，目前中国蔬菜在日本市场的竞争优势还是基于比较优势，本质上是依赖于低廉的劳动力成本。但是，随着中国工业化进程的推进，劳动力成本必然会持续升高。因此，单纯的由资源禀赋决定的比较优势并不表明中国蔬菜在日本市场具有竞争优势。如果一味陶醉于其中，则可能陷于"比较优势的陷阱"之中。

### 5.3.3.3 技术因素

技术进步是农业生产发展的核心动力。目前，储运、包装以及装潢水平比较低，使得中国在日本蔬菜市场上以初级蔬菜等为主，产品科技含量低、创新能力不高，是一种微弱的竞争优势，表现出不稳定的特征。这反映了中国蔬菜生产科技含量低，技术装备差，而且新品种和实用技术的推广力度也不够，品种种植结构不能满足国内外市场的需求。因此，应加强技术对产业的支撑能力，强化核心竞争力。

### 5.3.3.4 价值链的组织形式

中国蔬菜在日本市场表现出来的竞争力的背后是整个中国蔬菜产业的系统竞争力，因此，价值链上各个环节以及不同环节之间的关系就至关重要，也就是所谓的价值链的组织形式问题。中国蔬菜生产的基本特点是人多地少，生产以农户小规模分散经营为主。这既是中国蔬菜生产的优势，例如，中国菠菜由于采用人工手工操作为主，相对于美国产品更整齐、干净，深受日本市场的欢迎，但这也是一种劣势，因为面对千百万农户来推广实施标准化生产，其操作难度大、组织成本高，事倍功半，且由于分散种植，也无法从根本上监督标准的实施过程，以确保蔬菜产品的品质。因此，适合中国国情的价值链组织形式是影响中国蔬菜产品国际竞争力的重要因素之一。

总之，中国蔬菜产业尽管在日本蔬菜市场上表现出较强的竞争力，但是依然存在着增长乏力、结构有待改善、竞争加剧以及国际贸易环境恶化等挑战。中国蔬菜产业也只有把挑战看做机遇、迎难而上，在巩固比较优势基础的同时，通过升级、提高能力来大力培育竞争优势，才能保证中国蔬菜产业的健康稳定发展，并促进中国农业产业结构的进一步优化，增加农民收入。

## 5.4 全球价值链下中国蔬菜企业竞争力与升级路径分析<br>——微观的视角

微观经营组织是评价国际竞争力的基础，是升级的主体。因此，对中国蔬菜业典型地区的微观组织在所嵌入全球价值链的地位和升级情况进行分析，对理解中国蔬菜业国际竞争力具有特殊意义。本节拟选择的研究对象是以出口葱姜蒜产品而闻名的山东省安丘市经营组织，据有关媒体报道，在日本每个超市都有安丘蔬菜出售。由于蔬菜加工企业是联系农户和国外市场的核心纽带，本节也主要以安丘蔬菜加工企业为主进行分析。研究目的有两个，一是对山东安丘蔬菜业升级演化过程的分析，二是对山东安丘蔬菜业国际竞争力的评价，最终希望通过实证研究找出中国蔬菜业升级的特征和演化路径。

## 5.4.1　理论背景回顾

本书理论部分已经探讨了嵌入全球价值链对发展中国家企业的意义，但是正如指出的那样，学者往往将研究视角集中于发展中国家现代大型工业领域，并总结出从过程升级、产品升级到职能升级、价值链升级的发展道路，并认为农业部门的工作会被工业逐渐替代（Romijn，1999），技术对农业部门的重要性也远远低于工业部门。然而事实不是这样的，张培刚先生早就指出，二元经济结构的发展中国家能否顺利地走向现代化的关键之一是传统农业的改造。所谓传统农业改造，就是指传统的农业生产要素组合方式发生变化，从而产生实现农业技术进步的经济效益的过程（张培刚，1999）。传统农业的改造既包括技术创新（农业生产技术变革），也包括制度创新（农业组织方式的变革）（张培刚，1999）。因此，农业的发展最终要依靠农业科技创新和体制创新，只有加强农业科技的推广与应用，提高农业的科技含量，才能解决人口增长与资源减少之间的矛盾，提高农业的国际竞争力。另外，Gibbon（2003）和Gibbon（2008）的研究也表明了当前基于全球价值链的升级研究所存在的问题，不仅仅包括在农业领域中区分过程升级和产品升级的困难，还包括如职能升级、链的升级等，它们似乎是描述了一个新的发展方向，但在农业领域的一些环节中是不现实的，农民几乎不可能进行这些看起来更"高级"的升级，而技术能力视角可以帮助我们思考升级的本质。

基于技术能力视角的全球价值链升级的研究把发展中国家企业嵌入全球价值链视做获得了外部知识来源，通过模仿、学习来缩短与发达国家企业的差距，并在此过程中逐步培养自主创新能力，最终能够形成并维持、培育和更新核心能力，成为最具创造力的企业。该理论观点强调升级的动态以及各种升级形式之间的内在逻辑联系，并把升级所需要的内生能力积累和外生特征治理相连接，为发展中国家企业升级战略提供了指导。该观点也解释了农业领域生产经营组织通过嵌入全球价值链来实现升级的本质，农业领域生产经营组织的战略不应该只是关注那些很难实现的"高级道路"，而应该关注如何通过加入全球市场来提高技术能力。

关于技术能力的内涵及类型，当前研究看法各异。本节将按照 Lall（1992）关于企业技术能力的功能型结构分类进行研究，即包括投资能力、生产能力和关联能力三大类，同时将 Moller 和 Anttila（1987）、Hooley et al.（1999）等关于企业营销能力的论述纳入企业技术能力的范畴。因此，本节所指企业技术能力按照功能由此四部分构成。

## 5.4.2　安丘蔬菜业发展概况

葱姜蒜是中国广泛栽培的重要蔬菜作物，在国际上占有非常重要的地位。据有关资料统计，中国葱、姜、蒜常年种植面积分别占世界的 90%、45% 和 65% 左右。葱、姜、蒜也是中国极具国际市场竞争力的主要出口蔬菜，目前在中国出口蔬菜中约占 1/4（李剑桥等，2009），其中，山东所占份额超过七成，是全国葱姜蒜生产及加工出口的主要省份，而山东省安丘市为其中一重要出口基地。

山东省安丘市位于山东省中部偏东，潍坊市南部，地处东经 118°44′～119°27′，北纬 36°05′～36°38′。安丘市是"全国园艺产品（蔬菜）出口示范区"、山东省四个省级"无农药残留放心菜基地县"之一，在 20 世纪 90 年代初就开始出口蔬菜，被誉为日本、韩国的"菜篮子"，在山东也素有"国内蔬菜看寿光，国际蔬菜看安丘"之说流传。

依托丰富的姜蒜资源优势，白芬子镇于 1993 年建立了安丘市姜蒜批发市场。该市场总投资 1 亿多元，占地 200 亩，分为产品交易区、产品加工区、餐饮服务区、集市贸易区等多个功能区域，形成了市场带龙头、龙头带基地、基地联农户的农业产业化经营模式，带动了周围葱姜蒜产业的发展。市场从业者 6000 多人，年加工交易量 40 万 t，年交易额 14 亿元，实现地方税收 150 多万元。1999 年被农业部确定为"定点市场"，2002 年被省乡镇企业局确定为"省级姜蒜贸易加工园区"，2005 年被确定为"省级重点农业龙头企业"，成为全国最大的常年性葱姜蒜专业批发市场及加工、销售中心。

在农产品出口市场日益凸现"绿色壁垒"的形势下，安丘市为了提高蔬菜产品质量、实现蔬菜产业升级，积极探索农村土地家庭承包经营制条件下规模化、标准化生产的体制机制，率先引入"区域化"生产模式，对出口农产品进行区域化综合治理。出口食品农产品质量安全示范区建设是在一定行政辖区内，以出口食品农产品符合国际市场准入标准为目标，整合行政管理和检测资源，加强区域内环境、水源、水域、农业投入品等综合管理，构筑"源头备案、过程监督、抽查检验"三道防线，对农业生产和食品农产品质量安全实施全程监控，以保障质量安全。通过示范区建设，形成地方政府主导、监管部门联动、龙头企业带动、多方交流参与的工作机制。其中，重点是五个体系的建设：一是完善的质量标准体系，让农业生产有章可循；二是严格的控制管理体系，让假药没有市场；三是良好的科技服务体系，成为有力的技术支撑；四是健全的检验检测体系，确保农产品放心安全；五是周密的组织领导体系，形成强力推进机制。安丘的经验被称为"安丘模式"，并被在全国范围内推广。

## 5.4.3 研究方法与资料的收集分析

### 5.4.3.1 研究方法

案例研究是回答"如何（how）"或"为什么（why）"等研究问题的首选研究策略（Yin，1984），有利于更为清晰地观察事物发展的过程及其背后的规律（Eisenhardt，1989）。其中，由于多案例研究就像进行了多项实验一样，其结论比单案例设计来得有力，能够在一项研究中同时找到正面与反面的证据，还可以探讨同一概念在不同场合下的运用结果，因此，我们选定的主要研究方法是多案例研究，并遵从复制法则（Hersen and Barlow，1976）进行分析。

### 5.4.3.2 资料收集

（1）案例选取

在选取案例时，正如 Pettigrew（1990）所强调的，案例研究要选取典型和极端的情形才更为合适，因为这样的典型案例有助于获取丰富、详细和深入的信息。案例研究中的随机样本是不必要的，也是不可取的（Eisenhardt，1989）。因此，如前所述，由于山东安丘蔬菜业发展领先于其他地区，是典型的通过嵌入全球价值链实现竞争力提高案例，其发展道路有很大的研究价值，也很契合我们前面所构建的通过嵌入全球价值链实现升级的理论。

同时，由于在安丘所属的潍坊市设有国家大宗蔬菜产业技术体系的综合试验站，安丘是《全国蔬菜重点区域发展规划》中"东南沿海出口蔬菜重点区域"的基地县之一，作者所参加的国家大宗蔬菜产业技术体系产业经济研究室与当地的综合试验站在工作中形成了良好的关系，作者在当地调研能得到综合试验站、安丘市农业局的大力协助，这使我们能顺利、自由地进行访谈和现场考察，也是选择山东安丘进行深入案例研究的理由。

具体的公司选取方面，我们尊重当地农业主管部门及农业技术科研部门相关人员的意见，因为我们相信他们推荐的都是在当地蔬菜业发展中典型的、愿意配合研究的企业。事实也的确如此，尽管在山东省安丘市调查的四家企业经营情况各异（表5-10），但其中既有在中国为日本市场专门种植大葱的第一人吴卫东先生所建立的安丘市东方红食品有限公司，也有后起之秀；既有职业经理人进行管理的企业，也有所有者直接经营的企业。面对困境各企业的经营策略差异也比较大，但是这些公司的共同特征是其经营的品种都是以安丘本地具有优势的葱姜蒜产品为主，葱类产品是其共同的交集，因此，符合案例研究要选取典型和极端的情形更为合适（Pettigrew，1990）的判断，研究涉及具体产品时也主要围绕葱类产品展开。但是，在对农户的调查中是根据自己的兴趣选取农户进行访谈。调查集中于2009年7月份进行，并收集了大量资料和二手数据。

表5-10　被调查企业基本情况

| 项　目 | 安丘 DT 食品有限公司 | 潍坊 XS 食品有限公司 | 安丘 DF 食品有限公司 | 安丘 FL 食品有限公司 |
|---|---|---|---|---|
| 企业性质 | 中日合资 | 私有 | 中日合资企业（日方企业为该公司关联人在日本注册的销售公司） | 私有 |
| 经营品种 | 圆葱、牛蒡、生姜 | 主要从事生姜、大蒜等冷冻蔬菜的出口，除此之外还包括冷冻、保鲜、盐渍蔬菜，冷冻、保鲜水果，果浆、果脯等60多个品种 | 专门从事日本大葱保鲜加工 | 保鲜蔬菜（生姜、芋头、长葱、圆葱、胡萝卜、白菜、包菜、大蒜、牛蒡、大根、辣椒）、腌制菜（黄瓜、姜块、姜片、姜芽、大根、牛蒡、芥菜、蒜米）、速冻菜（芋头、姜泥、蒜泥）等 |
| 加工类型 | 初级加工 | 初级加工、深加工 | 初级加工 | 初级加工为主 |
| 市场去向 | 日本（80%去皮洋葱）、韩国（主要出口牛蒡） | 日本、美国、欧盟、韩国以及东南亚等国家和地区2006年以来开始向欧美等地区倾斜 | 日本 | 日本、欧盟等地区，现着重开拓欧盟、美国等市场 |
| 经营规模 | 2008年面向日本加工厂的圆葱出口量为20万t，牛蒡出口量为1000~1200t | 年出口创汇4000多万美元，产品销售收入3亿多元人民币 | | 2008年出口总值300万美元 |

| 项　目 | 安丘 DT 食品有限公司 | 潍坊 XS 食品有限公司 | 安丘 DF 食品有限公司 | 安丘 FL 食品有限公司 |
|---|---|---|---|---|
| 基地 | 安丘基地 2000亩，云南 300亩，甘肃 500亩 | 自有基地 3000多亩，合同基地 5000多亩 | 自有基地 5000亩（山东省内 3000亩，浙江萧山 2000亩） | 自属基地 3000 亩以上 |
| 基地模式 | 自有、"公司 + 农户" | 自有、"公司 + 农户" | 自有、"公司 + 农户" | 自有、"公司 + 农户"、"公司 + 合作社 + 农户" |
| 标准化 | 通过下游日方企业的内部认证；通过 ISO9001：2000 认证；计划申请 EUREP-GAP 认证 | 通过了 ISO9000、HACCP、EUREP-GAP、BRC、英国超市 TESCO 的 TNC 和 ETI 认证、日本 JAS 认证 | 通过了 ISO9000、GAP、HACCP 认证，同时某些产品通过了绿色食品认证；自建检测中心 | 通过了 EUREGAP、HACCP 认证，更关心客户的私人认证 |

资料来源：根据调查资料整理

（2）资料收集

本部分的研究数据主要来源于四个方面：①对四家企业负责人的访谈，主要是一对一的深度访谈和多对多的座谈两种形式，座谈中企业负责人及相关政府部门负责人、科研人员就同一问题阐述了不同见解，特别是不同企业负责人之间的争论加深了座谈内容的深度；②对 4 位潍坊市、安丘市相关部门人员和科研部门人员的访谈；③对 20 位当地蔬菜种植户的访谈（以上访谈基本情况参见附录三）；④二手资料，包括统计资料、政府的报告以及新闻报道。

访谈为半结构化和开放式问题。对企业的访谈主要包括以下问题：企业发展历程和目前业务情况；企业设备、人员情况及来源；企业生产过程情况及改善情况；企业与农户的关系；企业与下游企业的关系；食品安全问题的控制；对当前出口形势的看法和未来的规划等。对政府部门及相关科研人员采取开放式座谈，主要围绕产业的发展历程、外部环境的变化、典型企业的发展状况、目前存在的问题及解决方法等展开。对菜农的访谈主要包括以下问题：家庭基本情况；种植方式及技术情况；最近一年中种植的投入与产出；加入蔬菜合作组织情况；菜后处理及销售情况；食品质量安全意识等。我们在访谈中进行了速记，部分访谈内容在不影响访谈效果的前提下进行了录音。

二手资料中，除了在有关政府部门获得的有关统计资料、档案资料外，主要是有关安丘蔬菜产业发展的报纸文章、研究论文等，另有部分数据来自日本官方相关网站。

资料搜集由四人完成，其中两名为博士研究生（也是高校讲师），两名为硕士研究生。参与调查者分别独立完成了调查日记。

### 5.4.3.3 资料分析

资料分析是案例研究的核心。为了把来源比较广泛的资料整理成易于分析的数据单元，在资料分析工程中也严格遵循案例研究的基本分析步骤（毛基业和张霞，2008）进行资料分析

（1）主题分析、资料汇总与编码

根据访谈记录和二手资料，参与调查者在每天调查后都召开了例会，并在作者所参加的国家自然科学基金项目研究小组内进行了汇报，与有关专家进行了交流，在此过程中逐步形成了研究主题，即分析嵌入全球价值链实现企业升级的演化过程，同时评价该地企业的竞争力。

在资料汇总环节，作者及其他研究者对访谈录音、访谈记录、公司资料等进行了摘记，完成了资料的文本化。在本书中，根据理论建构情况对所获得的资料分别进行归类编码和描述性分析，并使其能够交叉对比、相互补充、相互验证（表5-11）。

表5-11　范畴的归类编码

| 编码的范畴 | 相关概念举例 |
| --- | --- |
| 企业技术能力 | 管理能力、质量、深加工、投资、出口市场、设备、技术人员、标准 |
| 治理 | 合资、考核、检验检疫、政府的政策、自有基地、合同基地、市场、协会管理、产品规格 |
| 升级 | 市场、产品、过程、投资、实验室、创新 |

（2）时间维度的确立

根据访谈者的经验判断，结合访谈记录和二手资料的分析与描述，主要根据葱类产品种植与贸易情况分析，我们发现日本政府的干预对安丘蔬菜业的发展起了决定性作用，其中，影响最大的分别是两个事件：一是2001年日本政府对从中国进口的大葱等实施紧急限制进口措施，这是日本自1955年成为GATT成员至今，第一次对别国采取"紧急设限"措施；二是2006年开始实施"肯定列表制度"。第一次事件经过中日政府磋商，日本政府于2001年年底决定不对中国的大葱等启动正式保障措施。中国仍是日本最大的大葱进口国，但是第二次事件后，由于大葱属于"高风险"蔬菜，中国对日出口额急剧下降。进一步查询有关统计数据的结果支持我们的初步发现（图5-3、表5-

12）。因此，我们把2001年和2006年确定为发展的拐点，可把安丘企业的演化升级分为三个阶段，即1996～2000年的快速发展阶段；2001～2005年的动荡上升阶段；2006年至今的调整转型阶段。

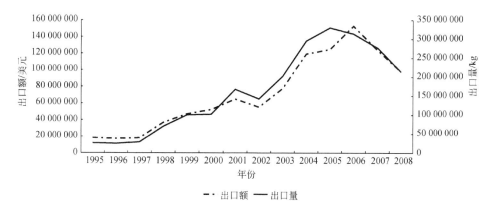

图5-3　0703品目商品中国对日出口情况变化趋势（1996～2008年）

资料来源：根据联合国贸易数据库（UNCOMTRADE）整理而得

表5-12　0730品目日本进口及中国对日本出口情况

| 年　份 | 中国对日出口 | | 日本进口 | | 单位价值 | | 中国对日出口占日本进口的比例/% | 中国出口与日本进口单位价值之比 |
| | 金额/美元 | 数量/kg | 金额/美元 | 数量/kg | 日本进口/美元/kg | 中国出口/美元/kg | | |
| --- | --- | --- | --- | --- | --- | --- | --- | --- |
| 1995 | 18 466 633 | 26 146 241 | 161 488 350 | 266 638 628 | 0.61 | 0.71 | 11 | 1.17 |
| 1996 | 17 227 437 | 24 762 745 | 116 996 679 | 217 659 574 | 0.54 | 0.70 | 15 | 1.29 |
| 1997 | 18 174 104 | 28 889 823 | 94 927 499 | 209 371 029 | 0.45 | 0.63 | 19 | 1.39 |
| 1998 | 36 818 685 | 70 121 994 | 121 605 061 | 250 053 200 | 0.49 | 0.53 | 30 | 1.08 |
| 1999 | 47 167 067 | 100 533 093 | 11 819 1340 | 281 692 831 | 0.42 | 0.47 | 40 | 1.12 |
| 2000 | 52 256 640 | 101 808 499 | 131 132 969 | 337 761 782 | 0.39 | 0.51 | 40 | 1.32 |
| 2001 | 64 938 302 | 167 436 607 | 130 378 529 | 328 116 908 | 0.40 | 0.39 | 50 | 0.98 |
| 2002 | 55 215 027 | 142 318 468 | 90 333 984 | 224 516 948 | 0.40 | 0.39 | 61 | 0.96 |
| 2003 | 77 599 879 | 202 028 611 | 144 000 701 | 322 591 023 | 0.45 | 0.38 | 54 | 0.86 |
| 2004 | 119 324 594 | 295 301 093 | 171 355 782 | 380 659 308 | 0.45 | 0.40 | 70 | 0.90 |
| 2005 | 124 939 262 | 329 891 016 | 188 535 280 | 466 444 032 | 0.38 | 0.38 | 66 | 0.94 |
| 2006 | 152 821 017 | 313 854 669 | 204 315 853 | 396 513 606 | 0.52 | 0.49 | 75 | 0.94 |
| 2007 | 123 644 771 | 276 694 217 | 153 221 275 | 306 136 216 | 0.50 | 0.45 | 81 | 0.89 |
| 2008 | 97 731 315 | 213 748 342 | 123 583 483 | 242 171 648 | 0.51 | 0.46 | 79 | 0.90 |

资料来源：根据联合国贸易数据库（UNCOMTRADE）整理而得

（3）信度检验

本书通过访谈、档案资料、二手数据等多种来源搜集资料，通过对资料的三角测量（triangulation of data）来保证研究的信度。同时，我们也采用了多种方法分析数据，如内容分析、主题分析，并利用了有关电脑软件（SPSS）。在分析中有模糊的地方，作者利用开会机会或其他通信方式向当地有关人员请教、核对相关情况并征求意见、向专家请教，在此基础上对分析作了进一步的完善。

### 5.4.4　安丘蔬菜业嵌入全球价值链实现升级的演化过程及策略[1]

#### 5.4.4.1　快速发展阶段（1996~2000年）：获得基础技术能力

安丘盛产葱、姜、蒜，历史悠久。安丘大葱生产始于1995年，当时安丘东方红食品有限公司董事长吴卫东先生在日本进行市场考察，发现日本市场三颗大葱售价高达28元人民币，于是在次年就开始在安丘种植大葱出口日本市场，但此后两年出口量保持在万t以内，规模相对较小。1998年受台风影响，日本因大葱歉收而紧急从中国进口，并开始将大葱种子大规模引进安丘市，安丘大葱栽培面积迅速扩大，对日本出口逐年增加，1999年达到4万t之多。由于大葱种植地区为平原，其土质好，作物产量高，平均亩产可达约6000kg，且大葱一年有两季收获，因此农民种葱积极性高，目前年种植面积已达15万亩，年总产量约18亿kg。家家户户种葱、姜，使该市成为江北最大的生产和出口基地。

由于安丘地区有种植葱姜蒜的历史，种植方式多是沿袭传统，企业与菜农之间主要采取市场治理形式。例如，中国青年报的一篇报道对2001年之前公司与农户之间的关系是这样描述的：他们每周依据日本来的订单，向农民收购葱、姜和其他蔬菜，简单加工后出口（蒋薇，2001）。而国外进口商则开始采取合资等形式与国内企业合作。例如，成立于2000年的DT食品有限公司就是中日合资，该企业负责人认为外商主要负责产品的国外销售和通关资料的准备等，对种植技术和加工技术没有多大的帮助。变化主要体现在产品类型上，为适应日本人对大葱品质的要求，出口商在20世纪90年代开始直接从日本引进大葱种苗或对日本葱种进行改良，生产出来的大葱葱白很长，而且有甜味，深受日本消费者的喜爱，产品价格也远高于日本平均进口价格（表5-12）。但是，在中国消费者眼里，日本人喜爱的大葱质地硬，味道浓，不太适合做中国菜。因此，为适应国外市场的要求，采用的种子都是国外公司提供，蔬菜产品

---

[1]　本部分未标明出处的二手资料或者相关访谈记录均见表5-13。

可能不适合国内消费习惯，这会给企业带来锁定风险。

### 5.4.4.2 动荡上升阶段（2001～2006年）：权力关系的重构

2001年4月17日，日本政府在内阁会议上正式决定，从4月23日起，对主要从中国进口的大葱、鲜香菇、蔺草席实行临时紧急限制。紧急限制后给中国企业及农户带来了巨大的损失，例如：

A公司2000年通过日本B食品商社向东京和神户每年出口1500t大葱。A公司与日方没有长期的价格合同，价格的变动大，A公司对此非常担心。由于日方的定货量变化，所以从农民手里购进时非常慎重，尽可能减少风险。2000年春天，1kg1.2元从农民那里购进，在青岛港装箱后每吨以离岸价格（FOB）500～750美元销售给B商社。但是2001年5月至现在，由于没有B商社的订单，A公司不能收货，农民不得不向国内市场上发售，价格暴落到0.1元/kg。此次紧急进口限制的实施影响最大。据调查，生产大葱的农户收入大幅降低，生产已经转向生姜和小麦等作物。其中生姜销售价格和出口量比较稳定，除了日本以外还可以向韩国以及中东等地区出口，风险较小。调查的大多数农户都放弃了大葱的收获，苗床上还留有没有定植的大葱苗。据政府官员介绍：现在大葱栽培面积降到原来的1/10，到了秋季过后的需求期即使日方需要大葱也没有了。在寿光市蔬菜批发市场，个体农民把收获下来的大葱拿到该市场上甩卖，价格已经降到0.1元/kg。

资料来源：http：//www.zjagri.gov.cn/html/zzy/colligateView/2006012541864.html

尽管在2001年年底中日之间通过谈判达成了一致，解决了贸易争端，但是2001年日本发生的疯牛病导致日本成立了食品安全委员会，开始着手修订食品卫生法，加上其后输日农产品安全问题频出，共同促成了2006年日本实施肯定列表制度，即根据《食品安全基本法》对进口的食品和农产品，制定一个农药、兽药和添加剂残留的检测标准。在此过程中，日本对食品安全给予了前所未有的关注，这种关注业通过日本进口商传递给了上游的中国加工企业、农户，推动了中国经营组织的技术能力的提高，表现在以下几个方面：

1）栽培能力的提升。中国在蔬菜高产栽培技术方面处于国际先进水平，但由于多方面的原因，中国葱产品在良种产业化、安全性生产、产品精细加工、社会化服务等领域和环节上均落后于日本、美国等经济发达国家，特别是标准化安全方面与国外差距比较明显，农药残留监控难度大，产品安全性较差。例如，XS公司的负责人把农药残留放在产品质量的核心地位，为通过GAP等认证强化农药残留和废料控制体系建设，按照进口国和检验检疫部门实施的农药监控计划，对农场使用的农药统一采购、供应，确保药物不含违禁成分。又如，DT公司在成立伊始是由日方企业派技术人员来指导种植，目前已基本上靠自己企业的技术员就可完成对农户的指导工作。

2）生产工艺与过程能力的提升。主要表现在如何满足国外企业的要求，而这种要求以两种形式传递给企业：一是国际认证，二是外国企业自己的考核体系。

DT公司负责人这样说道：公司是和日本客户合资，日本客户主要从事蔬菜进口贸易，加工技术比较简单，基本不需要他们提供。刚开始的时候，管理上如进出口需要提供的资料等帮助很大，现在商检局已经很规范，不需要他们提供什么了。设备是国内的，通过规范种植认证、质量体系认证最好，但不是强制的，是个参考。日本客户考察企业的表格有上千条，一条条考核打分，从早上7点钟到晚上9点，一整天都在这里，从基地到工厂的环境、加工过程，按照他的标准打分。开始不知道他要考核什么，考核后我们勉强及格，达到70多分，换一个厂可能30分都达不到。考核时间不定，有的部分一年来两次，但是认定后就只会要你的产品，基本上每年会来一次，我们也会按照他的表格进行整改。与商检局的考核不一同，商检局主要是硬件环境，日本企业还不好总结，可以把考核表复印给你看一下（作者注释：主要是日本5S管理为基础的一些指标）。

资料来源：根据作者对企业访谈的录音整理

3）价值链治理结构的演变。在2001年的贸易限制事件之后，加工企业开始普遍尝试自建基地或者与农户签订采购合同，改变了加工企业与农户之间的关系：

安丘广通食品有限公司往年从未与农民签过收购合同，但今年签了400亩[①]。也是统一种子、统一肥料、统一农药、统一种植、统一管理，派技术员包户指导。合同规定了最低保护价，到收购时随行就市，让农民种得更安心。在合同中同时注明了对农户不按标准操作导致药残、肥残超标的处罚措施。

资料来源：新华社

总之，通过嵌入全球价值链已经使安丘蔬菜加工企业获得了初步的能力基础，但也面临不少问题，其中的核心问题是产品质量安全问题。

#### 5.4.4.3 调整转型阶段（2007年至今）：创新和升级的开始

日本实施“肯定列表制度”，使得中国对日蔬菜出口整体笼上了一层阴

① 1亩≈666.7平方米。

影，也为安丘大葱经营组织带来了经营困难，这既是挑战也是机遇，具体表现在以下三个方面：

1）日本进口检验检疫要求的提高使得出口企业进一步自律，对日出口持谨慎态度。例如，XS 公司出口日本的蔬菜占公司总出口量的四成左右，主要是洋葱、生姜、牛蒡、胡萝卜和白菜等品种。"肯定列表"实施后，日本客户明显放慢了进口数量；为规避风险，XS 公司也将高风险、容易有农药残留的大葱等"叶菜"暂缓出口，从而导致企业对日出口量同比锐减三成以上。安丘市另一家公司的情况与 XS 公司相似，对日本出口量同比也减少三成以上。

2）增加了经营成本和风险，主要是检测成本和检测、通关时间长可能带来的风险。大葱出口检验项目繁多，商检费太高。国家对大葱出口除采取严格的检疫检验手段外，2005 年以后还规定出口企业要有自己的出口基地，亦称自属基地，基地面积不少于 54hm$^2$，用 GPS 系统定位核实基地面积，少了就不给基地申报出口。由于大葱出口检疫检验时间太长，有的需 15 天，有的 20 天，有的甚至 30 天，大葱不耐储藏，检疫检验完成后已经腐烂变质，加之检验费太高，一个标签就要几百元的费用。凡此种种，严重制约了大葱出口（刘国琴等，2008）。

3）淘汰一批缺乏规范化建设与管理、质量意识差的小企业，造成部分农民收入受损。2006 年春天，大葱价格达到 3.0 元/kg，达到历史顶峰，但好景不长，随日本开始实行"肯定列表制度"，当地大葱价格一落千丈，出现了"葱贱伤农"现象，不利于农业发展。

日本的一系列贸易措施促使中国企业积极应对，客观上提升了中国企业的技术能力和产品质量，表现在以下几个方面（表 5-13）：

**表 5-13　访谈记录和二手资料的引用**

| 演化发展的阶段 | 主题词 | 编码关键词 | 典型引用 |
|---|---|---|---|
| 快速发展 | 治理 | 市场 | 安丘广通食品有限公司往年（作者注：指 2001 年以前）从未与农民签过收购合同……（新华社） |
| | | 合资 | 公司是和日本客户合资，日本客户主要从事蔬菜进口贸易……（DT 公司负责人） |
| | 企业技术能力 | 管理能力 | ……加工技术比较简单，基本不需要他们提供……刚开始的时候，管理上如进出口需要提供的资料等帮助很大……（DT 公司负责人） |
| | 升级 | 产品 | 1998 年日本受台风影响，大葱歉收，日本紧急从中国进口。以此为契机，日本商社将大葱种子大规模引进山东省潍坊市，随着日本需求增加，栽培面积迅速扩大……（刘亚钊，2009） |

| 演化发展的阶段 | 主题词 | 编码关键词 | 典型引用 |
|---|---|---|---|
| 动荡上升 | 治理 | 政府政策 | 对于山东安丘市的葱农来讲，2001 年太不寻常。是年 4 月 23 日，波澜平地起，一场中日贸易摩擦的阴云越过日本海，降落在安丘市的田间地头：限制中国大葱的对日出口（新华社） |
| | | 自有基地 | 安丘东方红食品有限公司董事长吴卫东的"大动作"则是自己建立基地。他在两处乡镇包了 1500 亩地……（新华社） |
| | | 认证 | 日本客户考察企业的表格有上千条，一条条考核打分，从早上 7 点钟到晚上 9 点，一整天都在这里，从基地到工厂的环境、加工过程，按照他的标准打分。开始不知道他要考核什么，考核后我们勉强及格，达到 70 多分，换一个厂可能 30 分都达不到……考核时间不定，有的部分一年来两次，但是认定后就只会要你的产品，基本上每年会来一次……与商检局的考核不一致，商检局主要是硬件环境……（DT 公司负责人） |
| | 企业技术能力 | 生产技术 | ……现在商检局已经很规范，不需要他们（作者注：指合资方）提供什么了……设备是国内的……通过规范种植认证、质量体系认证最好，但不是强制的，是个参考（DT 公司负责人） |
| | | 标准 | 从育苗就照这个"绿本本"办。"本本"定得很细，啥时浇水、啥时施肥，用什么药，用多少量都有规定。咱这葱既是为日本客户种的，就得按人家的要求。今后给葱浇水，看来也得饮用水标准啦（新华社） |
| | 升级 | 产品 | 然而今年（作者注：指 2002 年），他却悄悄地搞了一个"小动作"：在景芝镇试种了 100 亩日本小香葱。他透露，先探探市场，如果好，出口将大小葱并举（新华社） |
| | | 生产 | ……我们也会按照他的表格进行整改……（DT 公司负责人） |
| 调整转型 | 治理 | 标准 | 我们企业已经按照客户的要求通过了一些认证……（XS 公司负责人） |
| | 企业技术能力 | 质量控制 | （生产加工中关键是）怎么控制药残，你药残控制好了，一切问题都解决了……（XS 公司负责人） |

| 演化发展的阶段 | 主题词 | 编码关键词 | 典型引用 |
|---|---|---|---|
| 调整转型 | 升级 | 产品 | 中国洋葱最有竞争优势的地方是剥皮洋葱，剥完皮再出口……干净、没有机械伤、不合格率低……美国由于劳动力成本比较高，不会去剥皮，而日本可以剥皮，但是垃圾处理费用是一笔大开支，因此就使我们的去皮洋葱具有竞争优势，尽管我们的价格过于美国产品的价格，但他们不会剥皮……（DT 公司负责人） |
| | | 投资 | 我在日本合资开了一家加工厂，主要是加工葱花，供给日本的食堂（DF 公司负责人） |
| | | 市场 | 现在我们除了日本市场外，着重发展东南亚、欧盟的市场，他们要求没有那么严格……（FL 公司负责人） |
| | | 实验室 | 吴卫东就联合了同样搞农产品出口的李振华、吴忠全、李成亮、王新华、张维涛 5 位农民企业家，共同投资 400 万元，采用股份制的形式于今年 5 月成立了这家公司，从日本、美国进口了 20 多套先进农残检测设备。现在，这家公司的检测项目涵盖微生物分析、重金属分析、农残分析等 8 大类 256 项，检测能力达到了国家检测检疫部门和出口国产品标准要求（大众日报） |

资料来源：根据访谈记录和二手数据整理

1）"肯定列表制度"实施后，为控制大葱上农药残留，加工企业和农户进一步建立了紧密的关系。例如，DT 公司要求在自属出口大葱基地严格按照日本肯定列表制度生产大葱，基地实行统一栽培管理，在大葱出口最困难时，该企业还有大葱持续出口。烟台市一家以出口调理食品和冷冻蔬菜为主的企业在检疫部门的帮助下，改变以往"公司 + 农户 + 基地"的管理模式，变为"公司 + 基地"的管理模式，由农户自主管理土地变为公司直接指导农户进行土地种植管理，确保管理信息执行的准确性与及时性。该公司负责人认为：

那些最终在高附加值和自有品牌上有所突破的企业，跨过"门槛"后将提高中国农产品在日本市场上的竞争力，扩大市场占有份额，摆脱被动、赢得主动。

资料来源：经济导报，2006（6）

2）加工企业通过技术学习、投资检测设备等，实现了能力提升。东方红食品公司的吴卫东联合李振华、吴忠全、李成亮、王新华、张维涛 5 位农民企业家采用股份制的形式成立潍坊东和分析检测公司，从日本、美国进口了 20

多套世界上最先进的农残检测设备，气相色谱仪、液相色谱仪等现代化检测设备一应俱全，能够迅速完成对出口农产品控制指标的检测。检测项目涵盖微生物分析、重金属分析、农残分析等8大类256项，检测能力达到了国家检测检疫部门和出口国产品标准要求。山东龙大食品有限公司除了购进检测设备外，还派出了4名检测人员到日本最大检疫所——横滨检疫所学习，以使自身的检测水平达到或接近日本的水平。

3）企业灵活掌握出口信息动态，及时调整出口产品种类。DT公司在大葱出口出现困难时改做小香葱，在国内一年四季都可生产小香葱。该企业在福建建立小香葱基地，一般在11月至翌年3月从福建发货出口，4～10月在安丘当地发货出口。

4）充分发挥比较优势。中国蔬菜出口的比较优势在于丰富而低廉的劳动力，如何在这方面做文章、增加国际竞争力、提高产品的附加价值是安丘蔬菜加工企业需要探索的重要问题，并取得了初步成果。

DT公司在对日本出口洋葱过程中面临美国、新西兰等国家的竞争，该公司采取的策略就是充分发挥比较优势，正如其负责人所说：中国洋葱最有竞争优势的地方是去皮洋葱，剥完皮再出口，干净、没有机械伤、不合格率低。美国由于劳动力成本比较高，不会去剥皮，而日本可以剥皮，但是垃圾处理费用是一笔大开支，因此我们的去皮洋葱具有竞争优势。尽管我们的价格高于美国产品的价格，但他们不做去皮洋葱，同时由于日本市场需求量比较稳定，蔬菜价格的变化不会影响出口情况。

资料来源：根据作者对企业访谈的录音整理

5）重视标准化以及认证工作，试图实现从田间地头到车间的全程监测。WX食品公司参照国际最高的欧盟标准组织生产，有600亩基地通过了欧盟GAP认证、1500亩基地通过了日本JAS有机食品认证。在安丘当地政府的人力推动下，形成了以国家标准、行业标准为主体，地方标准相配套，与国际标准接轨的农业标准体系。

6）市场多元化发展。安丘当地企业现在除了日本市场外，也积极开拓韩国、东盟、欧盟、美国等市场。

## 5.4.5 安丘蔬菜在日本市场竞争力的微观分析

尽管安丘蔬菜经营企业积极应对日本的"肯定列表制度"，但是否正在逐步走出阴影？是否通过升级获得了更高的附加价值？表5-14显示出口额直线下降，尽管生产成本上升，但出口的单位价值比以前更低。因此，有必要进一步分析安丘蔬菜业在全球价值链上的地位及现实竞争力情况。

安丘葱、姜、蒜出口市场主要集中在日本等国，安丘是在充分利用当地独特的地理、气候、资源、交通条件、历史文化等因素的基础上，形成众多与农业相关的生产经营者、相关支撑与辅助机构的葱姜蒜集聚，目前在全球价值链上集中于种植和加工两个环节。我们将以葱为例，在对安丘农户和加工企业调查的基础上分析安丘大葱在以日本为目标市场的全球价值链上的竞争地位。

调查可见，安丘农户 2008 年所种植葱的品种多为元藏、田光等，露地种植为主，辅以地膜，其出售价格因售出时间不同差异较大，平均为 1.48 元/kg，亩均纯收入约 3712 元。2008 年，经过加工后的大葱到达日本指定目的港的 CIF（成本加保险费加运费）平均约为 102.1 日元/kg，按照中国银行 2008 年 1 月 1 日和 12 月 31 日的日元对人民币中行折算价的简单平均后的外汇牌价计算，约为人民币 14.64 元/kg（表 5-14）。2008 年，在日本主要城市批发市场中进口葱的平均批发价格缺失，但由于其价格基本稳定，可取前 4 年平均值 137 日元/kg 作为当年批发价格，按同样方法折合人民币为 19.61 元/kg（表 5-15）。2008 年，日本国内主要城市进口葱的平均零售价格为 309 日元，折合人民币 44.23 元/kg（表 5-16）。由此可见，在最终所实现的价值中，中国农户占 3.3%，中国加工及贸易企业占 29.8%，日本批发流通环节占 11.2%，日本零售环节占 55.7%（图 5-4），其中，在中国境内实现的价值只占 33.1%，绝大部分价值都是由零售环节实现的，这也和全球价值链上零售商占主导地位的趋势是相一致的。

表 5-14　2004～2009 年中国对日本出口大葱

| 年　份 | 数量/kg | 比上年增减/% | 金额/×10³ 日元 | 比上年增减/% | 单位价值/（日元/kg） | 单位价值增减/% |
|---|---|---|---|---|---|---|
| 2004 | 69 944 521 | — | 5 510 591 | — | 78.8 | — |
| 2005 | 70 863 953 | 1.3 | 5 748 457 | 4.3 | 81.1 | 2.9 |
| 2006 | 71 813 155 | 1.3 | 6 425 790 | 11.8 | 89.5 | 10.4 |
| 2007 | 49 451 122 | -31.4 | 4 778 318 | -25.6 | 96.6 | 7.9 |
| 2008 | 33 565 489 | -32.1 | 3 427 967 | -28.3 | 102.1 | 5.7 |
| 2009 | 32 552 916 | -3.0 | 3 273 418 | -4.5 | 100.6 | -1.5 |

资料来源：日本农林水产省网站。交易金额是按照 CIF（Cost, Insurance and Freight，成本加保险费加运费）计算

表 5-15　日本主要城市市场葱的平均批发价格

| 项　　目 | 2004 年 | 2005 年 | 2006 年 | 2007 年 | 2008 年 |
|---|---|---|---|---|---|
| 国产/（日元/kg） | 349 | 312 | 332 | 326 | 333 |
| 进口/（日元/kg） | 135 | 130 | 143 | 140 | — |

资料来源：日本农林水产省网站

表 5-16　日本国内主要城市葱的平均蔬菜零售价格

| 项　　目 | 2004 年 | 2005 年 | 2006 年 | 2007 年 | 2008 年 |
|---|---|---|---|---|---|
| 国内标准品/（日元/kg） | 573 | 580 | 575 | 586 | 650 |
| 进口品/（日元/kg） | 322 | 304 | 375 | 330 | 309 |

资料来源：日本农林水产省网站

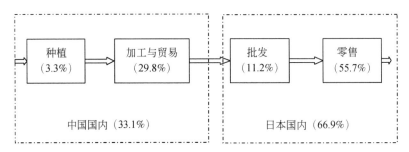

图 5-4　安丘大葱价值链构成（2008 年）
资料来源：作者计算并绘制

　　由以上对比可见，日本国内葱的进口到岸价格是缓慢上升的，但是批发和零售价格基本稳定，且远远低于日本国内生产产品的价格。这表明，从系统竞争力的角度看，中国出口日本葱的竞争力并未提高。"肯定列表"所造成的生产成本上升因素主要由进出口商承担，挤压了他们所获的利润。利润下降及风险增大等原因使得对日出口数量下降。

　　在整个价值链上与国内价值链基本相同（图 4-2），农户所创造价值量基本上同，调查中也发现农户获得收益仅比为国内市场生产略高一点，几无分别。但是，出口产品经过清洗、分级、包装、预冷等环节的采后处理，附加价值明显上升。国外其他环节创造的价值比例与国内基本相同。

　　综上可见，尽管目前安丘蔬菜业已经开始通过创新来提高竞争力，但是整体未有显著提高，从量的缩减来看甚至可以说竞争力有下降趋势。因此，我们认为安丘蔬菜业目前处于通过创新实现升级的起步阶段，各企业还在摸索实现进一步升级的路径。

## 5.4.6 案例讨论与结论

### 5.4.6.1 蔬菜全球价值链治理模式的特征

蔬菜全球价值链的治理主要围绕两个方面展开，一是生产什么、生产多少以及产品价格，二是如何生产的问题。由于蔬菜价值链上参与者规模都偏小、一般农户的种植面积最多不超过 5 亩、加工企业年销售收入也很少达到 500 万元、自有基地规模多在 1000 亩左右[①]，以及中国农村土地政策的限制，很难有一个领导者的权力能影响整个价值链的运作，但是，随着规模和范围经济的发展，以及变化了的消费者行为、新的品牌管理战略和其他一系列因素的影响，近年来，零售市场的力量在整个农业商务系统中不断增强，相关零售企业相应地获得了最多的回报。但是由于国外消费者对食品卫生条件的要求越来越高，相关企业开始从重视产品标准转向重视过程标准。为保证蔬菜产品安全与质量，蔬菜全球价值链治理中出现了新的变化趋势，一方面，链上企业加强了内部控制和链上企业之间的协调，越来越多的企业开始制定自己的标准、监督其实施，并已被普遍接受。另一方面，越来越多的链外主体开始参与链上活动，它们或者是政府继续通过各种手段来保证蔬菜质量，或者是一些非政府组织、认证机构等通过制定标志、认证等手段，从价值链外部对链上组织的行为产生影响，也因此形成了一个庞大的认证市场。目前，中国企业所嵌入的蔬菜全球价值链的治理具有以下特点（图 5-5）：

1）国内外治理主体及方式不同。国内主要是由政府作为治理的主体，通过立法、行政监督等形式对蔬菜全球价值链的部分环节实施治理，影响力限于国内，且受到国外影响比较大；全球蔬菜价值链的国外部分主要是由链上企业或第三方以认证的方式为主，并对整个全球价值链产生影响。例如，调查中安丘的蔬菜加工企业绝大多数都通过 ISO 9001. 2000、HACCP、BRC、CHTC 等认证。

2）治理对链上流动信息的质量和数量都大幅度增加。蔬菜产品安全控制的基本手段是标准化，而其实现的保障是建立完善追溯制度。例如，日本有一套完整的食品安全监督体制，建立了完善的食品生产、经营记录制度，保证了从食品生产到销售的每一个环节都可以相互追查，使食品安全问题可以方便地"追根溯源"。追溯制度一般包括对生产经营过程的纪录、连接生产者与消费

---

[①] 此数据来自于作者所参加的国家大宗蔬菜产业技术体系产业经济研究室的调查资料。

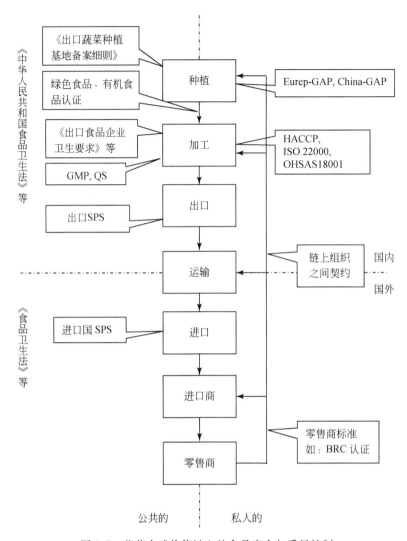

图 5-5　蔬菜全球价值链上的食品安全与质量控制

者的编号系统和查询系统、标识管理系统，核心是责任关系系统和信用管理系统。通过建立追溯制度，可以建立一个覆盖蔬菜产品从初级产品到最终消费品各个阶段资料的信息库，从而一旦发现蔬菜产品质量问题就能立即找到是什么地方出了问题，是谁出了问题。这样有利于控制蔬菜产品质量，并可及时、有效地处理质量问题，追究责任，最终提高安全水平。

3）蔬菜价值链上特定环节的集中度进一步提高。其原因一是政府推动的结果。例如，中国商检部门要求出口企业基地备案制度促使中国蔬菜加工企业与农户建立长期的契约关系，其对农户的影响更具有组织的特征；二是农户为了提高收入，自发形成各种合作社组织。蔬菜价值链上特定环节集中度的提高也有利于蔬菜生产过程的控制，但目前集中度整体偏低。

4）对传统经营模式造成巨大冲击，小农逐渐被排除在蔬菜全球价值链之外。当前全球蔬菜市场的急剧变化使小农要直接面临日益一体化的商品市场的需求，需要对日益变化的国际和国内竞争环境做出反应，也要求其加快从自给自足经营转变到适应社会化大生产的根本性变化的进程。传统生产模式受到现代化、标准化生产方式的强大竞争，生存和发展空间越来越小。现有的出口基地备案制度就已将部分农户排除在出口市场之外，使其不能得到进入国际市场的相对较高的利润，不利于农民收入的增加。

### 5.4.6.2 全球价值链背景下蔬菜业升级的阶段性分析

本节所选取案例的发展向我们生动展示了嵌入全球价值链实现企业升级的演化过程。在此过程中，中国蔬菜业发展的阶段性明显，但能力的提高贯穿于各个阶段。

在开始阶段，企业通过嵌入全球价值链主要是获得了基础能力。此时，企业对国外市场需求特征并不了解，而是通过直接引进国外种子实现产品的升级，通过与国外企业的合作实现了管理能力的升级。而中国悠久的农业生产历史使得传统种植方式比较成熟，可以适应当时市场需求，生产能力并未得到提高。

随着外部治理环境的变化，主要是外部治理开始扮演重要角色，中国蔬菜企业在压力下开始获取新的能力。此阶段主要是生产过程开始严格按照要求进行组织，新的产品不断被引入，开始注意生产中的标准化问题，并以"本本"等编码形式向农户传递知识、帮助其实现升级，加工企业与农户之间的关联能力开始加强。出口企业与日本市场建立的客户关系以及对日本市场需求真正的把握已经就轻驾熟。但是这一阶段总体上是摸索阶段，仍然高速增长的贸易额掩盖了问题。

2006年日本实施的"肯定列表制度"极大地改变了中国蔬菜业的发展轨迹。日本严苛的进口要求将企业发展的矛盾集中于产品质量方面，而对蔬菜产品形成起关键作用的主要是种植，传统种植方式、小农户经营模式等的弊端开始浮出水面。尽管蔬菜产业化发展已经推行了十余年，然而与20世纪90年代的"轻舟正过万重山"[1] 不同，此时则是"滩急风逾响"，蔬菜产业化亟待探

---

[1] 1993年10月11日和12日，《农民日报》分两次在显著位置发表了记者张德修、李占祥采写的长篇通讯《轻舟正过万重山——山东各级领导抓住产业化带领农民闯市场思路考》上篇和下篇，这是中国关于农业产业化的第一篇报道。报纸在编者按中指出："通讯《轻舟正过万重山》写的是山东省各级领导在带领农民闯市场中形成的思路、办法和措施，值得正在领导转向社会主义市场经济轨道的各级参考。"这是对农业产业化经验具有普遍意义的第一个说法。其下篇中用黑体显明标题"潍坊：农业产业化发源地"。这是国家级媒体第一次也是最早界定潍坊是农业产业化发源地。

寻新的发展道路，核心就是如何在农业生产中像工业那样进行标准化生产。如何通过标准化增强农业竞争力是近年来业界关注的重点、热点问题。于是，此阶段中重要的能力就是标准化生产能力，通过标准化来实现生产过程与产品升级。而标准化的要求就需要企业加强对种植者生产过程的监控，而传统的"公司＋农户"、"公司＋基地＋农户"等关系模式中双方信息不对称使得企业难以对此过程进行监控、或者成本极高。尽管当前中国政府也通过立法等手段加强了监控，但由于成本高等也出现了干预失灵（樊孝凤，2008）。此时，最好的解决方法也许应该是从市场性质的治理转向组织性质的治理，相关政府职能部门也要求出口高风险蔬菜必须建立与出口规模相适应的自有基地，但限于土地制度的制约，这似乎步履维艰，企业关联能力的发挥受到了制约。于是，企业开始运用投资能力，加大投资，如建立检测公司等，尽管该做法受到高层批示、肯定，但推广起来还是困难重重。我们在调查中发现，企业还是在积极进行组织创新已突破当前的困境。另外，企业开始利用在日本市场获得的营销能力积极开拓新的市场，以分散风险、保持企业的增长。

由以上分析可见，技术能力对传统产业部门的组织、对中小型组织不是不重要，而是非常重要；而技术能力的获取在企业发展的起步阶段一般倾向于外部获取，但发展到一定阶段后则需要以内部创新为主。升级总是在一定治理环境下发生的，从案例中也可见，中国蔬菜加工企业与农户之间的关系似乎也成为提高竞争力、实现升级的一种手段。因此，当企业发展到一定阶段，治理就不仅仅是一个外部环境因素，而将会是一种升级的手段和内容。农业领域的升级也并不是按照传统理论所描述的路径进行，在本案例中过程升级恰恰是最近才发生的。

# 本 章 小 结

本章的研究重点是两个内容：一是中国蔬菜业国际竞争力的评价；二是中国蔬菜业嵌入全球价值链实现升级的演化轨迹与策略。对于第一个问题的回答，本书从两个层面进行了研究。一是中观层面，主要是采取贸易数据和贸易绩效指标的评价，结果显示，尽管中国蔬菜产品有较高的比较优势，但是市场占有率并不高，出口结构也与世界贸易结构不一致，竞争力表现出下降的趋势，由此可见中国蔬菜业升级的紧迫性；由于日本市场在中国蔬菜出口贸易中的重要性，本章专门对日本市场的贸易绩效进行了研究，结果也支持前一研究的评价。二是微观层面，该层面的研究是和第二个问题联系在一起回答的。该层面的研究主要是通过案例研究完成的，作者选取了中国蔬菜业嵌入全球价值链实现升级的典型案例进行了多案例分析，分析过程严格按照案例研究的一般原则和步骤进行。研究发现，日本"肯定列表制度"的实施毫无疑问会提高中国输日蔬菜的质量，但当前中国输日蔬菜的单位价值变化不大，而数量下降较多，实际上表现出了"降级"趋势。对中国蔬菜业嵌入全球价值链的发展过程进行分析可见，中国蔬菜经营组织在不同阶段分别获得了不同的能力。在早期是以获得基本技术能力为主，但在经历了动荡上升阶段之后，治理模式变化的深入，推动了中国蔬菜业经营组织的创新变革，包括关联能力、产品与过程能力、投资能力、营销能力等，但目前正处在起步阶段。

由此可见，中国蔬菜业的升级演化过程与策略是与全球价值链的治理模式的变迁紧密相连的，技术能力贯穿于其中，是最重要的主线。研究也发现，治理不仅仅是升级的背景因素，在一定条件下还是升级的主要手段和内容，而这也是目前中国蔬菜业中正在探索的问题。本章的研究为前面的理论研究提供了实证支撑，证明了升级的核心是技术能力的获取，而并不一定会沿着过程升级、产品升级、职能升级和价值链升级的路径演化。

## 6.1 能力学习与中国加工番茄业的升级

在近 30 年中，中国加工番茄业定位于出口，已经成为全球最重要的番茄制品的生产国与出口国，并带动新疆、内蒙古和甘肃等地番茄业的发展，使其成为世界三大番茄种植带之一。中国加工番茄业的发展道路反映了发展中国家企业如何通过嵌入全球价值链获得技术能力实现升级，并改造相关产业、带动其共同发展的过程。本节试图对此进行分析，以探求中国企业通过嵌入全球价值链获得技术能力实现升级的规律。

### 6.1.1 中国加工番茄业国际竞争力的演变

番茄及番茄制品是世界各国人民生活必不可少的重要食品和保健食品，是全球性商品，其世界贸易量在近几十年也快速增长，其在世界蔬菜贸易中占有重要地位。在中国，长期以来番茄是作为新鲜蔬菜来种植和食用，种植范围集中于华北平原及江苏等地，而主要定位于出口的工业番茄种植及加工则起步于20 世纪 60 年代初的沿海地区。这些地区通过引进国外装备生产番茄酱，出口中东地区和其他市场。但种植的自然条件等原因，使原料质量差，品质难以保证，从而使中国番茄产业缺乏市场竞争力。从 1978 年开始，中国新疆开始大力发展工业番茄的种植和加工，其得天独厚的自然条件使番茄原料红色素含量指标远远高于国内其他地区。并且其凭借品质优异的产品、较低的人工成本在很短的时间内就成功地嵌入了全球价值链之中，表现出较好的出口贸易绩效（表 6-1）。

表 6-1 中国番茄制品贸易绩效指标

| 年份 | 国际市场占有率/% | 贸易竞争力指数 | 显示性比较优势指数 |
| --- | --- | --- | --- |
| 1980 | 1.2 | 1.00 | 2.11 |
| 1981 | 1.6 | 1.00 | 2.26 |
| 1982 | 1.0 | 1.00 | 1.96 |
| 1983 | 0.8 | 1.00 | 1.70 |
| 1984 | 1.4 | 1.00 | 1.91 |
| 1985 | 0.6 | 1.00 | 1.77 |
| 1986 | 1.6 | 0.99 | 2.41 |
| 1987 | 1.5 | 0.98 | 2.64 |
| 1988 | 1.3 | 0.98 | 1.95 |
| 1989 | 4.3 | 1.00 | 1.89 |
| 1990 | 2.7 | 0.99 | 2.27 |
| 1991 | 2.5 | 0.98 | 2.29 |
| 1992 | 2.6 | 0.95 | 2.24 |
| 1993 | 2.1 | 0.93 | 2.33 |
| 1994 | 2.0 | 0.85 | 2.37 |
| 1995 | 2.6 | 0.88 | 2.25 |
| 1996 | 2.0 | 0.90 | 2.59 |
| 1997 | 3.6 | 0.94 | 2.37 |
| 1998 | 3.5 | 0.92 | 3.22 |
| 1999 | 4.0 | 0.87 | 2.48 |
| 2000 | 4.6 | 0.91 | 4.15 |
| 2001 | 7.6 | 0.94 | 2.74 |
| 2002 | 10.1 | 0.92 | 4.83 |
| 2003 | 9.4 | 0.90 | 2.78 |
| 2004 | 9.1 | 0.96 | 6.64 |
| 2005 | 12.2 | 0.97 | 2.86 |
| 2006 | 14.2 | 0.98 | 8.87 |

资料来源：根据联合国粮农组织（FAO）数据资料计算。其中，番茄制品包括普通番茄汁、浓缩番茄汁、去皮番茄和番茄酱；番茄产品包括番茄制品和鲜番茄

其中，中国番茄制品的国际市场占有率稳步提高，并在 2006 年达到 14.2%；显示性比较优势指数在近年一直大于 1。因此，中国番茄制品的国际竞争力逐步提升。在 2006 年番茄及番茄制品的出口总额中，番茄酱的出口额

占 93.5%，是出口的主要产品。其中，到 2006 年，全国共有番茄酱生产企业 66 家，其中的中粮新疆屯河股份有限公司番茄酱产量名列全国第一、世界第二。到 2009 年，新疆番茄酱总产达 101.83 万 t，出口量占全国总量的 90%，占国际贸易量的 1/4，已成为中国最大的番茄制品加工出口基地。番茄加工业的发展也带动了第一产业的发展，新疆天山南北、内蒙古河套地区和甘肃部分地区的番茄种植面积迅速扩大，并成为世界三大主要种植区域之一。

## 6.1.2 中国加工番茄业的竞争优势分析[①]

### 6.1.2.1 成本竞争优势

成本是影响产品国际竞争力的基本要素之一，直接决定了产品价格的高低，同样的产品在同一市场上价格较低的具有较强的竞争力。原料番茄作为番茄酱生产最重要的中间投入品，直接关系到番茄酱制品的生产成本，也决定了最终产品的价格。

与国外相比，中国番茄产品具有明显的价格优势，其主要原因在于：一是原料方面，番茄成熟、采收季节集中，成熟期集中在 7~9 月，农民在这段时间集中出售番茄，导致原料番茄季节性供大于求，使收购价格偏低，中国劳动力成本优势也决定了原料番茄的低价格（表 6-2）；二是加工方面，番茄制品加工属于劳动密集型产业，中国的劳动力成本远远低于其他番茄酱生产出口国。

表 6-2　2004 年世界主要番茄酱生产国原料番茄价格比较

| 项目 | 意大利 | 土耳其 | 葡萄牙 | 西班牙 | 美国 | 中国 |
|---|---|---|---|---|---|---|
| 原料番茄价格/（美元/t） | 67.50 | 59.44 | 60.00 | 66.21 | 56.00 | 32.00 |
| 给农民的补贴/（美元/t） | 41.40 | 0.00 | 41.40 | 35.23 | 0.00 | 0.00 |
| 世纪农民收入/（美元/t） | 108.90 | 59.44 | 101.40 | 101.40 | 56.00 | 32.00 |

资料来源：对提升新疆番茄产业竞争能力的若干思考．http：//www.stats.gov.cn/tjfx/dfxx/t20090324_402547446.htm

### 6.1.2.2 原料品质竞争优势

番茄红色素含量是目前衡量番茄产品品质的一个重要指标。在世界范围

---

内，新疆原料番茄具有红色素含量最高、品质最好的优势（表6-3）。中国70%以上的出口番茄酱出自新疆，新疆日照时间长，昼夜温差大，气候干燥，番茄红色素含量高，真菌含量少，具有天然的品质优势。

表6-3 世界主要番茄酱生产国原料品质情况比较

| 项目 | 意大利 | 土耳其 | 葡萄牙 | 西班牙 | 美国 | 中国新疆 |
|---|---|---|---|---|---|---|
| 番茄红色素含量/（毫克/100克） | 40 | 40 | 40 | 40 | 40 | 62 |

资料来源：对提升新疆番茄产业竞争能力的若干思考. http://www.stats.gov.cn/tjfx/dfxx/t20090324_402547446.htm

## 6.1.3 中国加工番茄业的学习与升级过程

中国加工番茄业虽然起步较晚，但近30年来能够依据得天独厚的气候资源、自然资源，以优质高产番茄为条件，以国际市场为导向，以番茄酱为拳头产品，实行区域化布局、专业化生产、一体化经营、社会化服务和企业化管理，通过市场牵动龙头企业、龙头企业带基地、基地连农户的形式，逐步形成种养加、产供销、贸工农相互依存、相互促进、互利互惠、转化增值的生产经营流程。这些使番茄产业走向自我发展、自我积累、自我调节的良性发展轨道。纵观新疆番茄业从无到有、从弱到强的发展道路，可将其归纳为三个阶段：一是20世纪70年代末到1997年的起步阶段，新疆番茄业通过设备、技术等的引进逐步积累了产业发展所必需的、最低限度的知识；二是1998～2003年的转型阶段，新疆番茄业通过资本运作实现了加工产业集中，快速获得了管理、投资等技术能力，为自主创新构建了初步的战略能力；三是2004年至今的构建自主创新能力阶段，新疆番茄业以番茄加工企业为核心，通过创新提升企业能力，向上游、下游快速扩展，开始逐步获得世界范围内的竞争优势。因此，新疆番茄业的发展过程就是一个不断学习、构建不同能力、最终获得对整个番茄全球价值链控制的过程。

### 6.1.3.1 起步阶段：构建初级能力

新疆番茄产业起步于20世纪70年代末，新疆库尔勒制品厂引种并成功试制番茄酱。当时生产中主要采用的是简单代用设备，年产量很低，只有10多t，以供应国际市场为主。尽管产量比较小，但是番茄制品厂通过引种加工番茄、试制番茄酱，发现优越的新疆自然资源条件非常适合种植工业番茄，工业番茄的品质好，以其为原料制成的番茄酱也有很高的品质。20 世纪 80 年代初，另一家库尔勒番茄制品总厂也开始引进国内外专用设备生产加工番茄酱，且产量逐年扩大，到 1993 年，产量已经达到 1.3 万 t，一跃成为国内最大规模的番茄制品厂。这两家国有企业在 20 世纪 80 年代末、90 年代初的年出口交货值均超过千万元，并由此带动了其他番茄酱生产企业的发展。自 20 世纪 90 年代以来，在"优势资源转换战略"的区域经济发展战略的指导下，新疆番茄产业资源优势逐渐凸现，番茄产业得到了较快的发展，多个番茄酱生产企业在新疆各地迅速上马。通过新建、扩建等方式，至 1997 年年底，新疆已有近 30 家番茄酱生产企业，产量也快速上升，实际生产番茄酱 8 万 t，出口占总产量的 80% 以上。

但是，由于进入壁垒低，同一区域内低水平重复建设现象十分普遍，新疆出现了番茄酱厂遍地开花的现象，各企业规模较小（平均产量只有 2600t），问题也随之出现。其中的主要问题是，由于番茄生产的季节性，在榨季中各个企业各自为战，为了抢原料而竞相抬价，但是在外销时候则竞相杀价销售，从原料市场到成品市场，整个番茄产业都处于恶性无序的竞争状态，未形成产业整体规模优势。此时，尽管有部分企业已经具有直接出口经营权，但是大多数公司外贸人才匮乏，仍然要通过代理出口公司转口销售。销售信息不灵，途径杂，利润薄，产品单一，80% 的产品是 200 升无菌大包装番茄酱。新疆番茄内在质量基本无变化，而市场竞争却越来越激烈。因此，只有联合才能使企业取长补短，形成产品优势，竞争国际市场。且新疆番茄的大客户在国外，能否抓住国际贸易主动权是番茄企业能否长久生存发展的关键。

### 6.1.3.2 转折阶段：构建初步的战略能力

自 1998 年开始，新疆屯河、新中基、新疆天业、国际实业四家上市公司采取以并购为主的"短、平、快"式资本运营方式，先后大规模斥资进入新疆番茄产业，占领市场，规模也迅速扩充。新疆屯河提出了"抓住两头、整合中间"的思路，即重点抓原料供应和市场开拓，同时对中间加工番茄的市场能力进行整合。在原料供应方面，改变原来番茄企业与种植户买卖的关系，推进双方更明晰的公司与农户的订单农业模式，在良种、担保农资贷款、提供种植保险方面为番茄种植户提供服务。在市场拓展方面三管齐下：一是组建自己的销售队伍，成立北美、欧洲独联体，日韩中东欧分公司；二是出资，和资本市场结合起来，参股有几十年番茄销售经验的国外公司，通过中间代理商让屯河产品打开国际市场，2002 年，屯河在国际市场上销售 17 万 t 番茄酱，创汇 8800 万美元；三是兼并收购，在美国、欧洲直接进行兼并收购，与美国的摩根斯达实现战略联盟等。在产业整合方面，自 1998 年起，对新疆小而分散的番茄加工企业进行整合，通过并购扩建扩大企业规模。屯河曾一次投资 2 亿元，购并一家国有番茄酱企业；投资 3 亿元引进 10 多条意大利番茄酱生产线；在天山北部对乌苏凯泽进行扩建。不到 3 年时间，屯河一举成为年产 24 万 t 番茄酱、亚洲第一、世界第二的番茄酱生产企业，2003 年生产能力已达 30 万 t。

经过短短三年的发展，凭借资本市场的融资优势，通过资本运营这些以前从未涉足过番茄产业的上市公司迅速控制了新疆 80% 以上的番茄酱加工及相应的种植基地，使资源转换战略得到有力的资本支持。这三年新疆番茄产业的发展实现了资源优势与资本市场的对接，为新疆番茄产业的超常规发展奠定了基础。据统计，2000 年新疆番茄酱的产量是四大上市公司介入前（1997 年）的近四倍，新疆番茄产业链中的加工环节已经初步完成了整合，市场集中度大大提高。截至目前，该地区已经先后引进 100 余条国外生产线，装备精良，已经达到世界先进水平，并逐渐积累了工艺和技术方面的经验和诀窍，在加工工艺、质量控制、新产品开发、市场开拓等方面进行了一系列的改进和提升，使产品品质有了大幅度的提高，并形成了与之相应的包装、设备、科研等配套服务，番茄产业链日臻完善；已经拥有一支由从事加工番茄产前、产中、产后相关技术研究和服务的单位和人员组成的科技队伍，他们通过育种研究，为加工番茄生产的发展提供了丰富的品种资源，并积极探索在干旱、半干旱的新疆、内蒙古和甘肃等地区如何进行高产工业番茄的综合生产，并在加工番茄种植技术研究方面取得突破性进展。在传统番茄酱生产的基础上，产品品种进一步丰富，深加工能力进一步提高，主要产品包括番茄酱、调味番茄酱、去皮番茄或碎块、番茄粉、番茄红素等，但是采用 220 升无菌袋包装、固形物含量分为 28%~30% 和 36%~38% 的两种大包装番茄酱仍是最主要的产品形式。

中国虽然引进了国外先进设备，但对设备的掌握尚待提高，工艺和技术方面的经验和诀窍积累尚需时间。尽管生产规模愈来愈大，设备也愈来愈先进，但中国所种植的加工番茄品种尚存缺陷，表现在：总酸偏高，不能完全符合市场的要求；加工原料管理滞后，导致质量不稳定；番茄酱品质的一致性程度低；原料性大包装产品是中国番茄酱出口的主导产品，但附加值不高，多为 OEM 加工；由于远离消费市场，中国企业创建品牌和开发市场的难度较大，自有品牌比率较低。此外，中国番茄制品在国际市场上一直采取低价策略，使得中国番茄制品在国际市场上形象不佳。大量出口也引起西方传统番茄制品制造国的警觉，"技术壁垒"等贸易保护政策的出台为进一步发展设置了障碍。

新疆、内蒙古、甘肃等地加工番茄产业的快速发展也加剧了原料供应能力不足与加工能力过剩的矛盾。除受到天气影响外，土壤、品种、农药使用和田间管理、运输以及收购环节的管理都对原料产量和质量产生至关重要的影响。中国农户人均拥有土地面积小，造成原料种植分散。另外，中国加工番茄种植技术和观念仍相对比较落后，加上农户整体素质低、科技服务不到位、耕作不被重视或者根本不知道需要倒茬轮作，使单产下降、病虫害增多、原料品质和产量下降。尽管"公司加农户"、签订长期合同等形式使农户与加工企业之间联系更紧密，但是面对分散经营的农户，企业的监督仍是心有余而力不足，有些种植户的种植、采摘和交售行为不按企业要求去做，这直接影响了番茄原料的质量。

### 6.1.3.3 大发展阶段：构建自主创新能力

中国之所以能够在较短时间内确立在国际番茄酱市场上的地位，主要是由于比较优势的充分发挥，表现在中国番茄酱产品质优价廉。但是与此同时，反倾销调查的传闻不时传来，技术贸易壁垒也愈演愈烈，加上国内原料种植滞后、行业竞争无序等，如何提升整体水平、在未来市场竞争中抢得先机，已成为中国番茄业的首要任务。中国番茄业经营者在前期构建了能力的基础上，正不断进行创新，逐步构建支持其长期竞争优势的技术能力。

（1）向下游扩张，获得新的营销能力

在番茄酱产量从 2001 年的 8.05 万 t 扩张到 2003 年的 32.5 万 t 后，新中基由原料加工型企业转型为在全球范围内经营"红色产业"的国际性企业。新中基 90% 以上的番茄产品虽然此前都打到了海外市场，尤其是以意大利为代表的欧洲高档市场，但在价格方面却受到国外进口商以及汇率的影响。2004 年 3 月 5 日，55% 的法国普罗旺斯食品公司控股股权被新中基以 700 万欧元购得，新中基由此成为中国第一家控股国外公司的番茄制品生产企业。但是，普罗旺斯 2003 年度实现销售收入 6883.75 万欧元，而未经审计的净利润只有 20 万欧元，可见其赢利能力相当低，那么新中基是出于什么动机来收购这个看似不赚钱的公司呢？实际上，具有 57 年经营历史的普罗旺斯公司是法国一家以生产、销售番茄制品为主的食品公司，拥有 14 个知名注册商标及形象设计，其番茄制品在法国市场占有 40% 的份额，在整个欧洲地区具有良好的商业信誉。普罗旺斯公司控股 98% 的 Le Cabanon 公司旗下的两大品牌 Le Cabanon 和 Masque Dor 在法国市场享有盛誉。2001 年，该公司加工番茄 15 万 t，占法国当年番茄制品总产量的 50.33%。

湘财证券有限责任公司出示的项目投资价值分析报告为我们揭示了这个问

题的答案：中基番茄通过合资控股普罗旺斯公司，迈出了由原料加工型企业转型为在全球范围内经营"红色产业"的国际性企业的第一步；中基番茄将通过普罗旺斯公司这一载体同美国亨氏和瑞士雀巢等世界知名番茄下游产品全球性购买商建立起销售联盟，实现在全球范围内建立起销售平台和品牌价值的番茄加工产业公司，这也将为中基番茄的国际化发展战略积累国际业务和跨国管理的经验。

资料来源：新中基公司公告

此次收购无疑将帮助中基番茄尽快打开欧洲市场，同时，并购也使得中基番茄由过去的单一原料基础酱的生产供应商迅速转变成一个既生产原料基础酱又能生产终端番茄产品的企业，延长了产业链，丰富了产品品种。

（2）开发新产品，进一步提高产品创新能力

虽然中国番茄酱生产加工在原料、劳动力成本和运输方面占有优势，产品质优价宜，但难以回避的是，中国产品出口的最主要形式为原料型大包装番茄酱，产品单一，又多为贴牌生产，产品附加值低。为此，只有通过发展附加值高的产品，分散出口目标市场，才能有效抵御技术壁垒带来的风险。从 2004 年开始，中粮屯河、新疆中基实业等推出更适应国际、国内市场的小包装产品，开始生产小包装番茄酱和番茄沙司。中基实业将其天津生产基地建成了目前国内最大的番茄酱分装工厂，年生产能力达 10 万 t，主要通过小包装 OEM 加工来发展分装产品。中粮屯河等少数企业掌握了生产技术含量较高的番茄粉的生产工艺和技术，通过了国际一流采购商质量体系认证；中粮屯河也具备了规模化生产番茄红素等高技术，并拥有 3 项专利。2009 年，中粮屯河在全产业链战略思想的指引下，大力推进国内加工番茄制品的消费，大力推进番茄汁、杏汁等饮料产品，并将其产品定位为营养健康、功能保健、不含添加剂的高浓度果蔬汁，正式进军下游果蔬汁市场。

（3）完善工艺过程，提高生产效率

中国新疆等地的番茄产区，2006 年开始试验，2008 年开始大力推广机械采摘，其主要原因是机械化采收成本比人工采收每亩低 150～300 元，相当于节省 50%～100%。

新疆天业集团机械化采收公司负责人表示：一台机械可采收 4000 亩左右番茄，顶 300～400 人的劳力。新疆 100 万亩加工番茄需 250 台采收设备，整个过程下来，每亩番茄收益要比常规种植高 200 元左右，整个产业可节省资金 20 亿元，产业发展前景非常好。然而，机采对番茄种植技术要求高，从种植的品种到株距及成熟期都有严格的技术指标，我区全面推广该技术尚需时日。

资料来源：新疆天山网

（4）改变与农户之间的关系，实现治理模式的转变

中粮屯河决定从 2008 年 7 月起全面实施原料战略转型，进入种植业，最终目标是打造全产业链食品企业。

相关人士指出：我们的出发点是希望保障原料供应、避免番茄恶性竞价的制约。他同时强调：事实上，番茄酱属于资源性产品，所以原料控制显得尤为重要。有别于过去传统的"公司 + 农户"模式，中粮屯河正在打造番茄酱完整产业链，向上采用"公司 + 种植"模式，引进亨氏种子，推广机械化采摘；向下加速在原料产地增建工厂。

资料来源：投资者报，2009 年 7 月 6 日

2009 年，该公司自种番茄原料 18.5 万亩，投资购买 100 多台番茄采收机、配套及其他各类农机具，建立机械化、高效率的高新番茄种植基地；自种番茄原料 76 万 t，占公司番茄原料收购总量的 22%。该公司实施原料战略转型，进入种植业，改变了原料供求关系，实现了促早延晚的目的，原料总体供应趋于平衡，实现了均衡生产的目标；原料价格基本保持稳定，番茄原料成本较 2008 年大幅下降；通过控制土地、推广优质番茄品种、加强先进的田间护理、控制农残等环节，保证公司产品质量。

新中基 2009 年与新疆建设兵团农六师合资设立新疆中基五家渠番茄制品有限公司，该公司在农六师五家渠境内，其成立后，番茄酱年加工能力由 10 万 t 扩建至近 30 万 t。农六师承诺，新设五家渠公司成立后，无论今后股权发生任何变化，都将在未来 20 年内保证五家渠公司在农六师范围内所有工厂的原料供应，并且承诺在芳草湖、新湖两场，不再引进其他新的番茄制品加工企业。农六师计划在五家渠公司范围内新增番茄种植面积 20 万亩以上，届时该公司总的大桶原料酱产能将提高到 60 万 t 左右。

（5）品牌创新，提高产品附加值

在日益激烈的国际竞争中，品牌优势对提高产品国际竞争力发挥着越来越重要的作用。名牌战略作为提高产品附加值的有效手段，已成为发达国家争夺国际市场、获得竞争优势的有力武器。在国际市场上，中国初级番茄制品有少数几个名牌产品，中国生产的"屯河"、"Chalkis"、"丹泉"牌番茄酱在国际市场上有一定的影响力。但至今为止，新疆番茄酱深加工领域还没有一个能在国际市场上具有较高知名度和市场占有率的品牌，这导致国际番茄制品市场出现"购中国的番茄酱、贴国外的商标、售国际市场的价格"这一奇特现象。缺少名牌、出口档次低、创汇能力差已成为新疆番茄酱出口额增长的硬伤。

中基在并购法国普罗旺斯食品公司之前，虽然其生产的"ChalkiS"牌番

茄酱远销海外，受到国际商客的广泛认可，但"ChalkiS"牌番茄酱的主要客户群是国外的食品生产企业，因此其进入终端产品市场的品牌影响力和认知度还不高。通过并购，中基番茄借助普旺斯食品公司的品牌，加快了在欧洲市场的扩张速度，增强了参与整个国际番茄酱市场生产和销售的竞争力。该公司负责人进而提出了雄心勃勃的计划：未来五年，中基番茄将全面进入具有较高附加值和一定科技含量的番茄制品终端生产和销售领域，并逐渐用中基番茄自己的品牌替代目前使用的这些品牌，实现"完全"的国际化。

资料来源：新浪网

（6）加大技术创新，提升加工技术能力

由新疆科技工作者研究出的《番茄酱中主要腐败微生物的检验方法》已成为国家质量监督检验检疫总局批准发布的行业标准，并于 2010 年 3 月 16 日正式实施。这将为企业建立番茄酱产品的微生物安全预警机制提供技术支撑，大大提高了新疆番茄酱产品的质量和国际市场竞争力。目前，中粮新疆屯河有限公司、中基番茄制品公司、新疆统一企业等十几家番茄制品生产企业都应用这种方式进行产品检测，这种检验方法得到了企业的认可。

## 6.1.4 小结与未来展望

通过以上的分析，显而易见的是，以新疆为代表的中国加工番茄业通过嵌入全球价值链，实现了该产业从无到有的快速发展，而推动这种快速发展的动力和发展路径是我们所关注的。基于技术能力的视角（表6-4），正如前面理论分析中所描述的那样，中国加工番茄业嵌入全球价值链之初是基于比较优势。嵌入全球价值链之初，中国企业服从链上主导企业的治理，通过嵌入逐步获得了基础的技术能力。随后，通过资本运作，企业的管理能力、投资能力等有了大幅度提高。随着中国番茄制品在国际市场上竞争优势的不断显现，贸易壁垒等也开始浮现，为此，中国番茄加工企业又开始通过提升自主创新能力来突破"低端锁定"，开始创造更高的附加价值，以实现企业升级。国内部分价值链的治理模式也随之发生变化，中国番茄加工企业开始逐渐获得权力并展开治理。

展望未来，中国完全有条件成为世界番茄加工中心。但是，如何让中国番茄业继续在国际市场上"红"下去，真正实现从比较优势向竞争优势的转变，还有很长的路要走；如何构筑自主创新能力应该是企业不懈追求的目标。

表 6-4　中国加工番茄业不同发展阶段的学习特点与能力获取

| 阶　段 | 时　间 | 价值链治理模式 | 知识来源 | 主要学习方式 | 获取的主要能力 |
|--------|--------|----------------|----------|--------------|----------------|
| 起步阶段 | 20 世纪 70 年代末 ~ 1997 年 | 国外下游企业主导，国内加工企业与农户关系以市场型为主 | 外部（国外） | 购买设备、技术引进 | 产品与工艺能力 |
| 转折阶段 | 1998 ~ 2003 年 | 国外下游企业仍具有主导权，国内与农户关系开始采取长期契约形式 | 外部（国内） | 吸引投资 | 投资能力、管理能力、营销能力 |
| 大发展阶段 | 2004 年至今 | 国内加工企业开始向下游扩展，与国内开始采取组织形式介入农户生产 | 组织内部 | 自主创新 | 组织创新能力、营销能力等，深化产品与工艺能力、关联能力 |

## 6.2　国家价值链与烟台北方安德利果汁公司的升级策略

浓缩果蔬汁作为饮料生产的一种重要基础配料，通过混合勾兑和调味，主要应用于饮料加工行业，被国外 90% 的饮料生产厂商接受。其中，浓缩苹果汁是世界水果中除橙汁外的第二大品种，是一个有巨大发展潜力的朝阳产业。中国浓缩苹果汁行业借助丰富的国内苹果资源和国际市场需求，自 20 世纪 90 年代开始大规模发展，到 2007 年已占据国际浓缩果汁市场超过 50% 的市场份额，表现出强大的市场优势。但是，中国浓缩苹果汁产业 90% 的产能依赖于出口，这就使的国际市场价格的变动对整个产业产生极为重要的影响。2008 年的经济危机使浓缩果汁价格下降，造成国内整个行业销量的大幅衰退。如何增强竞争实力来摆脱单一产品种类和对外市场的过度依赖，成为企业升级面临的严峻问题。

### 6.2.1　浓缩果汁行业全球价值链特征

从全球价值链的驱动和治理角度来看，浓缩果汁行业是典型的生产者驱动的全球价值链。品牌制造商和专营商等浓缩果汁的加工商，是价值链中的主导治理者，他们掌握着最终产品的研发技术控制和市场品牌营销的影响力。主导企业一方面连接终端消费者市场，通过销售反馈和市场分析来掌握消费者对果汁加工产品的需求特点；另一方面连接浓缩果汁供应商，通过设定具体的原料产品规格、标准、参数和各种体系规范来决定最终的供应商，监督和保证其所供产品符合要求并剔除不符合标准的供应商，发挥治理者职能。例如，欧美许多国家厂商已要求在食品加工企业实施 HACCP（危害分析关键控制点）体系，严格排斥未实施该体系的企业产品，美国和德国等发达国家已将该体系引入果汁行业并强制实施。

作为品牌果汁制造商和专营商的原材料供给者，中国浓缩果汁企业严重依赖国际市场订单。但在整个价值链条中，高附加值集中在针对最终消费者市场的各种果汁加工品的研发和营销环节，也就是品牌制造商和专营商所掌握的价值环节（图 6-1）。为保证对消费市场的有效控制，链条上的装瓶商、制造商常被上游主导企业高度控制，上游主导企业采取合并或直接投资等形式进行全球扩张。例如，可口可乐公司在美国国内市场，通过控股公司来控制众多中小型的装瓶商；而在国际市场，则与若干大型的先进的装瓶商展开合作。中国的大多数浓缩果汁企业都处在全球价值链中的浓缩果汁制造商环节。随着该领域内新生产厂商的不断加入，竞争日趋激烈。而品牌制造商和专营商往往为少数跨国饮料巨头，其对原料供应商的选择余地和质量标准的要求都相应提高，这也意味着中国浓缩果汁企业将面临全球价值链低端制造的困境。

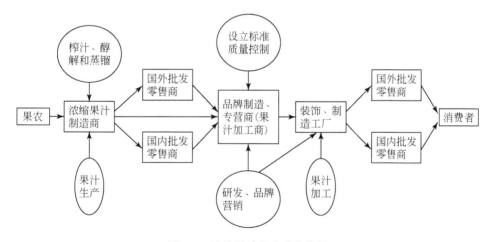

图 6-1　浓缩果汁的全球价值链

## 6.2.2　国内企业竞争状况分析

浓缩果汁生产行业从 20 世纪 80 年代的探索期经过 20 世纪 90 年代的成长期，到现在已经逐渐步入了成熟阶段。行业内规范程度不断加强，设备水平和产品质量稳定提高，企业的市场集中度增强，行业内整合速度加快。目前从事果汁加工的企业虽然数量众多，但随着竞争阶段的成熟发展，具有朝行业寡头集中的趋势。以 2007 年销售数据为例，安德利果汁占国内出口果汁总量的 17%，浓缩果汁行业内领先的三大企业（国投中鲁、安德利和海升）的市场占有率之和超过了 50%。通过扩大生产工厂以及对行业内规模较小的企业进行并购、重组，行业领先企业的产能规模不断增强，行业集中趋势也越发明显。果汁企业在产品出口数量和价格上的明显优势，引发了来自美国的贸易倾销指控。但经过领头企业的共同协作，针对美国的反倾销诉讼，包括三大企业在内的 6 家果汁企业在 2003 年取得了零税率待遇，4 家获 3.38% 的加权平均税率，未应诉企业税率为 51.74%。由此，行业内企业分流的趋势得到了进一步的加强。

在市场扩展方面，三家企业都以出口为主，出口占产能的比例都达到了 95% 以上，各企业的五大主要客户占到销量的四到五成。其中安德利和海升以北美和欧洲为主要出口市场，国投中鲁以北美和日本市场为主。为扩大市场销售量，三家企业在现有市场的基础上都积极对其他国家的市场进行探索。产品研发环节，都在浓缩苹果汁的基础上进行其他类型水果和蔬菜汁的研发生产，如国投中鲁的枣汁、黄瓜汁，海升的草莓汁、胡萝卜汁和安德利的石榴汁、地瓜汁等。但面对突如其来的 2008 年经济危机，果汁价格在世界范围内大幅下降，整个果汁生产行业都遭受了沉重打击。国内苹果汁出口企业的浓缩苹果汁出口价格由 2007 年最高的 2000 美元/t 降到了 800 美元/t，销售额同比下降一半左右。安德利同样也承受了果汁业务下滑的压力，但由于采取了不同于竞争对手的发展战略，其新的业务增长点日益发挥出重要的作用。该公司早在 2003 年就进行果胶领域的研发，2006 年实现规模化，销售收入 3.4 万元，净利润为负数。但随后几年呈跨越式发展，到经济危机影响的 2009 年时，果胶业务销售收入达到了 1.12 亿元，净利润超过了 3 千万元。果胶业务不但没有受到果汁价格的波及，反而获得极大提高，起到了新增长点的作用。在销售市场上，安德利通过对不同消费市场端的把握，在多个市场层面同时积累着面对最终消费者市场的技术能力和市场能力，由果汁制造商向果汁加工商迈进，为企业升级的实现作准备。

### 6.2.3　安德利的升级实践

安德利公司于 1996 年成立，2003 年在香港联交所创业板上市，是中国浓缩果汁行业首家上市公司。公司主营业务是浓缩果汁的生产和销售，浓缩苹果汁占营业收入的95%，产品主销国外，以美国为主要客户。自2003年以来，公司占全国浓缩苹果汁出口量稳定在15%的水平上，2004年和2007年分别达到了17%、18%，是中国浓缩果汁行业的领军企业之一。

### 6.2.3.1 嵌入价值链和保持在位权

中国浓缩苹果汁出口量占世界出口总量的50%。由于在劳动力和原料方面特有的成本优势，中国浓缩苹果汁每吨平均生产成本大约为外国每吨平均成本的一半，即使考虑关税和运费等因素，中国浓缩苹果汁在成本上仍具有很强的竞争力。但由于在全球价值链上处于治理者地位的是果汁加工商，浓缩果汁企业为了保证其获得的在位权的稳定，便采取各种措施来满足加工商的要求。安德利果汁公司先后通过了ISO 9001质量体系认证、HACCP体系认证、美国FDA认证、犹太KOSHER认证、欧洲SGF认证、美国NFPA认证以及EUREP-GAP认证体系。随着欧洲发生的多宗食品事故以及美国自"9.11事件"后对食品反恐的关注，公司于2006年开发成立了"可追溯和农户管理"提升项目，致力于改善公司对原料及上游供应成员的管理，实现追溯原料果产地、原料果加工流程、生产商及产品供应链的管理，以满足欧美客户对产品安全质量的诉求。2008年的"毒奶粉"事件，使不少欧美客户增加了对安德利生产规范的检查频率。例如，客户百事可乐公司的检查就由两年一检变为了一年一检。

### 6.2.3.2 拓展多条国家价值链

公司通过建立新厂、扩充生产线、设备租赁以及行业内兼并等多种方式，不断扩大产能。2003年，新建的徐州安德利开始投产；2004年，新建了一条梨汁生产线并租赁烟台源通果汁公司的厂房设备，增加了4万t的果汁产量；2005年，在大连的工厂增加一条苹果汁生产线；2006年，增加了一条梨汁生产线；2007年，在永济设立新厂，同年对同行业果汁企业青岛南南和滨州安利实现控股；截止到2008年，公司在山东、陕西、山西、江苏和辽宁建立了9个生产工厂，拥有14条生产线，产能达到了31万t，较2003年年初产能增加幅度达210%。研发技术的积累和产能的扩展，为企业拓展多条国家价值链打下了基础。

公司在美国设立销售分公司以稳定美国市场的基础上，积极拓展日本、欧洲等国际市场，探寻多个国家价值链。在欧日市场的拓展中，安德利采用联盟策略，通过转让股权的方式吸引当地市场的实力品牌商加入。例如，2004年，通过转让分公司股权的形式引入日本三井商社，帮助公司开拓日本市场；2005

年，与世界主要水果加工商和欧洲最大的浓缩果汁制造商之一的阿格那公司结盟，通过转让部分分公司股权，进一步拓展在欧洲市场的销售，同时，安德利还利用自己在美国市场形成的优势，帮助阿格那公司拓展美国业务。为保证产品在国际竞争中的优势，从 2003 年研发中心正式成立起，公司通过与农业重点院校、科研单位共同合作，不断承担国家级、省级重大课题。2003～2006年，研发并申请了如浓缩果汁防褐技术、第二次沉淀控制技术和高倍天然苹果香精制备方法等一系列国家专利技术 8 项，省级相关机构认可的可工业化技术 7 项以及多个企业标准。这些成果的集中方向是苹果汁、梨汁以及苹果香精，在出口产品品质的提升和产量效率的提高方面起到重要作用。

### 6.2.3.3 探索建立国内价值链

为了减少对国外市场的严重依赖，安德利开始构建国内价值链。2005 年，公司推出小包装浓缩果汁并投放市场，同年与统一企业股份公司签署独家代理权，由统一负责小包装产品的分销和市场推广，以此来接触消费者市场并增强企业的品牌影响力。2009 年，安德利公司及其全资公司 BVI 安德利与统一企业股份公司发布联合公告，双方已签订合同成立合营公司，主要负责各类饮料、果汁、茶饮料等产品的代加工及销售业务，安德利与统一在合营公司中的股权各占一半。统一在公告中认为此举将进一步渗透大陆市场，安德利则借助统一在果汁加工行业中的经验和能力，弥补在终端消费品市场生产研发和市场销售经验方面的不足。同时，通过与品牌加工商的紧密合作，可以减少职能升级过程中所面临的市场风险，这也是安德利从浓缩果汁制造商向浓缩果汁加工商转变、实现职能升级的重要一步。

### 6.2.3.4 OBM 厂商目标的实现

除了在浓缩果汁多产品的研发和市场拓展基础外，公司也在丰富的果汁技术积累的基础上转向对新产品果胶和果糖的研究。2004 年，公司在徐州、龙口和白水新建了三条加工生物饲料的生产线，为果胶项目打下基础。2005 年，通过果胶项目的增资融资和转股，引进百富创业和富邦投资两名战略投资机构，为果胶项目作铺垫。在 2006 年试生产的基础之上，公司第二年实现了果胶生产线的批量生产。同时，通过国家"十一五"科技支撑计划和科研院所的支持，2007 年、2008 年安德利在果胶项目方面申请了 8 项专利，8 种苹果果胶新产品，包括 3 种复合胶体产品、2 种高端果胶保健产品和 1 种多果酚食品。

随着果胶产量的提高，安德利将自己定位为争取做国际标准的乳品稳定剂一揽子供应商，以及高端果胶保健食品专业供应商。前者可仍看做是原料供应商，但后者却表现了安德利准备进入果胶产业高附加值的品牌制造商环节。在高端保健品的开发上，安德利将新创建的果胶产品"绿色康园"品牌投放市场，产品定位为国内市场。以此为契机，安德利计划在终端陈列、网络营销和团购三个锁定市场展开突击，使自己逐步成为一个拥有自主品牌的 OBM 生产商。

## 6.2.4 小结

从安德利在浓缩果汁价值链上的升级探索可以得到启示，发展中国家企业在现有价值链中要利用与主导企业的治理关系做好基本原料（部件）的研发积累工作，培养自主创新能力，借助处于不同类型的国家价值链来提升产品研发和市场把握能力。最终，对在不同价值链中形成的能力整合运用，形成建立自主 OBM 企业的基础性力量。尽管案例中企业所处的行业集中度较高，对多数垄断竞争企业来说有很大差异，但是从国家价值链的角度来定位企业战略，选择企业适合的升级路径，对全球价值链中处于低端环节的发展中国家来说具有重要意义。

# 本 章 小 结

本章选取了两个通过嵌入全球价值链成功实现升级的蔬菜企业，并对其进行了分析，它们的成功可归因于基于技术能力的嵌入策略的实施。中国消费者几乎没有加工番茄的消费习惯，该产业发展的初衷就是满足国际市场的需求。中国加工番茄业起步于 20 世纪 60 年代的沿海，但大发展则始自 20 世纪 80 年代的新疆。毋庸置疑，新疆等地有发展加工番茄产业的天然资源，具有比较优势，但并没有加工番茄的种植历史、加工经历，因此，早期的发展是以引进机器设备实现加工能力的转移，进而推动种植环节的发展。20 世纪 90 年代末的产业并购使中国新疆番茄业在获得资金的同时，也从外部获得投资能力、管理能力和营销能力的支援，在此基础上向上游转移能力，并开始向下游扩展，产品和工艺能力也开始深化。中国加工番茄业的发展证明，比较优势不会自动实现，也不会自动成为竞争优势，企业只有紧紧把握技术能力这根主线，外部学习和内部创新兼顾，才能真正实现升级。而烟台北方安德利公司的升级策略也是围绕技术能力展开，但与前者不同，该公司是通过加入不同的国家价值链，充分利用各链条之间的"能力的势能差"来学习不同的技术能力，同时通过构建国内价值链来获得自主创新能力，目标是职能升级。本章的案例分析进一步支持了前面理论论证部分的结论，支持了根据理论论证提出的升级策略的可行性。

# 第7章
# 对策建议与研究展望

## 7.1 中国蔬菜业升级的对策建议

中国人有一句俗语：人可三日无肉，不可一日无青。世界卫生组织的饮食、营养和疾病预防研究小组推荐人们每天要至少消耗 400g 水果、蔬菜，蔬菜的重要性正被越来越多的人重视。研究也发现，无论发展中国家还是发达国家，蔬菜消费都呈增长的趋势，且越来越重视食品安全问题。这对中国蔬菜业来说既是发展的机遇，也是挑战。中国蔬菜业在过去近 20 年中已经有了大发展，取得了丰硕的成果，但在新形势下也暴露出深层次的问题。由前文的分析可见，目前影响中国蔬菜产业的核心矛盾是蔬菜质量安全问题。因此，如何实现蔬菜产业从数量型增长向质量效益型增长的转变、提高整体竞争力，是中国蔬菜业发展面临的紧迫问题，对调整农业经济结构，促进地方经济发展，增加农民收入，特别是满足消费需求和稳定社会经济大局，具有重要意义。本书从技术能力角度出发，探讨了中国蔬菜业通过嵌入全球价值链实现升级的本质及路径，并根据理论分析提出了具体升级对策，第 6、第 7 章的相关案例研究也都证明了这些对策的可行性，本章将不再赘述。本章主要是针对中国蔬菜出口现状，分别为微观经营组织及政府的宏观管理提出一些更具体的对策建议。

### 7.1.1 微观建议

微观组织是升级的主体，企业技术能力的升级是其中的关键。当前，加工企业在蔬菜全球价值链的国内部分扮演组织者角色，影响中国蔬菜国际竞争力的质量安全问题也主要由加工企业与分散种植农户之间的矛盾而产生。因此，中国蔬菜业通过嵌入全球价值链实现升级的核心是加工企业，这就要求加工企业要在中国蔬菜业升级方面扮演关键角色，一方面要服从蔬菜全球价值链上领导者的治理，并获得升级所需要的技术能力，另一方面要在国内链条部分扮演治理角色，通过加工企业带动蔬菜种植的升级。其中，中国蔬菜微观组织可以采取以下手段提高基础能力。

1）以标准化提高蔬菜产品质量，防范技术性贸易壁垒。不断提高出口蔬菜产品的质量是突破绿色壁垒、技术壁垒的有效途径，同时也是避免恶性价格竞争的有效手段。从长远来看，中国蔬菜出口必须走依靠品质提升市场竞争力的道路，朝品质有机化、生产标准化、出口基地化方向发展，实现蔬菜出口从"量"的扩张到"质"的提高。其中，实现升级的核心是如何推动标准化工作。基于全球价值链理论，可把标准看做行动主体之间相互作用所形成的期望，标准的形成就是把复杂技术知识简单化的过程，实施标准也就是一种技术知识和能力的学习与最终获得。因此，在全球价值链上在实物流动实现价值增值的同时，反方向的、可编码的信息和知识的流动促使企业实现升级。但是，应该注意不同发展阶段的策略重点不同。在开始阶段，应以标准追随和引进战略为主，其原因在于中国蔬菜产品标准水平低、标准不完善的现状和全球价值链由购买者驱动的特征。尽管引进和追随意味着命运会掌握在别人手里，蕴涵着风险，但是该战略在升级初期可以帮助提升自身的技术水平；直接引进、使用别国或国际先进技术，不仅有利于提高出口产品的质量和竞争力，也有助于打破技术壁垒，扩大市场占有率，帮助中国充分吸纳先进技术，通过技术外溢和扩散，提高生产和出口的技术水平。其后，中国蔬菜企业应积极参与到相关标准的制定工作中，并逐渐推广、普及企业标准，从被治理者演化为治理者。因此，中国蔬菜企业首先应加快蔬菜生产质量标准的制定，建立蔬菜生产标准化体系，严格实行标准化生产；其次，积极申请蔬菜质量认证体系建设，特别是无公害蔬菜、绿色蔬菜和有机蔬菜的生产和认证；再次，鼓励蔬菜种植户成为蔬菜专业户或积极引导蔬菜种植专业化，并对其进行蔬菜安全生产的技术培训和指导，推行良好蔬菜操作规范；最后，加强监管，建立完善的蔬菜产品质量检测体系，重点监测蔬菜中的农药残留、重金属含量等指标，把蔬菜生产的产前、产中、产后全过程纳入标准化生产和标准化管理轨道，确保蔬菜的质量安全。

2）要进一步加强原料基地建设。检测所选基地土壤中农药残留量和重金属含量，按有机种植环境要求选择地域作为原料基地。为了减少长途运输，保证原料新鲜完整，原料基地应就近建在加工厂周围。要选择适合市场需求和加工要求的品种种植。应根据生产加工中对原料品质的要求，选定品种、区域种植；保证原料在加工季节保质保量按时供应；根据加工厂的加工能力，做好种植计划；在适合种植的时间内，错开播种期，搭配种植，从而延长加工期和原料的持续供应。加工企业应高度重视原料无公害生产基地建设，要在生产资料供应、生产技术指导、生产基地质量认证等方面使企业与农户建立紧密的联系，形成加工企业与农户风险共担、利益均沾的联结机制。建立稳定的专业化、标准化、规模化原料生产基地，确保加工原料的优质、稳定、长期供应。基地要加快新品种示范推广速度，实施标准化的无公害生产，逐步推广机械化生产，提高产量、质量与劳动生产率。大力提升加工企业的产业化经营的带动能力，扶持发展农民专业合作经济组织和中介服务组织，力争使更多的农户进入产业化经营领域，促进农民收入持续增加。

3）通过设备引进等手段，进一步提高企业加工技术及装备水平。一方面，对关键设备可直接从发达国家引入，通过引进设备进行学习、提高加工技术；另一方面，加强与国内研究机构的合作，联合开发加工新技术和装备，积极推动科技成果的产业化应用。

4）积极探索企业与农户的利益联结机制，鼓励并帮助农户建立合作经营组织、规范运作。

在其他方面，中国蔬菜企业可采取以下措施提高能力。

1）调整蔬菜出口市场结构，在降低市场风险的同时获得营销能力。针对中国蔬菜出口市场结构和产品结构较为单一的现状，实施多元化战略是中国蔬菜出口的必然选择。优化中国蔬菜出口的市场结构，必须在巩固日本、韩国、中国香港、东盟、美国、欧盟、俄罗斯等传统市场的基础上，积极开拓中东、拉美、非洲和大洋洲市场，实现从单一市场向多元市场的转变，规避市场过度集中的潜在风险。同时，重视对发展中国家市场的开拓，减轻对发达国家出口市场的依赖。优化出口产品结构，需要充分考虑国际市场的需求特点，特别是日本、东盟、欧盟和美国等中国出口蔬菜的主要消费市场，研究这些市场中消费者在蔬菜消费上的群体层次特征，有针对性地提供不同蔬菜品种，满足不同层次消费者的需求。同时，改变出口以原料出口为主的特征，积极利用低廉的劳动力成本优势，扩大初级加工蔬菜的出口比重，将低廉的劳动力成本优势转化为出口竞争优势，提高蔬菜出口的经济效益。

2）加强企业技术创新，打造产业化示范基地。蔬菜企业要坚持科技先导的原则，瞄准世界蔬菜加工技术和产业发展前沿，推进科技创新和技术进步，积极采用高新技术和先进适用技术改造蔬菜加工企业，使技术与装备水平有较大提升，做大做强一批蔬菜加工示范企业和国际竞争力强的出口企业。

3）加强品牌建设。品牌农业是世界农业发展的趋势，创建知名品牌是拓展蔬菜产品市场、增加蔬菜产品附加值和扩大产业规模的关键，也是解决蔬菜安全问题的关键。因此，企业应该树立品牌观念，增强品牌意识，将商品品牌与地理品牌相结合塑造品牌形象，提高附加价值。

4）重视并逐步培育国内市场。随着中国人民消费水平的提高和消费结构的变化，人们的蔬菜需求会呈现多样化的特征，蔬菜消费也将会步入一个新的阶段。出口蔬菜企业应顺势而上，积极满足此类需求，以内需拉动企业规模的扩大和产品、技术的升级。

## 7.1.2 宏观建议

尽管微观组织是升级的核心主体，但升级总是发生在一定的宏观环境之中，其中，政府扮演了关键的角色。作为农业重要组成部分的蔬菜业，是以生命有机体作为生产对象，是自然生产与经济再生产相互交织的过程。它在发展过程中也表现出弱质性特点，即生产周期相对较长，供给调节滞后于市场需求变化；承受自然风险和市场风险双重影响；比较利益低，处于不利地位。蔬菜业的"弱质性"使其缺乏对资本、劳动力等的吸引力，作为发展中国家的中国更是如此，这就需要政府积极引导并予以扶持，提升中国蔬菜业的国际竞争力。具体而言，主要应从以下几方面入手。

### 7.1.2.1 加强蔬菜生产基础设施建设

增加投入，推进蔬菜标准园建设，支持重点产区菜田基础设施建设、保护地设施建设、集约化育苗设施建设、冷链设施建设、病虫害测报网络建设、批发市场和信息网络建设，改善蔬菜重点生产区域的排灌、交通、运输和市场，增强抵御干旱、洪涝、暴风雪等自然灾害的能力。

### 7.1.2.2 全面收集蔬菜产业信息，建立有效的市场预警机制

加强蔬菜产业信息化建设，组织人员建立专门机构调查研究国内外蔬菜产业的发展动态以及世界蔬菜进出口贸易的形势，开展蔬菜行业相关信息的收集、整理、分析和预测工作，建立蔬菜生产、流通和销售的动态监测和预警机制。一方面，重点关注国内外蔬菜生产条件、生产能力及变动状况，评估蔬菜主产国的气候变化、自然灾害以及大规模病虫害对蔬菜生产供给的影响，并对主要竞争对手出口蔬菜产品的市场竞争力大小进行分析和评价；另一方面，对国际蔬菜市场容量、市场价格进行分析，特别是对中国蔬菜出口的重点国家进行跟踪研究，密切注意当地蔬菜消费习惯和需求特征的变化，根据市场供求形势，及时调整蔬菜出口策略，合理调节中国蔬菜出口流向和流量，促进中国蔬菜出口的扩大。同时，注意防范各种潜在的市场风险，对世界主要蔬菜进口国的贸易政策、技术标准进行研究，及时发现和反馈可能出现的贸易壁垒和贸易

争端，提前制定应对策略，将各种风险所造成的损失降到最低。

### 7.1.2.3 加大对蔬菜产业的支持力度，营造良好的国际贸易环境

针对蔬菜生产周期短、品种多、投入大、受自然风险和市场风险影响大等特点，政府必须加大对蔬菜产业的支持力度。在蔬菜生产过程中，增加对蔬菜产业基础设施建设投入、农村环境和生态保护投入以及科技投入，保证农用生产资料的供应及价格稳定，并加快建立蔬菜种植补贴制度以及农业保险制度支持蔬菜产业的发展。在蔬菜出口过程中，在保证出口蔬菜产品质量的前提下简化海关检测、通关手续，并为蔬菜出口企业制定和实施优惠的信贷和税收政策，解决蔬菜出口企业融资难的问题。在发生蔬菜贸易摩擦时，充分利用WTO的争端解决机制；对诸如"肯定列表制度"、反倾销以及保障措施在内的各种不公正设限及歧视性措施，要通过积极应诉来维护自己的正当权益。同时，充分利用WTO成员方的身份，积极参与世界贸易规则的制定，为中国蔬菜出口创造良好的国际贸易环境。另外，还要加强行业管理，充分发挥蔬菜行业商会或协会的协调作用，制定并实施行业规范，建立自律机制，减少国内蔬菜出口企业为扩大蔬菜出口而采取的恶性价格竞争，营造良好的竞争环境。

### 7.1.2.4 加强蔬菜关键技术的研发和推广

重点研发和推广高效、高端蔬菜，选育优良品种，扶植民族种业的发展；开发膜下滴灌等节水技术、减少劳动力投入的轻简栽培技术、设施温室结构优化技术、高效生产模式技术、养分高效利用技术、连作障碍和蔬菜病虫害防控技术。

### 7.1.2.5 提升蔬菜产品质量安全水平

促进蔬菜质量溯源体系与上市标识系统建设，扩大蔬菜农药残留抽查范围，从源头控制蔬菜的质量安全；开展多种形式的农民技术培训，指导农民科学用药，尽量不打或少打农药，禁止乱用、泛用高毒农药；严格监管农药生产厂商，禁止不法厂商把高毒农药添加到低毒农药中的行为。加大对出口农产品质量体系认证的扶持力度，重点搞好无公害农产品、绿色食品、有机食品认证，特别是日本、欧盟、美国等主要出口国家的市场认证，进一步增强企业的质量意识和出口农产品质量安全保障能力。在政府的有序管理下，建立和完善标准、检验、认证、质量等第三方服务组织的制度，建立、改制一大批社会中介机构，作为第三方中介组织，承担部分原有政府职能，服务于农业经济组织；作为市场与经济组织的沟通桥梁，参与规范市场的运作。

### 7.1.2.6 完善并落实与蔬菜有关的质量安全法规及标准，提高内销技术标准

目前，国家已发布了一系列有关蔬菜安全生产及质量的法规与标准，这在提高中国蔬菜的安全与质量水平方面发挥了积极有效的作用，但与发达国家相比还远远不够，还应进一步完善并重在落实与蔬菜有关的质量安全法规及标准。可适时提高国内蔬菜加工业的技术标准，以国内市场和国际市场的协调发展促进中国蔬菜加工产业的升级。调研中我们发现，相对于日本蔬菜进口过于严苛的技术标准，中国国内的技术标准则过于宽松。因此，结合国内食品安全形势，中国可逐步强制提高国内蔬菜产业的技术标准，逐步建立健全农业标准体系，建立严格市场准入运行制度，整顿经济秩序，彻底改变重出口、轻内销的生产观念，向国内广大消费者提供"出口质量及合理价格的产品"，通过国内市场的发育实现国内、国际市场的统一，这也间接地降低了出口企业的风险。

政府应该鼓励并协助蔬菜业协会和企业等搜集国外标准信息，参加国际标准化活动，尽可能多地参加国际标准制修订会议和活动，力主由中国承担农产品国际标准的起草任务，力争提出并争取通过在该领域的国际标准制修订中采用我方的方案和意见或对我方有利的提案和建议，争取在国际贸易中抢占有利地位。

### 7.1.2.7 扶持蔬菜企业品牌创建活动

要多宣传，增强消费者及生产者的蔬菜品牌意识。品牌创建的关键是要有一批实力雄厚、带动能力强的龙头企业。要大力培育和促进龙头企业发展，以龙头企业为核心，在资金、税收、技术培训等方面出台支持龙头企业发展的政策。要加强监管，加大蔬菜品牌保护力度，形成企业自我保护、行政执法保护和司法保护相结合的立体保护体系。

### 7.1.2.8 重视和加强农民蔬菜生产合作社建设

发展农村经济合作组织，提高菜农的组织化程度，引导蔬菜产业逐渐向规模化种植、标准化生产、商品化处理、品牌化销售和产业化经营方向发展。

## 7.2 研究不足与展望

从企业技术能力角度研究全球价值链背景下发展中国家企业升级问题，是一个视角较独特的研究，而以此为基础进一步对中国蔬菜业进行分析，更是一

个全新的课题，也是作者的大胆尝试。但是由于篇幅有限，有些与本书相关的重要问题并未进行深入探讨，有待今后进一步研究，这也是本书不足的地方，主要包括以下几方面。

### 7.2.1　全球价值链上权力关系的研究方面

本书把权力关系放到全球价值链理论的基础地位，治理、升级等核心要素的研究都应该以此为起点，认为全球价值链治理的关键是链上权力关系的不平衡性，并由权力所支配、形成了对价值链上活动的协调，而全球价值链升级的最终表现也就是获得权力，整个链的收益分配是与链上权力的不均衡性相对应的。但是本书仅是从 Coleman（1990）的理性选择理论出发进行了初步探讨，讨论还不够深入。当前的全球价值链研究已经开始注意到了当代欧洲社会学中对于微观权力、符号权力、身体权力等感性转向的权力分析，并探讨了葡萄酒质量标准的形成（Ponte，2009）。今后研究中应该将此与标准化相结合进行深入研究。

### 7.2.2　本书所采用的企业技术能力视角方面

企业技术能力的构建也是近 20 多年来工业企业研究文献中的一个热门话题，并产生了不同的概念以及基于这些概念的战略分析框架。本书在研究中并没有深入地对企业技术能力的概念及理论框架进行探讨，而是根据研究需要直接引用了有关企业技术能力结构的经典论述。这种分类对农业的适用性有待探讨，由此可能会影响到升级问题的讨论。书中已经指出了传统升级类型与路径的不足，并提出了一个演化路径，但整体上还比较粗糙，在今后研究中要根据调研情况进行深化。

### 7.2.3　解决蔬菜业发展中存在矛盾的主要方法方面

解决蔬菜业发展中存在矛盾的主要方法是标准化。尽管中国从 20 世纪 90年代初就认识到农业标准化对于农业发展的重要性并大力推进，但近年来中国对日出口蔬菜的农残超标事件屡次发生，国内对有机食品的质疑、海南"毒缸豆"事件等质量问题仍不断出现，社会负面影响较大，这一系列现象既表明中国蔬菜产品质量与人民群众生活水平提高的消费要求是不一致的，又表明在激烈的农业全球性竞争中中国蔬菜业标准化工作显得十分不适应。而世界范围内的农业标准化兴起于农产品国际贸易的要求，研究重点：一是集中于进出口农产品标准的制定和检验检疫；二是农产品加工过程的监控。20世纪90年代之后开始向初级生产阶段各领域扩展，并逐渐开始关注从种植到消费的全过程标准化问题（Gereffi and Lee，2009），标准从农产品安全拓展到农产品质量以及社会环境等问题（Henson and Reardon，2005），透明性和可追溯性要求越来越高（Humphrey，2006），私人标准开始像公共标准那样发挥重要作用（Orden and Roberts，2007；Humphrey，2006）。

在全球价值链理论中，治理居于核心地位，并把标准看做治理的重要形式之一（Ponte and Gibbon，2005；Gibbon and Ponte，2008），认为标准化过程是对特定的实践活动进行重组并最终形成规则的过程，强调标准形成过程中各方的相互作用，体现了动态的分析观念（Gibbon et al.，2008）。标准被视为链上领导企业对知识和信息进行的编码，并通过反实物流动方向传递的信息流和知识流来组织整条价值链的活动，而传递的信息和知识为发展中国家企业获得能力和升级提供了机遇（Morrison et al.，2008；Fromm，2007）。尽管现有研究强调农业标准化战略对增强中国农业竞争力的重要性，中国农业标准化工作也取得了初步成果。但近年来屡屡出现的农产品质量安全等问题都表明，应从农产品形成过程角度、以链上主体之间的关系及价值分配问题为基础，研究并科学解释标准化与农业竞争力提升的作用机理，而这是本书未能深入展开讨论的，也是今后要研究的重点。

另外，本书所用的数据除了作者本人调查所得之外，分别采用了中国官方出版统计资料、联合国粮农组织数据库、联合国统计署的贸易数据库、日本官方有关网站的统计资料等。由于种种原因，中国官方统计数据与其他数据库的数据有较大的出入，统计口径也可能会不一致，这为研究在资料搜集和分析等方面带来了困难。因此，在书中会有数据不一致的地方，这主要是由数据来源不同造成的，但作者认为这并不影响本书的判断和结论。这也是今后的研究中需要完善的。

# 参 考 文 献

安同良.2004.企业技术能力发展论.北京：人民出版社.

包玉泽，谭力文，刘林青.2009.全球价值链背景下企业的升级研究——基于企业技术能力视角.外国经济与管理，(4)：37-43.

卜国琴.2009.全球生产网络与中国产业升级研究.广州：暨南大学出版社.

曹和平，翁翕.2005.信息租问题探析.北京大学学报（哲学社会科学版），(3)：85-93.

曹明福，李树民.2005.全球价值链分工的利益来源：比较优势、规模优势和价格倾斜优势.中国工业经济，(10)：20-26.

陈爱贞，刘志彪2008.FDI制约本土设备企业自主创新的分析——基于产业链和价值链双重视角.财贸经济，(1)：121-126.

陈福桥，祁春节.2004.中外园艺产业比较及发展对策研究.生产力研究，(12)：128-130.

陈洪.2008.农产品流通价值链分工视角下的产业升级.求索，(2)：20-22.

陈立敏，谭力文.2005.评价中国制造业国际竞争力的实证方法研究——兼与波特指标及产业分类法比较.中国工业经济，(5)：30-37.

陈树文，梅丽霞，聂鸣.2005.全球价值链治理含义探析.科技管理研究，(12)：260-262.

陈晓萍，等.2008.组织与管理研究的实证方法.北京：北京大学出版社.

程国强.2005.中国农产品出口：竞争优势与关键问题.农业经济问题，(5)：18-22.

程鲜妮，邸德海.2004.供应链中权力的不对称性对适应化行为的影响.商业研究，(23)：84-87.

程新章，胡峰.2005.价值链治理模式与企业升级的路径选择.商业经济与管理，(12)：24-29.

程新章.2006.全球价值链治理模式——模块生产网络研究.科技进步与对策，(5)：5-8.

池仁勇，邵小芬，吴宝.2006.全球价值链治理、驱动力和创新理论探析.外国经济与管理，(3)：24-30.

崔凯.2008.香港农业价值构成和供应链选择的分析——兼论香港农业印象及对中国内地多层次农业的启示.中国农学通报，(4)：502-508.

邓正来.2003.哈耶克方法论个人主义的研究——《个人主义与经济秩序》代译序//哈耶克F. A. 个人主义与经济秩序.邓正来译.上海：三联书店.

段文娟，聂鸣，张雄.2006.价值链治理对发展中国家地方产业集群升级的影响研究——以巴西西诺斯谷鞋业集群为例．软科学，（2）：31-35.

樊孝凤．2008. 生鲜蔬菜质量安全治理的逆向选择与产品质量声誉模型研究．北京：中国农业科学技术出版社．

范承泽，胡一帆，郑红亮．2008. FDI 对国内企业技术创新影响的理论与实证研究．经济研究，（1）：89-102.

傅家骥．1998. 技术创新学．北京：清华大学出版社．

傅泽田，刘雪，张小栓．2006. 中国蔬菜产业的国际竞争力．北京：中国农业大学出版社．

岗部守，等．2004. 日本农业概述．北京：中国农业出版社．

葛晓光．1994. 蔬菜学概论．北京：中国农业出版社．

耿伟．2008. 内生比较优势研究的理论与实证．北京：中国财政经济出版社．

郭朝阳．2006. 流动壁垒与企业的战略行为．北京：经济管理出版社．

哈耶克．2003. 个人主义与经济秩序．北京：三联书店．

赫尔德 D，麦克格鲁 A．2009. 全球化理论：研究路径与理论论争．北京：社会科学文献出版社．

胡军，陶锋，陈建林．2005. 珠三角 OEM 企业持续成长的路径选择——基于全球价值链外包体系的视角．中国工业经济，（8）：42-49.

江静，刘志彪．2007. 全球化进程中的收益分配不均与中国产业升级．经济理论与经济管理，（7）：26-32.

蒋明川．1981. 中国古代蔬菜栽培的光辉历史．中国蔬菜，（2）．51-54.

蒋薇．2001-04-10. 日本紧急限制进口大葱，安丘菜农面临绝望的丰收．中国青年报．

金碚．1997. 中国工业国际竞争力——理论、方法与实证研究．北京：经济管理出版社．

金碚．2001. 论企业竞争力的性质．中国工业经济，（1）：5-10.

金碚．2006. 中国企业竞争力报告．北京：社会科学文献出版社．

金麟洙．1998. 从模仿到创新——韩国技术学习的动力．北京：新华出版社．

金仁秀．1998. 从模仿到创新．刘小梅等译．北京：新华出版社．

景秀艳，曾刚．2007. 全球与地方的契合：权力与生产网络的二维治理．人文地理，（3）：22-27.

卡普林斯基 R．2008. ：夹缝中的全球化．北京：知识产权出版社．

雷纳 A J，科尔曼 D．2000. 农业经济学前沿问题．北京：中国税务出版社．

李崇光，包玉泽．2010. 中国蔬菜产业发展面临的新问题与对策．中国蔬菜，（15）：1-5.

李怀祖．2004. 管理研究方法论．西安：西安交通大学出版社．

李辉文．2006. 现代比较优势理论研究．北京：中国人民大学出版社．

李剑桥，王芳，罗莎．2009-08-07. 盛夏"三辣"价格反季走高，大蒜价格是上年同期近 5 倍．大众日报．A6 版．

李靖华，郭耀煌．2000. 占先优势：一个进入壁垒的系统分析．上海经济研究，（11）：68-72.

李美娟．2010. 中国企业突破全球价值链低端锁定的路径选择．现代经济探讨，（1）：

76-79.

李爽. 2009. 技术性贸易壁垒与农产品贸易. 北京：中国农业出版社.

林毅夫. 1999. 再论指导、技术与中国农业发展. 北京：北京大学出版社.

刘国琴，高中强，张洪意. 2008. 山东省大葱和大蒜价格波动原因及对策. 中国蔬菜，
（10）：4-7.

刘劲松. 2009. 租金与寻租理论述评. 东北财经大学学报，（5）：16-19.

刘林青，李文秀，张亚婷. 2009. 比较优势、FDI 和民族产业国际竞争力——"中国制造"
国际竞争力的脆弱性分析. 中国工业经济，（8）：47-57.

刘林青，谭力文，施冠群. 2008. 租金、力量和绩效——全球价值链背景下对竞争优势的思
考. 中国工业经济，（1）：50-58.

刘林青，谭力文. 2006. 产业国际竞争力的二维评价——基于全球价值链的思考. 中国工业
经济，（12）：37-44.

刘芹. 2007. 产业集群升级研究述评. 科技管理，（5）：57-62.

刘庆贤，肖洪钧. 2009. 案例研究方法价值提升路径研究. 当代经济管理，（6）：30-34.

刘雪，傅泽田，常虹. 2002. 中国蔬菜出口的显示性对称比较优势分析. 农业现代化研究，
（9）：369-373.

刘雪，刘琦，傅泽田. 2004. 全球化背景下国际蔬菜贸易的基本格局及其动态特征. 农业经
济问题，（9）：29-32.

刘亚钊. 2009. 中国蔬菜对日出口贸易研究. 北京：中国农业出版社.

刘志彪. 2007. 中国贸易量增长与本土产业的升级——基于全球价值链的治理视角. 学术月
刊，（2）：80-86.

刘志彪，张杰. 2007. 全球代工体系下发展中国家俘获型网络的形成、突破与对策——基于
GVC 与 NVC 的比较视角. 中国工业经济，（5）：39-47.

刘志彪，张少军. 2008. 中国地区差距及其纠偏：全球价值链和国内价值链的视角. 学习月
刊，（5）：49-55.

卢福财，胡平波. 2006. 网络租金及其形成机埋分析. 中国工业经济，（6）. 84-90.

卢福财，胡平波. 2008. 全球价值网络下中国企业低端锁定的博弈分析. 中国工业经济，
（10）. 23-32.

卢福财. 2007. 突破"低端锁定"，加快经济发展方式转变. 江西财经大学学报，（6）：5-6.

路风，慕玲. 2003. 本土创新、能力发展和竞争优势——中国激光视盘播放机工业的发展及
其对政府作用的政策含义. 管理世界，（12）：57-82.

吕文栋，逯春明，张辉. 2005. 全球价值链下构建中国中药产业竞争优势——基于中国青蒿
素产业的实证研究. 管理世界，（4）：75-84.

罗珉，徐宏玲. 2007. 组织间关系：价值界面与关系租金的获取. 中国工业经济，（1）：
68-77.

毛基业，张霞. 2008. 案例研究方法的规范性及现状评估——中国企业管理案例论坛
（2007）综述. 管理世界，（4）. 115-121.

梅丽霞，王缉慈．2009．权力集中化、生产片断化与全球价值链下本土产业的升级．人文地理，(4)：32-37.

梅述恩，聂鸣，黄永明．2007．嵌入全球价值链的企业集群知识流动研究．科技进步与对策，(12)：201-204.

梅述恩，聂鸣．2006．全球价值链与地方产业集群升级的国外研究述评．科技管理研究，(10)：59-61.

聂鸣，刘锦英．2006．地方产业集群嵌入全球价值链的方式及升级前景研究述评．研究与发展研究，(12)：108-115.

农业部软科学委员会办公室．2005．加入世贸组织与扩大农业对外开放．北京：中国农业出版社．

潘绵臻，毛基业．2009．再探案例研究的规范性问题．管理世界，(2)：92-100.

裴长洪，王镭．2002．试论国际竞争力的理论概念与分析方法．中国工业经济，(4)：41-45.

彭新敏．2007．全球价值链中的知识转移与中国制造业升级路径．国际商务，(3)：58-63.

钱德勒．1999．企业规模经济与范围经济：工业资本主义的原动力．北京：中国社会科学出版社．

任家华，牟绍波．2009．基于全球价值链资源整合的自主创新研究．中国科技论坛，(5)：27-29.

任家华，王成璋．2005．嵌入全球价值链：中国高新技术产业的升级路径——以联想收购IBM 个人电脑事业部为例．科学学与科学技术管理，(6)：97-101.

盛洪．2006．分工与交易——一个一般理论及其对中国非专业化问题的应用分析．上海：上海三联书店．

施莱贝克尔 J T.1981．美国农业史（1607-1972 年）——我们是怎样兴旺起来的．北京：农业出版社．

舒尔茨 T W.1999．改造传统农业．北京：商务印书馆．

宋泓，柴瑜，张泰．2004．市场开放、企业学习及适应能力和产业成长模式转型．管理世界，(8)：61-74.

孙海法，刘运国，方琳．2004．案例研究的方法论．科研管理，(20)：107-112.

孙晓华，李传杰．2010．有效需求规模、双重需求结构与产业创新能力——来自中国装备制造业的证据．科研管理，(1)：93-103.

孙元媛，胡汉辉．2010．产业集群升级中主导企业的作用——基于四种知识流的视角．中国科技论坛，(2)：82-87.

谭力文，包玉泽．2009.20 世纪的管理科学．武汉：武汉大学出版社．

谭力文，刘林青，田毕飞，等．2008．跨国公司制造和服务外包发展趋势与中国相关政策研究．北京：人民出版社．

唐春晖．2007．企业技术能力演化与技术创新模式研究．北京：中国社会科学出版社．

陶锋，李诗田．2008．全球价值链代工过程中的产品开发知识溢出和学习效应——基于东莞电子信息制造业的实证研究. 管理世界, (1): 115-122.

田家欣, 贾生华. 2008. 网络视角下的集群企业能力构建与升级战略: 理论分析与实证研究. 杭州: 浙江大学出版社.

汪建成, 毛蕴诗. 2007. 从 OEM 到 ODM、OBM 的企业升级路径——基于海鸥卫浴与成霖股份的比较案例研究. 中国工业经济, (12): 110-116.

王缉慈. 2003. 中国制造业集群分布现状及其发展特征. 地域研究与开发, (6): 29-33.

王缉慈. 2004. 关于发展创新型产业集群的政策建议. 经济地理, (4): 433-436.

王俊. 2008. 跨国外包生产体系下技术后进国自主创新能力提升的困境及对策. 管理现代化, (5): 7-9.

王雷. 2009. 长三角本土代工企业竞争战略演变驱动力及策略选择. 中央财经大学学报, (11): 91-96.

王志伟. 2009. 企业技术吸收能力与改进式技术创新. 研究与发展管理, (2): 30-36.

韦伯 M. 2005. 社会学的基本概念. 顾忠华译. 桂林: 广西师范大学出版社.

魏江. 1998. 基于知识观的企业技术能力研究. 自然辩证法研究, (11): 54-57.

魏江. 2002. 企业技术能力论. 北京: 科学出版社.

文嫮, 曾刚. 2004. 嵌入全球价值链的地方产业集群发展——地方建筑陶瓷产业集群研究. 中国工业经济, (6): 36-42.

文嫮, 曾刚. 2005. 全球价值链治理与地方产业网络升级研究——以上海浦东集成电路产业网络为例. 中国工业经济, (7): 20-27.

文嫮, 张洁, 王良健. 2007. 全球视野下的价值链治理研究. 人文地理, (2): 14-19.

文嫮. 2006. 价值链空间形态演变下的治理模式研究——以集成电路 (IC) 产业为例. 中国工业经济, (2): 45-51.

吴建新, 刘德学. 2007. 全球价值链治理研究综述. 经贸论坛, (8): 9-14.

吴建新, 刘德学. 2008. 全球价值链中治理与升级的关系. 山西财经大学学报, (6): 58-63.

吴解兵, 郭斌. 2010. 企业适应性行为、网络化与产业集群的共同演化. 管理世界, (2): 141-155.

吴解生. 2007. 论中国企业的全球价值链"低环嵌入"与"链节提升". 国际贸易问题, (5): 108-112.

吴解生. 2008. 本土企业全球价值链"低环嵌入"的可能前景与决定因素. 经济问题探索, (5): 113-117.

谢伟. 1999. 技术学习过程的新模式. 科研管理, (4): 1-7.

谢伟. 2005. 技术学习和竞争优势: 文献综述. 科技管理研究, (2): 170-174.

辛格诺 N. 2008. 案例研究的说服力. 管理世界, (6): 156-160.

徐大可, 陈劲. 2006. 后发企业自主创新能力的内涵和影响因素分析. 经济社会体制比较, (3): 17-22.

徐国兴. 2007. 市场进入壁垒. 北京: 中国经济出版社.

许世卫，李哲敏，李干琼，等. 2008. 尖椒价格形成及利润分配调查报告. 农业展望，（5）：6-9.

阎衡，郑鑫. 2008. 全球价值链中国农业产业集群问题探讨. 甘肃农业，（3）：41-43.

杨丹辉. 2005. 中国成为"世界工厂"的国际影响. 中国工业经济，（9）：42-29.

杨东进. 2008. 嵌入全球价值链模式与自主全球价值链模式的绩效比较分析——以轿车产业为例. 经济经纬，（3）：34-37.

杨锦秀. 2005. 中国蔬菜产业发展的经济学分析. 北京：中国农业出版社.

杨顺江. 2004. 中国蔬菜产业发展研究. 北京：中国农业出版社.

俞荣建，吕福新. 2008. 由GVC到GVG："浙商"企业全球价值体系的自主构建研究——价值权力争夺的视角. 中国工业经济，（4）：128-136.

郁义鸿. 2005. 产业链类型与产业链效率基准. 中国工业经济，（11）：35-42.

袁奇. 2006. 当代国际分工下中国产业发展战略研究. 成都：西南财经大学出版社.

张红. 2004. 在"全球价值链"中提升技术创新能力. 未来与发展，（2）：46-48.

张辉. 2004. 全球价值链理论与中国产业发展研究. 中国工业经济，（5）：38-46.

张辉. 2005. 全球价值链下地方产业集群升级模式研究. 中国工业经济，（9）：11-18.

张辉. 2006a. 全球价值链动力机制与产业发展策略. 中国工业经济，（1）：40-48.

张辉. 2006b. 全球价值链下地方产业集群转型和升级. 北京：经济科学出版社.

张辉. 2007. 全球价值链下北京产业升级研究. 北京：北京大学出版社.

张纪. 2006. 产品内国际分工中的收益分配——基于笔记本电脑商品链的分析. 中国工业经济，（7）：36-44.

张杰，冯彩. 2008. 需求竞争条件下全球价值链形成与发展中国家竞争优势的升级困境与突破. 经济经纬，（3）：24-27.

张杰，刘志彪. 2007. 全球代工体系下发展中国家俘获型网络的形成、突破与对策——基于GVC与NVC的比较视角. 中国工业经济，（5）：39-47.

张杰，刘志彪. 2007. 需求因素与全球价值链形成——兼论发展中国家的"结构封锁型"障碍与突破. 财贸研究，（6）：1-10.

张杰，刘志彪. 2009. 全球化背景下国家价值链的构建与中国企业升级. 经济管理，（2）：21-25.

张金昌. 2002. 国际竞争力评价的理论和方法. 北京：经济科学出版社.

张立帅，李锋. 2008. 全球价值链理论与发展中国家产业升级研究进展. 价值工程，（3）：44-47.

张培刚. 1999. 新发展经济学. 河南：河南人民出版社.

张培刚. 2002. 农业与工业化：农业国工业化问题初探. 武汉：华中科技大学出版社.

张其仔. 2003. 开放条件下中国制造业的国际竞争力. 管理世界，（8）：74-80.

张为付. 2006. 中国"世界制造中心"问题研究综述. 产业经济研究，（1）：62-68.

张向阳，朱有为. 2005. 基于全球价值链视角的产业升级研究. 外国经济与管理，（5）：21-27.

赵晓庆, 许庆瑞. 2002. 企业技术能力演化的轨迹. 科研管理, (1): 70-76.

中华人民共和国农业部. 2009. 新中国农业 60 年统计资料. 北京: 中国农业出版社.

周松兰. 2005. 从产业内贸易指数看中韩日制造业分工变化. 南京财经大学学报, (1): 8-11.

朱正威, 黎亮, 邵国强. 2007. 发展中国家企业技术能力的演化轨迹. 西安交通大学学报 (社会科学版), (3): 30-34.

卓越, 张珉. 2008. 全球价值链中的收益分配与"悲惨增长"——基于中国纺织服装业的分析. 中国工业经济, (7): 131-140.

祖培修. 2003. 农学原论. 北京: 中国人民大学出版社.

Adler P. 2001. Market, hierarchy, and trust: The knowledge economy and the future of capitalism. Organization Science, (2): 215-234.

Afuah A. 2003. Redefining firm boundaries in the face of the internet: are firms really shrinking?. Academy of Management Review, (28): 34-53.

Albornoz F, Milesi D, Yoguel G. 2002. New economy in old sectors: some issues coming from two production networks in Argentine. Paper Presented at the DRUID summer conference.

Altenburg T. 2006. Governance patterns in value chains and their developmental impact. European Journal of Development Research, (4): 498-521.

Arndt S W, Kierzkowski H. 2001. Fragmentation: new production patterns in the world economy. Oxford: Oxford University Press.

Bain J. 1956. Barriers to new competition. Harvard University Press, Cambridge.

Bair J, Gereffi G. 2001. Local clusters in global chains: The causes and consequences of expert dynamism in Torreon's blue jeans industry. World Development, 29 (11): 1885-1903.

Bair J, Peters E D. 2006. Global commodity chains and endogenous growth: export dynamism and development in Mexico and Honduras. World Development, 34 (2): 203-221.

Bair J. 2005. Global capitalism and commodity chains: looking back, going forward. Competition and Change, (2): 153-180.

Barber E. 2008. How to measure the "value" in value chains. International Journal of Physical Distribution & Logistics Management, 38 (9): 685-698.

Barnes J, Lorentzen J. 2004. Learning, upgrading, and innovation in the South African automotive industry. European Journal of Development Research, 16 (9): 465-498.

Barnes J, Kaplinsky R. 2000. The automobile components sector in South Africa. Regional Studies, (34): 797-812.

Barney J B. 1986. Organizational culture: can it be a source of sustained competitive advantage? Academy of Management Review, (11): 656-665.

Barney J B. 1991. Firm resources and sustained competitive advantage. Journal of Management, (17): 99-120.

Bazan L, Navas-Aleman L. 2004. The underground revolution in the Sinos Valley: a comparison of upgrading in global and national value chains//Schmitz H. Local enterprises in the global economy. Cheltenham : Elgar.

Bell M, Pavitt K. 1993. Technological accumulation and industrial growth: contrasts between developed and developing countries. Industrial and Corporate change, (2): 157-210.

Bell M, Pavitt K. 1995. The development of technological capabilities//Irfan ul Haque. Trade, Technology, and International Competitiveness. EDI Development Studies. The World Bank, Washington, DC.

Bharati P. 2006. Understanding the future of global software production: investigating the network in India. IFIP International Federation for Information Processing, (214) : 119-129.

Boehlje M, Hofing S, Schroeder R. 1999. Value chains in the agricultural industries. Staff Paper # 99-10. Department of Agricultural Economics Purdue University.

Boltanski L, Thévenot L. 1991. De la justification: Les Économies de la grandeur. Paris: Gallimard.

Boltanski L, Thévenot L. 1999. The sociology of critical capacity. European Journal of Social Theory, 2 (3): 359-377.

Buckley P J, Clegg J, Hui T. 2005. Reform and restructuring in Chinese state-owned enterprises: sinotrans in the 1990s. Management International Review, 45 (2): 147-172.

Buckley P J. 2009. Internalisation thinking: from the multinational enterprise to the global factory. International Business Review, (18): 224-235.

Buckley P J. 2009. The impact of the global factory on economic development. Journal of World Business, (44): 131-143.

Chung S, Kim G M. 2003. Performance effects of partnership between manufacturers and suppliers for new product development: the supplier's standpoint. Research Policy, (4): 587-603 .

Clancy M. 1998. Commodity chains, services and development: theory and preliminary evidence from the tourism industry. Review of International Political Economy, 5 (1): 122-48.

Clark C. 1940. Conditions of economic progress. London: Macmillan.

Coase R. 1937. The nature of the firm. Economica, (4): 386-405.

Coe N M, Dicken P, Hess M. 2008. Global production networks: realizing the potential. Journal of Economic Geography, 8 (3): 271-295.

Coe N M, Hess M, Yeung H W C, et al. 2004. Globalizing regional development: a global production networks perspective. Transactions of the Institute of British Geographers, (4): 468-485.

Cohen W M, Lavinthal D A. 1990. Absorptive capacity: a new perspective on learning and innovation. Administrative Science Quarterly, (35): 128-152.

Coleman J S. 1990. Foundations of social theory. Cambridge, MA: Harvard University Press.

Collis D J. 1991. A resource-based analysis of global competition: the case of the bearings industry. Strategic Management Journal, (12): 49-68.

Conner K R. 1991. A historical comparison of resource-based theory and five schools of thought within industrial organization economics: do we have a new theory of the firm? Journal of Management, (17): 121-154.

Contractor F, Ra W. 2002. How knowledge attributes influence alliance governance choices: A theory development note. Journal of International Management, (8): 11-27.

Cook S E, O'Brien R, Corner R J, et al. 2003. Is precision agriculture relevant to developing countries//Stafford J, Werner A. Precision Agriculture Proceedings of the 4th European Conference on Precision Agriculture. Wageningen Academic Publishers, The Netherlands: 115-119.

Daviron B, Gibbon P. 2002. Global commodity chains and African export agriculture. special issue of Journal of Agrarian Change, 2 (2).

Davis J H, Goldberg R A. 1957. A concept of agribusiness. Boston: Division of Research, Graduate School of Business Administration, Harvard University.

Dicken P, Kelly P, Olds K, Yung H W C. 2001. Chains and networks, territories and scales: towards a relational framework for analysing the global economy. Global Networks, 1 (2): 89-112.

Dolan C, Humphrey J, Harris-Pascal C. 1999. Horticultural commodity chains: the impact of the UK market on the African fresh vegetable industry. IDS Working Paper 96, Institute for Development Studies, University of Sussex.

Dolan C, Humphrey J. 2004. Changing governance patterns in the trade in fresh vegetables between Africa and the United Kingdom. Environment and Planning A, 36 (3): 491-509.

Dosi G. 1982. Technological paradigms and technological trajectories: A suggested interpretation of the determinants and directions of technical change. Research Policy, (11): 147-162.

Dutrénit G. 2004. Building technological capabilities in latecomer firms: a review essay. Science Technology Society, 9 (2): 209-241.

Dyer J H, Singh H. 1996. The relational view: Cooperative strategy and sources of interorganizational competitive advantage. Academy of Management Meetings, Cincinnati, August 12.

Dyer J H, Singh H, Kale P. 2008. Splitting the pie: Rent distribution in alliances and networks. Managerial and Decision Economics, (29): 137-148.

Dörr G, Kessel T. 1999. Restructuring via Internationalization: The Auto Industry's Direct Investment Projects in Eastern Central Europe. Report FS II 99-201, Berlin, Wissenschaftszentrum Berline für Sozialforschung.

Eisenhardt K M. 1989. Building theories from case study research. Academy of Management Review, (14): 532-550.

Eisenhardt K M, Graebner M E. 2007. Theory building from cases: opportunities and challenges. Academy of Management Journal, 50 (1): 25-32.

Emerson R M. 1962. Power-dependence relations. American Sociological Review, 27 (February):

32-33.

Ernst D, Ganiatsos T, Mytelka L. 1998. Technological capabilities and export success: lessons from east Asia. London: Routledge.

Ernst D, Kim L. 2002. Global production networks, knowledge diffusion and local capability formation. Research Policy, (31): 1417-1429.

Evenson R E, Ranis G. 1990. Science and technology: lessons for development policy. Westview Press, Boulder, CO.

Feenstra R. 1998. Integration of trade and disintegration of production in the global economy. Journal of Economic Perspectives, 12 (4): 31-50.

Foellmi R, Zweimüller J. 2006. Income distribution and demand-induced innovations Review of Economic Studies, (73): 941-960.

Fold N. 2002. Lead firms and competition in "bi-polar" commodity chains: grinders and branders in the global cocoa-chocolate industry. Journal of Agrarian Change, (2): 228-247.

Forbes N, Wield D. 2000. Managing R&D in technology followers. Research Policy, 29 (9): 1095-1109.

Fransman M, King K. 1984. Technological capability in the Third World. London: Macmillan.

Freidberg S. 2003. Cleaning up down South: supermarkets, ethical trade and African horticulture. Social and Cultural Geography, (4): 353- 468.

Freidberg S. 2004. French beans and food scares: culture and commerce in an anxious age. New York: Oxford University Press.

French J R P, Raven B. 1959. The bases of social power//Cardwright D. Studies in Social Power. Institutef or Social Research, Ann Arbor, MI: 150-167.

Fromm I. 2007. Upgrading in agricultural value chains: the case of small producers in Honduras. German Institute of Global and Area Studies, GIGA Working Paper64, Hamburg.

Gereffi G. 1994. The organization of buyer-driven global commodity chains: how U. S. retailers shape overseas production networks//Gereffi G, Korzeniewicz M. Commodity chains and global capitalism, Praeger : Westport.

Gereffi G. 1995. Global production systems and third world development//Stallings B. Global change, regional response: the new international context of development. Cambridge: Cambridge University Press.

Gereffi G. 1999. International trade and industrial up-grading in the apparel commodity chain. Journal of International Economics, 48 (1): 37-70.

Gereffi G, Humphrey J, Sturgeon T. 2005. The governance of global value chains. Review of International Political Economy, 12 (1): 78-104.

Gereffi G, Lee J. 2009. A global value chain approach to food safety and quality standards. Global Health Diplomacy for Chronic Disease Prevention, Working Paper Series.

Gereffi G, Memedovic O. 2003. The global apparel value chain: what prospects for upgrading by developing countries. UNIDO Sectoral Studies Series, Vienna.

Geroski P A. 1991. Domestic and foreign entry in the United Kingdom: 1983-1984//Geroski P, Schwalbach J. Entry and market contestability: an international comparison. Oxford: Basil Blackwell.

Gibbon P, Bair J, Ponte S. 2008. Governing global value chains: an introduction. Economy and Society, 37 (3): 315-338.

Gibbon P, Ponte S. 2005. Trading down: Africa, value chains and the global economy. Temple University Press, Philadelphia, Pennsylvania.

Gibbon P, Ponte S. 2008. Global value chains: From governance to governmentality? Economy and Society, 37 (3): 365-392.

Gibbon P. 2002. At the cutting age? Financialization and UK clothing retailers' global sourcing patterns and practices. Competition and Change, 6 (3): 289-308.

Gibbon P, 2003. Commodities, donors and value chain analysis and upgrading. DIIS. Paper prepared for UNCTAD.

Gibbon P. 2008. Governance, entry barriers, upgrading: a re-interpretation of some GVC concepts from the experience of african clothing exports. Competition & Change, 12 (1): 29-48.

Giuliani E, Pietrobelli C, Rabellotti R. 2005. Upgrading in global value chains: lessons from Latin American clusters. World Development, 33 (4): 549-573.

González-Fidalgo E, Ventura-Victoria J. 2001. How Much Do Strategic Groups Matter? Universidad de Oviedo, Working papers.

Granovetter M. 1985. Economic action and social structure: the problem of embeddedness. American Journal of Sociology, (91): 481-510.

Grant R M. 1996. A knowledge-based theory of inter-firm collaboration. Organization Science, (7): 375-387.

Guerrieri P, Pietrobelli C. 2001. Models of industrial districts' evolution and changes in technological regimes. Paper presented at the 2001 EAPE Conference, Siena, 8-11 November.

Guerrieri P, Pietrobelli C. 2006. Old and new forms of clustering and production networks in changing technological regimes: contrasting evidence from Taiwan and Italy. Science, Technology and Society, 11 (1), 9-38.

Gulati A, Minot N, Delgado C, et al. 2007. Growth in high-value agriculture in Asia and the emergence of vertical links with farmers//Swinnen J F M. Global supply chains, standards and the poor. Oxford: CABI Publishing.

Gummesson E. 1991. Qualitative methods in management research. Sage Publications. Newbury Park, California.

Hamel G, Prahalad C K. 1989. Strategic intent. Harvard Business Review, May-June: 63-76.

Hassler G R. 2004. Dendrogeomorphologische untersuchungen am birchbachkegel (Lötschental, Schweiz). Unpublished diploma thesis, Department of Geosciences, Geography, University of

Fribourg: Fribourg.

Hatani F. 2009. The logic of spillover interception: the impact of global supply chains in China. Journal of World Business, (44): 158-166.

Hayek F A. 1944. The Road to Serfdom. Chicago: University of Chicago Press.

Helper S, Sako M. 1985. Supplier relations in Japan and the United States: are they converging. Sloan Management Review, (1): 77-84.

Helper S. 1991. How much has really changed between U. S automakers and their suppliers. Sloan Management Review, (4): 15-28.

Henderson J, Dicken P, Hess M, et al. 2002. Global production networks and the analysis of economic development. Review of International Political Economy, 9 (3): 436-464.

Henson S J, Reardon T. 2005. Private agri-food standards: implications for food policy and the agri-food system. Food Policy, 30 (3): 241-253.

Herrigel G. 2004. Emerging strategies and forms of governance in high-wage component manufacturing regions. Industry and Innovation, 11 (1/2): 45-79.

Hersen M, Barlow D H. 1976. Single-case experimental designs: strategies for studying behavior. New York: Pergamon Press.

Hobday M, 2007. Editor's introduction: the scope of Martin Bell's contribution. Asian Journal of Technology Innovation, 15 (2): 1-18.

Hobday M. 1995. East Asian latecomer firms: learning the technology of electronics. World Development, (23): 1171-1193.

Holweg M, Luo J, Oliver N. 2005. The past, present and future of China's automotive industry: a value Chain perspective. Working paper to UNIDO's Global Value Chain Project, August.

Hong E, Holweg M. 2005. Evaluating the effectiveness and efficiency of global sourcing strategies. Working paper, Judge Business School, University of Cambridge, UK.

Hooley G, Fahy J, Cox T, et al. 1999. Marketing capabilities and firm performance: a hierarchical model. Journal of Market-Focused Management, 4 (3): 259-278.

Hopkins T, Wallerstein I. 1979. Grundzüge der entwicklung des modernen weltsystems//Senghaas D. Kapitalistische Weltökonomie. Frankfurt: Suhrkamp: 151-200.

Hopkins T, Wallerstein I. 1986. Commodity chains in the world economy prior to 1800. Review, 10 (1): 157-170.

Humphrey J, Memedovic O. 2006. Global value chains in the agrifood sector. UNIDO Working Paper.

Humphrey J, Schmitz H. 2000. Governance and upgrading: linking industrial cluster and global value chain research. Institute of Development Studies Working Paper No. 120, Brighton.

Humphrey J, Schmitz H. 2001. Governance in global value chains. IDS Bulletin, (32): 19-29.

Humphrey J, Schmitz H. 2002. How does insertion in global value chains affect upgrading in industrial clusters? Institute of Development Studies, Brighton.

参考文献

201

Humphrey J, Schmitz H. 2003. Upgrading in global value chains. background paper for the World Commission on the Social Dimensions of Globalisation. Brighton: IDS-Sussex.

Humphrey J, Schmitz H. 2004. Chain governance and upgrading: taking stock//Schmitz H. Local enterprises in the global economy: issues of governance and upgrading. Cheltenham: Elgar: 349-381.

Humphrey J, Schmitz H. 2008. Inter-firm relationships in global value chains: trends in chain governance and their policy implications. Technological Learning, Innovation and Development, 1 (3): 258-282.

Humphrey J. 2003a. Opportunities for SMEs in developing countries to upgrade in a global economy. ILO SEED Working Paper No. 43, Geneva.

Humphrey J. 2003b. The global automotive industry value chain: what prospects for upgrading by developing countries. UNIDO.

Humphrey J. 2004. Upgrading in Global Value Chains. ILO Working Paper No. 28, Geneva.

Humphrey J. 2005. Shaping value chains for development: global value chains in agribusiness. Eschborn: Deutsche Gesellschaft für Technische Zusammenarbeit (GTZ).

Humphrey J. 2006. Policy implications of trends in agribusiness value chains. European Journal of Development Research, (18): 572-592.

Hunt M S. 1972. Competition in the Major Home Appliance Industry, 1960-1970. Ph. D. thesis, Harvard University.

Kaplinsky R, Morris M. 2008. Value chain analysis: a tool for enhancing export supply policies. Int. J. Technoligocal Learning, Innovation and Development, 1 (3): 283-308.

Kaplinsky R, Morris M A. 2001. Handbook for Value Chain Research. International Development Research Centre, Ottowa.

Kaplinsky R, Readman J. 2001. Integrating SMEs in global value chains: towards partnership for development. Report Prepared for UNIDO, Vienna.

Kaplinsky R. 2001. Learning networks in the south African auto components industry. Innovation News (Pretoria, South Africa).

Kaplinsky R. 2004. Competitions policy and the global coffee and cocoa value chains. Paper prepared for UNCTAD, Geneva.

Kaplinsky R. 2005. Globalization, poverty and inequality. Polity Press.

Katz J M. 1997. Technology creation in Latin American manufacturing industries. New York: St. Martin's Press.

Kim B. 2000. Coordination an innovation in supply chain management. European Journal of Operational Research, (123): 568-584.

Kim L. 1997. Imitation to innovation. Cambridge, MA: Harvard University Press.

Kishimoto C. 2004. Clustering and upgrading in global value chains: the Taiwanese personal computer industry//Schmitz H. Local enterprises in the global economy: issues of governance and upgrading. Cheltenham：Edward Elgar.

Kogut B. 1985. Designing global strategies：comparative and competitive value-added chains. Sloan Management Review, 26 (4)：129-154.

Krugman P. 1991. Increasing returns and economic geography. Journal of Political Economy, (99)：483-499.

Krugman P. 1995. Development, geography and economic theory. MIT Press, Cambridge, MA.

Laffont J, Martimort D. 1998. Transaction costs, institutional design and the separation of powers. European Economic Review, (42)：673-684.

Lall S. 1992. Technological capabilities and industrialization. World Development, (20)：165-186.

Lall S. 1993. Trade policies for development：A policy prescription for Africa. Development Policy Review, (1)：7-65.

Lall S. 2001. National strategies for technology adoption in the industrial sector：lessons of recent experience in the developing regions. Background paper for the United Nations Development Programme's Human Development Report 2001：Harnessing technology for human development.

Lee J R, Chen J S. 2000. Dynamic synergy creation with multiple business activities：Toward a competence-based growth model for contract manufacturers//Sanchez R, Heene A. Theory development for competence-based management, advances in applied business strategy. JAI Press, Stanford, CT.

Maloni M J, Benton W C. 2000. Power influences in the supply chain. Journal of Business Logistics, 21 (1)：49-74.

Martin R, Peter S. 2006. Path dependence and regional economic evolution. Journal of Economic Geography, 6 (4)：395-437.

Maskell P, Malmberg A. 1999. Localised learning and industrial competitiveness. Cambridge Journal of Economics, (23)：167-185.

Miles M B, Huberman A M. 1994. Qualitative data analysis：An expanded sourcebook. 2nd ed. Thousand Oaks, CA：Sage Publications.

Moller K, Anttila M. 1987. Marketing capability：a key success factor in small business. Journal of Marketing Management, (2)：185-203.

Morrison A, Pietrobelli C, Rabellotti R. 2008. Global value chains and technological capabilities：a framework to study industrial innovation in developing countries. Oxford Development Studies, 36 (1)：39-58.

Mower D C, Oxley J E, Silverman B S. 1996. Strategic alliances and interfirm knowledge transfer. S trategy Management Journal, 17 (Winter)：77-91.

Mowery D C, Rosenberg N. 1979. The influence of market demand upon innovation：a critical review of some recent empirical studies. Research Policy, (8)：102-153.

Nadvi K, Halder D. 2002. Local clusters in global value chains：exploring dynamics linkages between Germany and Pakistan. IDS Working Paper 152. Brighton：IDS-Sussex.

Nadvi K, Schmitz H. 1999. Industrial clusters in developing countries. Special Issue of World Development.

Nelson R, Winter S G. 1982. An evolutionary theory of economic change. Cambridge M A: The Belknap Press of Harvard University Press.

Nonaka I. 1999. The dynamic of knowledge creation//Ruggles R, Holtshouse D. The Knowledge Advantage: 14 Visionaries Define Market Place Success in the New Economy. Oxford: Capstone Publishing.

Novak S, Wernerfelt B. 2006. The design of industry. MIT Sloan Research Paper No 460606, March. http: //ssrn. com/abstract = 891870.

Orden D, Roberts D. 2007. Food regulation and trade under the WTO: ten years in perspective. Proceedings of the 26th Conference of the International Association of Agricultural Economists, Blackwell Publishing: 103-118.

Palpacuer F. 2000. Competence-based strategies and global production networks: a discussion of current changes and their implications for employment. Competition and Change, 4 (4): 353-400.

Peng M W. 1997. Firm growth in transitional economics: three longitudinal cases from China, 1986-1996. Organization Study, 18 (3): 385-413.

Penrose E T. 1959. The theory of the growth of the firm. New York: John Wiley.

Peteraf M A. 1993. The cornerstones of competitive advantage: a resource-based view. Strategic Management Journal, 14 (3): 179-191.

Pettigrew A M. 1990. Longitudinal field research on change: theory and practice. Organization Science, 1 (3): 267-292.

Pietrobelli C, Rabellotti R. 2004. Upgrading in clusters and value chains in Latin America: the role of policies. Washington: IADB.

Pietrobelli C, Saliola F. 2008. Power relationships along the value chain: multinational firms, global buyers and performance of local suppliers. Cambridge Journal of Economics Advance Access, 32 (6): 947-962.

Pietrobelli C. 1997. On the theory of technological capabilities and developing countries' dynamic comparative advantage in manufactures. Rivista Internazionale di Scienze Economiche e Commerciali, (44): 313-338.

Pietrobelli C. 1998. Industry, competitiveness and technological capabilities in Chile. A new tiger from Latin America. London and New York: MacMillan and St. Martin's.

Pietrobelli C. 2007. Global value chains and clusters in LDCs: what prospects for upgrading and technological capabilities. UNCTAD The Least Developed Countries Report 2007, Background Paper No. 1.

Pietrobelli G, Rabellotti R. 2008. Innovation systems and global value chain. Paper presented in the IV Globelics Conference at Mexico City, September 22-24.

Pil F, Holweg M. 2006. Evolving from value chain to value grid. MIT Sloan Management Review, 47 (4): 72-80.

Platt J. 1992. "Case Study" in American methodological Thought. Current Sociology, 40: 17-48.

Polanyi M. 1967. The tacit dimension. London: Routledge and Kegan Paul.

Ponte S, Gibbon P. 2005. Quality standards, conventions and the governance of global value chains. Economy and Society, 34 (1): 1-31.

Ponte S, Ewert J. 2009. Which way is "up" in upgrading? Trajectories of change in the value chain for South African Wine. World Development, 37 (10): 1637-1650.

Ponte S. 2002. Standards, trade and equity: Lessons from the specialty coffee industry. CDR Working Paper 02. 13, Copenhagen.

Ponte S. 2007. Governance in the value chain for South African Wine. Tralac Working Paper, No 9.

Ponte S. 2009. Governing through quality: conventions and supply relations in the value chain for South African Wine. Sociologia Ruralis, 49 (3): 236-257.

Porter M E. 1977. Interbrand choice, strategy and bilateral market power. Cambridge University press, Cambridge.

Porter M E. 1980. Competitive Strategy. New York: Free Press.

Porter M E. 1985. Competitive Advantage. New York: Free Press.

Porter M E. 1990. The competitive advantage of nations. Basingstoke: Macmillan.

Powell W. 1990. Neither market nor hierarchy: Network forms of organization. Research in Organizational Behavior, (12): 295-336.

Prahalad C K, Hamel G. 1990. The core competence of corporation. Harvard Business Review, (68): 79-91.

Quadros R. 2004. Global quality standards and technological upgrading in the Brazilian auto-components industry//Schmitz H. Local Enterprises in the Global Economy. Cheltenham: Edward Elgar.

Raghavendra N V, Bala Subrahmanya M H. 2007. Development of a measure for technological capability in small firms. Innovation and Learning, 3 (1): 31-44.

Raikes P, Jensen M, Ponte S. 2000. Global commodity chain analysis and the French filière approach: Comparison and critique. Economy and Society, (29): 390-417.

Rallet A. 1995. Convention theory and economics. Réseaux. The French journal of communication, (2): 167-186.

Reardon T, Berdegué J A. 2002. The rapid rise of supermarkets in Latin America: challenges and opportunities for development. Development Policy Review, (20): 371-388.

Richardson G. 1972. The organization of industry. The Economic Journal, (84): 883-896.

Romijn H. 1999. Acquisition of technological capability in small firms in development countries. Macmillan: London.

Rothstein M. 2000. Does competition among public schools benefit students and taxpayers? A comment on Hoxby (2000). National Bureau of Economic Reserach, Inc. , NBER Working Papers: No. 11215.

Sacchetti S, Sugden R. 2003. The governance of networks and economic power: the nature an impact of subcontracting relationships. Journal of Economic Surveys, 17 (5): 669-692.

Sahal D. 1982. Structure and self-organization. Behavioral Science, (27): 249-258.

Saliola F, Zanfei A. 2007. Multinational firms, global value chains and the organization of technology transfer. WP-EMS #10, Working Papers Series in Economics, Mathematics & Statistics.

Schmitz H, Knorringa P. 2000. Learning from global buyers. Journal of Development Studies, 37 (2): 177-205.

Schmitz H. 2004. Local enterprises in the global economy: issues of governance and upgrading. Cheltenham, U. K. ; Edward Elgar.

Schmitz H. 2006. Regional systems and global chains. Paper presented at the Fifth International Conference on Industrial Clustering and Regional Development. oec. pku. edu. cn/icrd/.

Schmookler J. 1966. Invention and economic growth. Harvard University Press, Cambridge.

Schumpeter J A. 1942. Capitalism, socialism, and democracy. NY: Harper.

Stewart F. 1981. International technology transfer: issues and policy options//Streeten P, Jolly R. Recent Issues in World Development, Pergamon Press, Oxford: 67-110.

Stigler G J. 1951. The division of labor is limited by the extent of market. Journal of Political Economy, 59: 185-193.

Sturgeon T J, Memedovic O, Biesebroeck J. 2009. Globalisation of the automotive industry: main features and trends, international journal of technological learning. Innovation and Development, 2 (1/2): 7-24.

Sturgeon T J, Gereffi G. 2008. The challenge of global value chains: why integrative trade requires new thinking and new data. Metrics and Indicators for Global Value Chains Prepared for Industry Canada, Final draft, November 20.

Sturgeon T, Biesebroeck J V, Gereffi G. 2008. Value chains, networks and clusters: reframing the global automotive industry. Journal of Economic Geography, (2): 1-25.

Sturgeon T, Florida R. 2004. Globalization, deverticalization, and employment in the motor vehicle industry//Kenney M, Kogut B. Creating Global Advantage. Stanford, CA: Stanford University Press.

Sturgeon T, Lee J R. 2001. Industry co-evolution and the rise of a shared supply-base for electronics manufacturing. Paper Presented at Nelson and Winter Conference. Aalgborg, June.

Sturgeon T. 2001. How do we define value chains and production networks? IDS Bulletin, 32 (3): 9-18.

Sturgeon T. 2002. Modular production networks: a new American model of industrial organization. Industrial and Corporation Change, 11 (3): 451-496.

Sturgeon T. 2007. How globalization drives institutional diversity: the Japanese electronics industry's response to value chain modularity. Journal of East Asian Studies, 7 (1): 1-34.

Sturgeon T. 2008. From commodity chains to value chains: interdisciplinary theory building in an age of globalization//Bair J. Frontiers of Commodity Chain Research. Palo Alto, CA: Stanford University Press.

Sugiyama Y, Fujimoto T. 2000. Product development strategy in Indonesia: a dynamic view on global strategy//Humphrey J. Lecler Y, Salerno M. Global Strategies, Local Realities: The Auto Industry in Emerging Markets (Basingstoke, Macmillan, 2000): 176-206.

Tallman S B, Atchison D L. 1996. Competence-based competition and the evolution of strategic configurations//Sanchez R. , Heene A. , Thomas H. Dynamics of Competence-Based Competition. Pergamon: 349-375.

Teece D J, Pisano G, Shuen A. 1997. Dynamic capabilities and strategic management. Strategic Management Journal, 18 (7): 509-533.

Teece D, Pisano G. 1994. The dynamic capabilities of firms: an introduction. Industrial and Corporate Change, 3 (3): 537-556.

Vargas M A, Campos R A. 2005. Crop substitution and diversification strategies: empirical evidence from selected Brazilian municipalities. Washington, DC: The International Bank for Reconstruction Development, The World Bank.

Vernon R. 1979. The product cycle hypothesis in a new international environment. Oxford Bulletin of Economics and Statistics, (41): 255-267.

Vernon R. 1996. International investment and international trade in the product cycle. Quarterly Journal of Economics, (80): 190-207.

Von Hippel E. 1994. "Sticky information", and the locus of problem solving: implications for innovation. Management Science, (4): 429-439.

Walker G, Weber D. 1984. A transaction cost approach to make-or-buy decisions. Administrative Science Quarterly, (29): 373-391.

Wernerfelt B. 1984. A resource-based view of the firm. Strategic Management Journal, (5): 171-180.

Westphal L E, Kim L, Dahlman C J. 1985. Reflections on Korea's acquisition of technological capability//Rosenberg N, Frischtak C. International Technology Transfer: Concepts, Measures, and Comparisons. New York: Praeger: 167-221.

William R, von Hippel E. 1994. Incentives to innovate and the sources of innovation: The case of scientific instruments. Research Policy, 23 (4): 459-469.

Williamson O E. 1975. Markets and hierarchies, analysis and anti-trust implications. New York: The Free Press.

Williamson O E. 1979. Transaction-cost economics: the governance of contractual relations. Journal of Law and Economics, (22): 233-261.

参考文献

Williamson O E. 1985. The economic institutions of capitalism: firms, markets, relational contracting. New York: The Free Press.

World Bank. 2005. Food safety and agricultural health standards: challenges and opportunities for developing country exports. Report No. 31207.

Wren D A. 1994. The evolution of management thought. John Wiley & Sons, Inc. .

Yin R. 1984. Case study research: Design and methods. 1st ed. Beverly Hills, CA: Sage Publishing.

Zahra S, George G. 2002. Absorptive capacity: A review, reconceptualization and extension. Academ y of Management Review, 27 (2): 185-203.

Ó Riain S. 2004. The politics of high tech growth: developmental network states in the global economy. Cambridge: Cambridge University Press.

# 附 录

## 一 中国蔬菜产业重点区域概况与发展方向

| 功能区名称 | 重点区域名称 | 自然条件 | | | | 概况 | 发展目标 | 主攻方向 |
|---|---|---|---|---|---|---|---|---|
| | | 纬度 | 平均气温/℃ | | 日照时数/小时 | 海拔/m | | | |
| | | | 1月 | 7月 | 12～2月 | | | | |
| 冬春蔬菜功能区 | 华南冬春蔬菜重点区域 | | ≥10 | — | — | | 地处东南沿海、北纬26°以南，包括广东、广西、海南和福建4省区，南亚热带季风气候，冬春季节气候温暖，有"天然温室"之称，1月份平均气温≥10℃，可进行喜温蔬菜露地栽培。气候优势明显，生产成本低，但距目标市场、运费高，运费远，年复种指数高，连作障碍严重、台风暴雨频繁 | 到2015年，本重点区域基地县蔬菜播种面积稳定在2100万亩左右、总产量超过4000万t，调出比例达到55%以上，产品安全质量达到无公害食品要求，商品化处理程度达到80%以上 | 目标市场："三北"、长江流域、港澳地区以及日、韩等国冬淡市场，主栽品种：豆类、瓜类、茄果类、西甜瓜等喜温瓜果类，上市期：12～次年2月 |

技术能力视角与全球价值链背景下的企业升级

210

| 功能区名称 | 重点区域名称 | 自然条件 | | | | 概况 | 发展目标 | 主攻方向 |
|---|---|---|---|---|---|---|---|---|
| | | 纬度 | 平均气温/℃ | | 日照时数/小时 | | | |
| | | | 1月 | 7月 | 12~2月 | 海拔/m | | |
| 冬春蔬菜优势功能区 | 长江上中游冬春蔬菜重点区域 | | ≥4 | — | — | | 地处长江上中游，北纬25°~32°，包括四川、重庆、云南、湖北、湖南、江西6省市，属中亚热带北亚热带，冬季节气候温和，1月份平均气温≥4℃，可进行喜温蔬菜露地栽培，在低海拔河谷地区也可进行喜温蔬菜露地生产。本重点区域是全国最大的喜凉蔬菜冬春生产基地，气候优势明显，劳力资源充足，生产成本低，冬闲田面积大，但蔬菜品种单一，冬春干旱，抗旱能力较差 | 到2015年，92个基地县蔬菜播种面积达到3000万亩，产量超过7000万t，调出比例超过55%，产品安全质量达到无公害食品要求，商品化处理程度达到65%以上 | 目标市场："三北"地区和珠江三角洲地区冬春淡季市场，主栽品种和上市期：花椰菜、结球甘蓝、莴笋、芹菜、蒜薹等喜凉蔬菜，11~4月上市；四川攀西地区和云南省元谋县低海拔河谷区发展喜温茄果类、豆类等喜温蔬菜，3~5月上市 |
| 夏秋蔬菜优势功能区 | 黄土高原夏秋蔬菜重点区域 | | — | ≤25 | — | | 本重点区域地处黄土高原及周边地区，北纬32°~44°，包括陕西、甘肃、宁夏、青海、内蒙古、山西、河北7省区，属干旱暖温带和中温带，夏季凉爽，有"北方天然凉棚"之称，七月平均气温≤25℃，适合喜温蔬菜和喜凉蔬菜生长。本重点区域光照充足，昼夜温差大，气候优势明显，生态环境较好，劳动力资源丰富，生产成本低，但干旱少雨，交通条件差，运距远 | 到2015年，88个基地县蔬菜播种面积达到1700万亩，产量超过6000万t，调出比例达到65%，产品安全质量达到无公害食品要求，商品化处理率达到70%以上 | 目标市场：华北地区、长江下游地区、华南夏秋淡季市场以及东欧、中亚、西亚等国际市场，主栽品种：洋葱、萝卜、胡萝卜、花椰菜、白菜、生菜等喜凉蔬菜以及茄果类、瓜类、西甜瓜等喜温瓜菜，上市期：7~9月 |

| 功能区名称 | 重点区域名称 | 自然条件 | | | | 概况 | 发展目标 | 主攻方向 |
|---|---|---|---|---|---|---|---|---|
| | | 纬度 | 平均气温/℃ 1月 | 平均气温/℃ 7月 | 日照时数/小时 12~2月 | 海拔/m | | | |

| 功能区名称 | 重点区域名称 | 纬度 | 平均气温/℃ 1月 | 平均气温/℃ 7月 | 日照时数/小时 12~2月 | 海拔/m | 概况 | 发展目标 | 主攻方向 |
|---|---|---|---|---|---|---|---|---|---|
| 夏秋蔬菜功能区 | 云贵高原夏秋蔬菜重点区域 | 北纬23°~33° | — | ≤25 | — | 800~2200 | 本重点区域地处黄中和滇东高原、黔西南山地、渝东南山地、湘中南山地高原、黔西南山地、鄂西山地、重庆、贵州、湖南、湖北等省市，大部分地区属中亚热带湿润季风气候，部分地区为北亚热带湿润季风气候，海拔800~2200m，夏季凉爽，七月平均气温≤25℃，适宜喜温喜凉气候优势明显，喜凉蔬菜和有"南方天然凉棚"之称。本重点区域气候资源丰富，喜凉蔬菜生长，生态环境好，劳动力资源丰富、生产成本低，但伏旱、暴雨等气象灾害多发 | 到2015年，65个基地县蔬菜播种面积达到1400万亩，产量超过3500万t，调出比例达到55%，产品安全质量达到无公害食品要求，产品无公害化处理率达到65%以上 | 目标市场：珠江中下游、长江中下游地区和港澳地区以及东南亚，日、韩等国市场；主栽品种：白菜、胡萝卜、球甘蓝、花椰菜、岗笋等喜凉蔬菜以及茄果类、豆类、食荚豌豆、芹菜、瓜类、西甜瓜等喜温瓜类，上市期：7~9月 |
| 设施蔬菜功能区 | 黄淮海与环渤海设施蔬菜重点区域 | 北纬32°~42° | >-16 | — | >430 | — | 本重点区域地处黄淮海及环渤海地区，北纬32°~42°，包括辽宁、北京、天津、河北、山东、河南、江苏、安徽8省市。本重点区域光热资源丰富，距大中城市近，运距短，供应及时，产品新鲜，供应及时，产量高，经济效益好，可利用冬闲农村劳动力资源，但一次性投入大，技术难度大，连作障碍严重 | 到2015年，日光温室和大中棚面积达到2200万亩，产量超过1.3亿t。其中日光温室面积800万亩，产量超过5300万t；大中棚1400万亩，产量超过7700万t | 设施类型：辽宁以日光温室为主，北京、天津、河北、山东、河南5省市大中棚与日光温室并举，江苏、安徽以大中棚为主；目标市场："三北"地区和长江流域冬春淡季市场；主栽品种：日光温室种植瓜茄类、豆类、西甜瓜、芹菜等喜温瓜类以及芹菜，韭菜等喜凉蔬菜，大中棚种植瓜类、豆类和叶菜类等；上市期：日光温室11~6月，大中棚4月中旬至6月 |

续表

| 功能区名称 | 重点区域名称 | 自然条件 | | | | 概况 | 发展目标 | 主攻方向 |
|---|---|---|---|---|---|---|---|---|
| | | 纬度 | 平均气温/℃ 1月 | 平均气温/℃ 7月 | 日照时数/小时 | | | |
| 蔬菜出口功能区 | 东南沿海出口蔬菜重点区域 | — | — | — | 12～2月 | — | 本重点区域包括山东、福建、浙江、广东、广西、江苏、辽宁、河北、天津、上海10省区市。2005年蔬菜出口额占全国蔬菜出口额74%。本重点区域114个出口蔬菜出口基地县(附表6)，区位、资金、技术、信息优势明显，加工出口龙头企业多，但生产经营成本高，加工用原料价位高、数量不足 | 到2015年，沿海出口蔬菜重点区域10省区市出口量1050万t，蔬菜安全质量达到进口国要求 | 目标市场：稳定亚洲市场，拓展欧洲和北美市场；主要品种：充分发挥沿海的区位优势，重点发展大蒜、生姜、大葱、磨菇、香菇、芦笋、花椰菜、刀豆、牛蒡、山药等新鲜、速冻蔬菜和特色加工蔬菜 |
| | 西北内陆出口蔬菜重点区域 | — | — | — | — | — | 本重点区域包括新疆、甘肃、宁夏、山西、内蒙古、陕西6省区，2005年出口蔬菜额约占全国蔬菜出口额的15%。31个蔬菜出口基地县(附表7)，光照好，空气干燥，昼夜温差大，原料质量好，生产成本低，但加工企业少、规模小，资金、技术、信息匮乏 | 到2015年，出口量150万t，出口额增长1.7倍，蔬菜安全质量达到进口国要求 | 目标市场：稳定亚洲市场，拓展欧洲和北美市场；主要品种：发展番茄酱、番茄汁、胡萝卜汁、芦笋罐头和脱水菜等精(深)加工产品出口 |
| | 东北沿边出口蔬菜重点区域 | — | — | — | — | — | 本重点区域包括黑龙江、吉林、内蒙古3省区，2005年对独联体出口蔬菜30万t，出口额1.5亿美元。16个出口蔬菜基地县(附表8)。区位、技术、信息优势明显，但采后商品化处理落后，产品档次低，储运设施简陋、检测手段缺乏 | 到2015年，出口量达到100万t，出口额增长2.6倍，蔬菜安全质量达到进口国要求 | 目标市场：俄罗斯及其他独联体国家市场；主要品种：西兰花、结球甘蓝、甜椒等保鲜蔬菜，发展番茄、洋葱、西葫芦、黄瓜、胡萝卜、 |

资料来源：根据《全国蔬菜重点区域发展规划（2009～2015年）》整理所得

# 二 结构性访谈提纲

## 一、与企业的访谈提纲

1. 请介绍一下贵企业的基本生产经营情况：主要产品是什么？年加工量？年产值？主要市场？

2. 贵企业共有多少员工？其中技术人员有多少？学历及来源情况？工人的人数、学历及来源情况？

3. 贵公司的基地建设形式？自属基地有多少亩？采取何种方法进行管理？合同基地有多少亩？采取何种方法进行管理？

4. 贵公司加工技术的主要来源？设备的主要来源？与农户的技术联系情况？

5. 贵公司通过认证情况？哪些属于客户要求？哪些属于政府强制？哪些属于主动认证？

6. 您认为贵公司产品在国际市场上竞争优势主要体现在哪些方面？

7. 贵公司主要客户情况？您认为主要市场客户要求有何差异？与客户相比，贵公司的砍价能力如何？国外业务伙伴对贵公司业务的帮助主要体现在哪些方面？

8. 贵公司的产品品牌创建情况？

9. 与 5 年前相比，贵公司哪方面的能力有了显著提升？

10. 您对当前出口形势的看法？您对食品安全问题是怎么看的？贵公司未来的发展规划？

## 二、与菜农的访谈提纲

1. 您的年龄？文化程度？家里有几口人？几个劳动力？

2. 您家有几亩地？种了哪些菜？种了几亩？主要品种是什么？露地种植还是设施种植？选择种这些品种蔬菜的主要原因是什么？

3. 去年蔬菜种了几茬？茬口情况？产量有多高？出售的平均单价是多少？蔬菜总收入是多少？卖给了谁？

4. 您觉得客户在购买您种植的蔬菜时，哪些因素的最重要程度？（如新鲜度、适应消费习惯、食品安全、价格因素）

5. 去年蔬菜种植中，您种子投入多少？肥料花了多少钱？农药？薄膜？投工多少个？单位工价多少？其他还有什么投入？

6. 目前您在生产中最需要什么技术？您获取相关技术的主要途径有哪些？（乡镇农技推广中心、农民合作经济组织、同村蔬菜种植户、自己阅读相关书籍或资料、自己摸索，还是其他）

7. 您明年是否还准备种植这些蔬菜？（如果有变化，原因是什么）

8. 您家是否加入蔬菜合作经济组织？（如果没有加入，为什么）

9. 您过去一年共接受了多少次蔬菜合作经济组织的指导？您接受蔬菜合作经济组织提供的服务内容包括哪些？

10. 蔬菜合作经济组织对成员蔬菜经营的要求有哪些（统一采购、统一销售、统一经营标识、统一管理、统一按股金分配）？今后愿意继续采取这种合作的生产方式吗？

11. 您认为蔬菜合作经济组织发展存在的主要困难是什么？

12. 您认为目前的食品安全问题严重吗？

# 三 调研单位目录

| 序号 | 调研单位名称 | 受访者职务 |
| --- | --- | --- |
| 1 | 河南省新野县农业局 | 副局长、主任 |
| 2 | 河南省新野嘉元脱水食品有限公司 | 总经理 |
| 3 | 河南省新野县蔬菜专业合作社 | 负责人 |
| 4 | 河南宛西制药股份有限公司 | 经理 |
| 5 | 河南省南阳上野忠集团公司 | 副总经理 |
| 6 | 河南省方城县城关镇 | 菜农 |
| 7 | 湖北省武汉市白沙州蔬菜批发市场 | 经营户 |
| 8 | 山东省淄博市淄博市农业局 | 副局长、主任 |
| 9 | 山东省淄博市临淄区植保站 | 站长 |
| 10 | 山东省淄博市临淄区皇城镇崖付村 | 菜农 |
| 11 | 山东省淄博市临淄区皇城镇张家村 | 菜农 |
| 12 | 山东省淄博市恒润农业科技发展有限公司 | 总经理 |
| 13 | 山东省潍坊市农业科学院 | 所长、副所长 |
| 14 | 国家大宗蔬菜产业技术体系潍坊综合实验站 | 站长 |
| 15 | 山东省潍坊万鑫食品有限公司 | 董事长、总经理 |
| 16 | 山东省安丘市大地田源食品有限公司 | 总经理 |

| 序号 | 调研单位名称 | 受访者职务 |
|---|---|---|
| 17 | 山东省安丘市东方红食品有限公司 | 总经理 |
| 18 | 山东省安丘市临福食品有限公司 | 董事长 |
| 19 | 山东省安丘市兴安镇苇园村 | 菜农 |
| 20 | 山东省安丘市兴安镇小庄子村 | 菜农 |
| 21 | 山东省寿光市新世纪种苗有限公司 | 副总经理 |
| 22 | 山东省寿光市圣城镇南马范村 | 菜农 |
| 23 | 山东省寿光蔬菜批发市场 | 经营户 |
| 24 | 山东省龙口市东宝食品能有限公司 | 经理 |
| 25 | 山东省烟台北方安德利（集团）果汁股份有限公司龙口公司 | 经理 |
| 26 | 山东省龙口市丰源食品有限公司 | 总经理 |
| 27 | 山东省龙口市新嘉街道乡城庙村 | 菜农 |
| 28 | 山东省烟台市农业科学研究院 | 所长 |
| 29 | 国家大宗蔬菜产业技术体系烟台综合实验站 | 站长 |
| 30 | 山东省肥城市农业局 | 副局长、主任 |
| 31 | 山东省肥城市天和食品有限公司 | 总经理 |
| 32 | 山东省肥城市济河堂村有机蔬菜协会 | 负责人、菜农 |
| 33 | 湖北省武汉维尔福种苗有限公司 | 经理 |
| 34 | 湖北省武汉市新洲区双柳蔬菜协会 | 会长 |
| 35 | 湖北省武汉市新洲区双柳街植保站 | 负责人 |
| 36 | 国家大宗蔬菜产业技术体系海南综合实验站 | 站长 |
| 37 | 广东省农业科学院蔬菜研究所 | 研究员 |
| 38 | 湖北省利川市汪营镇齐岳山十万亩生态型高山甘蓝基地 | 菜农 |
| 39 | 湖北省利川市天下凤凰农业科技有限公司 | — |
| 40 | 湖北省利川市天佛食品有限公司 | — |
| 41 | 国家大宗蔬菜产业技术体系 | 专家 |
| 42 | 国家西甜瓜产业技术体系 | 专家 |
| 43 | 湖北省武汉农科院蔬菜所 | 研究员 |

附录

215

# 后　记

　　古人云：农者天下之大本。农业是中国古代自然经济的重要部门，农业的发展关系着国计民生和国家的兴衰存亡，并对中国的思想和文化产生了深远的影响。于是，在文人的笔下，山川含情、田畴喻意，草木可亲、花鸟可爱，农业和农村被描绘成一幅优美的画卷。然而，开放经济条件下的传统农业并没有那么多的浪漫主义色彩，在现代化转型中充满着艰辛。对于中国而言，农业发展、农业现代化同工业发展一样重要，是中国现代化进程中不可或缺的环节。但由于中国的农业长期处在十分原始和落后的状态，沿袭几千年的小生产农业与城市的现代工业，形成了严重失衡的"二元"经济结构，这种结构阻碍了中国经济的均衡发展，"三农"问题成了中国必须努力解决的重大问题，也成为学术界的"显学"。

　　尽管我在华中农业大学工作，有"近水楼台"的优势，但是知识基础与研究兴趣等的路径依赖、转换成本、对中国现代化进程中"三农"问题重要性的认识程度等因素使我一直徘徊于农业问题之外，并对我的职业发展造成了一些影响。在攻读博士学位时，我一直在研究方向上彷徨不定，我的导师——谭力文教授对我进行了点拨，巧合的是，谭老师主持的国家自然科学基金项目中也专门设计了中国农业升级的研究内容，于是，我就把全球价值链背景下中国园艺产业的升级问题确定为研究对象，并在研究中进一步调整为中国蔬菜业的升级问题，最终形成了我的博士学位论文。本书是在此基础上修改而成的。

　　实际上，受益于谭老师教诲之处不仅局限于此。我是1999年开始跟随谭老师读研的，本科所学专业并不是企业管理专业，当时对于企业管理研究而言是真正的门外汉。谭老师通过提携要点、督促读书等方式帮助我在基本功方面进行"补课"，通过指导论文、做项目等方式来提高我的科研能力。此时，我不仅仅获得了专业知识和学习方法，更重要的是谭老师对科研、学问所抱的态度让我受用终身。记得在我的硕士学位论文的"后记"中曾把谭老师比作孟子所说"望之俨然，即之也温"的良师，读博期间与谭老师接触得更多，相互了解更加深入，也更多地感受到了他庄重背后的温和。让我难以忘怀的是与谭老师的闲聊，从学问到生活，从为人到处事，乃至于前辈的嘉言懿行，使我如坐春风。谭老师心思缜密，在学习与研究上对我们也是严格要求，但每次出差的公事结束后也都会带我们去逛一逛、看一看，所到之处有徐家汇、中山陵等，至今回忆起来仍是那么温馨。

在研究过程中，论文的选题、写作、修改以及最终定稿，谭老师都倾注了大量的时间与心血，从谋篇布局到字词的选择使用都给予了全面的指导，谭老师严谨的治学态度、谦虚和蔼的品质都是我今后治学、为人的典范。

我也要感谢师母冯元信老师对我的关爱和帮助。冯老师和蔼可亲，在生活中教会了我们许多东西，为我们树立了榜样。和冯老师在其精心打理的花草之间一起聊花事也是一件非常惬意的事情。

在学习和论文写作过程中，我也有幸得到了武汉大学经济与管理学院多位老师的教诲。我从本科阶段就开始受教于王林昌教授、赵锡斌教授、夏清华教授、李燕萍教授等，关培兰教授、吴先明教授则是我研究生阶段的老师。各位老师在学术上的指引使我走上了今天的研究道路，感谢他们为我付出的心血。

特别感谢师兄刘林青副教授、师姐秦仪博士、丛阳师兄对我的关心和帮助。感谢刘华文、马海燕、范万剑、黄锦华、田丽敏、陈应龙、王娜、代伊博、何中兵、孔刚、张箐、黄阳、王勤、夏恒亮、赵鸿洲、卿枫、余望梅等各位同门以及易朝晖、张浩、罗安娜、吴晓俊、施丹等各位同学在学习和生活上给予我帮助和支持，在和他们相处的几年中我过得非常愉快。感谢湖北大学的罗东霞副教授、河南财经学院的王磊副教授对我的关心和帮助。

我要感谢我的工作单位——华中农业大学经济管理学院及各位领导和同事对我工作和学习上的支持和帮助。李崇光副校长是我来校工作后的青年教师导师，他十分关心我的成长，是我职业生涯的导师。李艳军教授对我的学习、工作和生活都给予了极大的支持和帮助，并不断在精神上鼓励我，为我的成长创造了条件。严奉宪教授、周德翼教授、齐振宏教授、青平教授、孙剑教授、何玉成教授、熊银解副教授、高韧副教授、项朝阳副教授、章胜勇副教授、刘梅副教授、徐锋副教授、张彩华副教授、岳海龙博士、张爱武博士、汪爱娥博士、李春成博士、徐娟博士、胡安荣老师、王勇老师、周燕老师、陈瑶老师、周钧老师、薛娟老师等也都在各方面给予我大量的帮助和支持。另外，要特别感谢已经退休的葛松林教授，葛老师从我入校开始就非常关心我的成长，让我特别感动。

感谢华中农业大学硕士研究生刘寿涛同学的支持，他帮助我做了不少工作。

山东省潍坊市农业科学院蔬菜研究所所长韩太利研究员、烟台市农业科学研究院院长助理王全华研究员为我的调研提供了大量的支持，在此一并表示感谢!

要特别感谢我的父母及家人对我的爱和支持。我的父母及家人一直鼓励并大力支持我继续学业，在我的论文写作阶段，父母几乎承担了全部家务，使我能专心致志地投入写作。尤其要我的母亲，由于父亲近年来身体健康情况欠佳，再加上大家庭中的一些琐事，母亲承受着巨大的心理压力，既要照顾好父亲的生活起居，又要负责我的生活，这两年苍老了很多。我的兄弟们也是我的坚强后盾，在父亲住院治疗的关键时刻，他们悉心照顾，不使我有任何后顾之忧。汶卓小朋友是我人生中的一份意外礼物，他让我体会到了以前不曾有过的人生体验和快乐。父母及家人给予我的爱和支持是我无法用言语来表达的，我只有更加努力才能回报他们。尽管每年全家人聚在一起的时光是短暂的，但是家庭如同撒满阳光的恬静港湾，那种其乐融融的氛围一直温暖着我，是我勇气和力量的源泉。

另外，本书研究得到了国家社会科学重点基金项目（批准号：08AJY020）、国家大宗蔬菜产业技术体系（批准号：NYCYTX - 35）的支持，也得到了湖北省社会科学基金项目（批准号：[2010] 267）、湖北省教育厅人文社会科学研究项目（批准号：2011jyte052）、中央高校基本科研业务费专项资金（批准号：2009QC011；2010BQ015）的资助。在本书即将出版之际，要特别感谢科学出版社与责任编辑的辛勤工作。同时，由于本人能力有限，书中一定存在尚需完善的地方，恳请各位专家批评指正。

包玉泽

2011 年 7 月　武昌狮子山

技术能力视角与企业升级的全球价值链背景下